U0002187

日本の伝統文化しきたり事典

日本傳統文化事典

事典

Traditional Japanese Arts and Culture: An Illustrated Encyclopedia

中村義裕

Yoshihiro Nakamura

序

我原本只打算研究以歌舞伎為中心的戲劇，但後來卻發現，若要深入理解日本的戲劇，就不能忽視包括思想、藝術、建築、習俗、飲食文化等各個領域的日本歷史。

基於此觀點，我試著尋找能以跨領域方式解讀「日本傳統文化」的書籍，然而分別深入各領域的專門書籍雖多，卻很難找到內容較淺而範圍寬廣的書。既然如此，那乾脆就將自己至今已得的知識統整起來，自己來寫一本這樣的書，這便是本書的誕生契機。在日本文化為人們所重新探討的今日，若對各位來說，本書在日本「傳統」及「文化」之美的重新認識、理解上確實能夠有所助益，本人實深感萬幸。

最後在此誠心感謝能理解本書之規劃、意圖，果決地建議我出版此書的柏書房出版社的富澤凡子社長，以及依其淵博知識提出細膩意見，並費心地協助內容與插圖之挑選的編輯部小代涉先生。

平成26年　12月

中村義裕

目錄

飲食文化

武士

風俗習慣

日本語

思想

藝術表演與演藝之道

文學

美術

建築

飲食文化

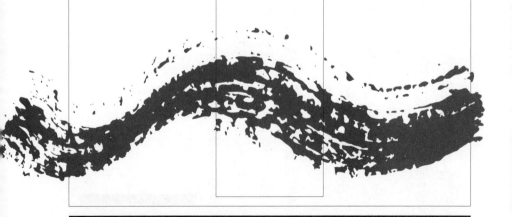

不可思議的「食物搭配禁忌」

在日本古稱「合食禁」的「食物搭配禁忌」，多數源自中國之本草學（即草藥醫學，研究藥用植物的學問）加上陰陽思想，幾乎都沒什麼科學根據。江戶時代，為本草學者亦為儒學家的貝原益軒（1630～1714）撰寫了一本推廣健康的書籍叫《養生訓》，其中便收錄各式各樣的食物搭配禁忌，而該書是貝原益軒於去世前兩年，過了八十歲才寫的，如此健康長壽的作者所說的話，實在是非常具有說服力。

在即將進入「食物搭配禁忌」之說盛行的江戶時代中期時，於庶民之力綻放的「元祿文化」期間，飲食習慣應該也有了很多變化才是。從拼了命才好不容易能填飽肚子的生活，進入了「可享受美食」的時代。這大概就和從戰後的貧窮進入高度經濟成長期時的感覺差不多。

「鰻魚和醃梅子」是最廣為人知的一種搭配禁忌，但這並無醫學上的根據，甚至反而有醃梅子的酸能促進鰻魚脂肪分解的道理存在。即便如此卻被列為禁忌，或許只是為了勸告人們別吃太多於古於今都算是奢侈品的「鰻魚」吧。就此觀點看來，「糯米飯與河豚」應該也是一樣。在江戶時代，自己釣到河豚自己殺來吃，結果中了肝毒而死的案例可不少，於是為了告誡人們，才有了這樣的禁忌之說。另外還有正因隨便都吃得到所以很容易吃太多的「蕎麥麵與田螺」。而「蛤蜊和松茸」、「竹筍與黑糖」等禁忌根本毫無依據，因此現在通常不被採信。

不過也有一些禁忌是即使比照現今醫學依舊站得住腳的。就拿「天婦羅與西瓜」來說，同時吃油脂含量高的東西與水分多的東西，本來就容易引起消化不良而造成腹瀉。還有「螃蟹與柿子」，同屬寒涼性質的這兩種食物不適合搭配在一起的說法，至今都還相當盛行。

在現代，與「食物的搭配」相較，人們更

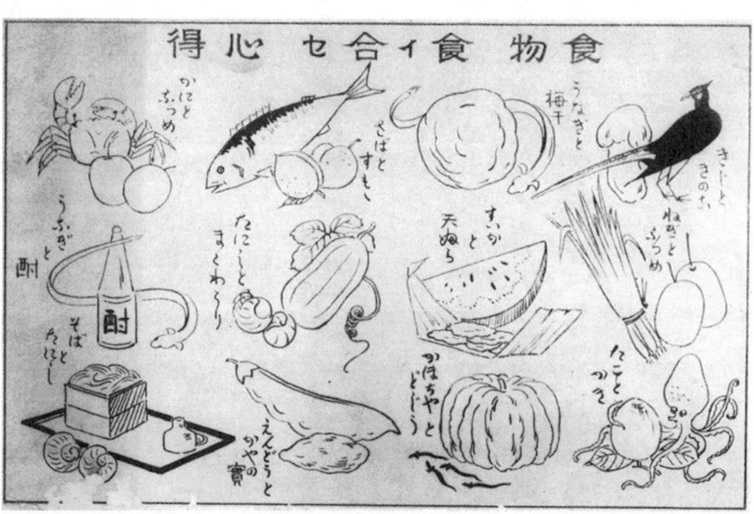

各種食物搭配禁忌（戰前的明信片）

偏重的是「營養的均衡」。碳水化合物、脂肪、維生素、以根莖類為主的蔬菜、發酵食品、蛋白質…等等。許多書籍都寫著，均衡且不過度地攝取這些重要元素，正是維持健康的秘訣。

說是進入「飽食時代」已久，其實日本人是從明治時代開始才終於脫離「飢餓的恐懼」，算起來也不過一百五十年而已。或許將這點銘記於心，才是屬於現代的「養生訓」呢。

從站著吃開始成為日本名產的「壽司」

近來，說到「壽司」，一般想到的都是「迴轉壽司」或超市賣的盒裝壽司。認真想想，「繞著圈轉」的壽司確實是個驚人的點子，但儘管販賣形式改變，它依舊是大家所熟悉的傳統日本食物。在國外，「SUSHI」也是最有名的日本料理，是健康飲食的代表，就連國外的辭典裡都直接列有「SUSHI」一詞，壽司就是如此地廣為人知。

壽司的歷史相當久遠，從奈良時代便可看見其身影，不過和我們現在所認知的不同，當時的壽司是一種鹽漬的發酵食品叫「熟鮨」，主要為關西地區的人們所食用。壽司原本寫做「鮨」

或「鮓」，而「壽司」是同音別字。現在仍有一些地方以這種「熟鮨」為地方名產美食，常見於奈良縣及滋賀縣等處。至於現在我們吃的在醋飯上鋪著生魚片的壽司型態，是在江戶時代才形成的，一般認為是在江戶中期左右，開始被庶民們當成一種有點餓時用來填肚子的「站著吃」（譯註：即所謂的「立食」）的小吃。關於「握壽司」的發明說法眾多，不過可確定的是，它運用的是比現在寬闊許多的江戶灣所捕獲的豐富魚類，是一種可輕鬆享用的庶民美食。正因為用的是在江戶灣所捕撈到的魚，因此也有了「江戶前壽司」之名。而「海苔」的使用是另一重大特徵。正因為使用海苔，所以誕生了「海苔卷」這一種類的壽司。當時的壽司不像現在有店面，而是像蕎麥麵那樣，以在攤子旁「站著吃」為主。

於昭和中期風靡一時的第二代浪曲師廣澤虎造（1899～1964）最拿手的《石

壽司攤
（歌川廣重《東都名所高輪廿六夜待遊興之圖》）

松三十石船》中有一句很有名，說的便是「江戶人，就是要吃壽司」，而有歌舞伎「三大名作」之稱的《義經千本櫻》裡也有提到「吉野下市村的鮓屋（即壽司店）」，其深入民眾生活的程度可見一斑。

我們最熟悉的「迴轉壽司」則是在昭和33（1958）年才首度出現於大阪。之後到了1980年代，開始出現「外帶壽司」連鎖店，接著是以摩托車為交通工具的「外送壽司」，壽司的販賣方式不斷改變，不再只能面對面，而價格也變得越來越親民。不僅如此，在美國甚至誕生了會讓日本人懷疑能否算是「壽司」的、使用了酪梨等食材、給人全新感覺的壽司（加州卷），而且還逆向傳回了日本。對於飲食習慣一向油膩的美國人來說，以米和魚肉為主的壽司非常健康，再加上可嚐到日本人精緻細膩的飲食風格，因此大受歡迎，但其實早在明治時代就已有壽司店在美國開張。

1893（明治26）年，在後來有「小東京」之稱的洛杉磯就已經有日本餐廳開業，該餐廳主要是針對日本移民提供蕎麥麵及天婦羅等日本料理。專門提供壽司的店是到了1906（明治39）年才有，但算起來也已是超過百年前的事情了。在戰爭的影響下，日本食物也曾一度在美國徹底消失，然而到了1970年代，又以「SUSHI BAR」的型態掀起熱潮，進而擴展至世界各地。於是在某個程度上，西洋人的舌頭漸漸熟悉了壽司，而日本獨特的料理技術也獲得了好評。

但隨著對於吃生魚有所抗拒的國家都開始逐一接受「SUSHI」，在日本，傳統的壽司店卻變得越來越少。雖說也有價格上的問題，不過基本上大型連鎖店的加入，導致了現在越來越難嚐到由真正的師傅所揑製的壽司。

「天婦羅」到底是西方食物還是日本食物？

天婦羅一詞源自葡萄牙文的「TEMPURA」這一說法可能很多人都聽過，但天婦羅是喜劇之王卓別林到日本時初次嚐到的料理這件事，或許就沒那麼廣為人知了。儘管卓別林相當親日，可是世界級電影明星所鍾愛的日本食物竟是「天婦羅」這點還是很令人意外。其實天婦羅的名稱來由，或是與其命名者有關的細節都並不清楚，在江戶時代曾有人提出狂歌作者大田南畝（蜀山人。1749～1823）等人之名，結果掀起一陣與「命名者」有關的大規模論戰。那時，天婦羅就已是如此貼近庶民生活的食物之一了。

但不論其命名者是誰，天婦羅是被四處傳教的外國人基督教傳教士傳播至世界各地這點可謂眾所周知。那時的日本，原則上禁止食用動物（譯註：基本上指有腳的動物，不包括海鮮、魚類等）的肉，因此人們為了能夠方便地攝取油脂，就在魚肉上灑麵粉，然後用油炸來吃。這是室町時代晚期的事，當時還沒有「濃口醬油」，所以他們恐怕是沾「鹽」吃的。

到了江戶時代，航運業興盛，關西地區的醬油才得已運送至江戶。而到了江戶中期，醬油的釀造在下總（現在的千葉縣）的野田與銚子等地蓬勃發展，於是醬油便迅速普及至庶民。在演變成如今日的「天丼（天婦羅蓋飯）」之前，天婦羅就已經做為一種便利的速食，以在攤位旁站著吃的形式普遍存在。

以毛巾遮頭腰配雙刀的武士在賣天婦羅的攤子前用餐中（出自鍬形蕙齋的《近世職人盡繪詞》）

過去的江戶所面臨的大海比現在寬闊許多，正如「江戶前」一詞，在江戶灣可抓到許多新鮮漁獲。而將這些漁獲油炸後熱騰騰地吃下肚，不僅有飽足感，對體力勞動量大的江戶人而言，也是絕佳的能量來源。

待淋在天丼上的「醬汁」及天婦羅的「沾汁」生產出來後，天婦羅的應用範圍便有了大幅度的擴展。即使是現在，以速食形式發展連鎖店的做法可說和江戶時代的想法沒什麼太大不同。

到了江戶時代晚期，富裕的商人增多，因此也出現了有用餐座位、會在客人面前現炸天婦羅的「天婦羅餐廳」。這種感覺就像師傅在你面前現捏壽司給你吃一樣，但由於是在室內使用火和大量的油，不是任何餐廳都做得到，因此價格似乎也相對較高。

日本最具代表性的麵食——「蕎麥麵」和「烏龍麵」

雖說日本人愛吃麵食這件事不是現在才開始，但據說最近，麵包及麵類的消費量已超越了米的消費量。日本食物中的麵食代表，非「蕎麥麵」和「烏龍麵」莫屬。這兩種麵食各有其歷史，每個地方也都有不同的傳統及喜好，還有人只要一談到這話題就會變得異常地熱血沸騰。畢竟這兩者在任何地區都能輕易吃到，具有「值得引以為傲的家鄉味」性質。就分布特徵而言，關東以北大致以蕎麥麵為主，關西以西則以烏龍麵為主，但實際上事情沒那麼簡單。各都道府縣幾乎都有自己的蕎麥麵名產，而且名稱還會隨地方不同而改變。另外像加了天婦羅麵糊炸屑的東京「狸貓烏龍麵」，在大阪根本沒賣這件事就非常有名。

歷史上的說法很多，雖然我不敢說這一定正確，但蕎麥麵出現的時間似乎較早，從奈良時代之前就已開始食用。烏龍麵則是從鎌倉時代才開始的。不過兩者一開始都不是地區名產，而是做為一道待客的菜餚，在以寺院為中心的門前町，以鄉土料理的形式傳播、擴散。蕎麥麵歷史較久遠的理由大概包括了蕎麥在貧瘠的土地上也能栽種、在氣候寒冷如北海道之類的地方也種得出來，還有可做成乾燥的麵條以便長期保存……等等。而不論是蕎麥麵還是烏龍麵，都是從江戶時代開始才真正成為庶民的日常食物，尤其在男性人口比例特別高的江戶初期，蕎麥麵不僅方便易得又經濟實惠，所以很快就普及了。一般常聽到的「二八蕎麥」，除了指並非百分之百使用蕎麥粉，而是摻入兩成的山藥及雞蛋、海蘿等以增加黏結力的蕎麥麵外，也有當時蕎麥麵一碗要價二八，亦即十六文錢的說法，這些大家想必都聽過。有點餓的時候，不僅有固定的蕎麥麵店可去，還有挑著扁擔在路上兜售的蕎麥麵小販可選，簡直就是速食的始祖呢。

盛在淺竹籠裡上桌的蕎麥涼麵，「不能完全浸到沾汁裡。應該只稍微沾一點，然後一口氣吸進嘴裡並吞下，藉此享受麵條的滑順口感與蕎麥的香氣才是內行」這樣的想法至今依舊未變。但這其實沒那麼容易，一般認為是江戶人才有的「架勢」。的確，每當看見有人豪邁地吸著蕎麥麵條，吃法看起來很內行的時候，心中就不由得一陣佩服，而這種習慣，外國人想必是難以理解。雖說蕎麥麵被視為健康食品，但或許是時代的影響，同時卻也有越來越多人罹患對健康影響很大的「蕎麥過敏症」。

另一方面，「烏龍麵」則是做為米飯的替代食品，或喜慶時的宴客美食，在各地廣為人們所食用。和蕎麥麵一樣，日本全國各地也都不缺烏龍麵名產。其中有「烏龍麵縣」之稱的香川縣的「讚岐烏龍麵」全國知名，粉絲相當多。在香川縣

「二八」之下寫著「蕎麥麵」與「烏龍麵」（出自歌川豐國的《鬼薊清吉》）

溫暖的氣候下，小麥很早就能達到一年二穫應是主要原因之一。時至今日都還能在較便宜的店裡吃到一碗兩百日圓左右的現煮「讚岐烏龍麵」，其現代速食的角色可見一斑。以自行手打蕎麥麵及自製烏龍麵為興趣的人也不少，而烏龍麵除了口感滑順，還要有「Q勁兒」，往往須花費不少時間用腳踩踏揉捏後的麵團，這過程其實還挺費力的。和蕎麥麵不同的是，烏龍麵基本上久煮不爛，因此有許多如「鍋燒烏龍麵」、「味噌燉煮烏龍麵」、「餺飥（譯註：一種形狀扁平的烏龍麵）」等不同變化。

在落語（譯註：日本的一種傳統表演藝術，一人在舞台上說故事、講笑話）的表演中，有時會有吃蕎麥麵或烏龍麵的情節，這時若你有仔細觀察，便會發現技藝高超的表演者在模擬吸麵的聲音時，蕎麥麵和烏龍麵的聲音是不一樣的。歌舞伎也有吃蕎麥麵的場景，而其場景的步驟順序都有嚴格規定，處理得當便能巧妙地呈現出一種孤單矗立於江戶雪景中一間蕭條蕎麥麵店的氣氛。這是河竹默阿彌所寫的《雪夕暮入谷畦道》劇中的一個場景，據說這部戲以前在冬天演出時，只要演員演得好，戲演完後附近的蕎麥麵店總會人滿為患。而有出現「烏龍麵」的則是「歌舞伎十八番」的《助六由緣江戶櫻》。其中年輕瀟灑的「福山挑夫」一角，正是現在所謂的「外送員」。在今天的日本，披薩、中菜、壽司、便當等都能外送，但其實「外送」的始祖可是「蕎麥麵與烏龍麵」呢。也就是說與庶民生活密切相關的這些食物，擴展、滲透到了表演藝術之中。

最後再讓我來介紹一首吟詠了「蕎麥麵」的都都逸（譯註：一種口語型的詩歌）吧——

「信州信濃の新蕎麦よりも、わたしゃあなたの傍がよい（比起信州信濃的新蕎麥麵，我更想待在你身邊）」

「鰻魚」和日本人的長久關係

時至今日，鰻魚都快成了稀有動物，不僅價格飆升，看到的機會也越來越少。有人說是濫捕所致，而實際上若無法完全掌握其生態狀況，這問題也是無法輕易解決。

日本自古以來，從《萬葉集》的時代開始就愛用鰻魚來消除夏日的倦怠無力這件事相當有名，而當時稱鰻魚為「MUNAGI」。但後來為什麼變成了「UNAGI」，這點依舊眾說紛紜，莫衷一是。在此引用《萬葉集》中的歌詞以供參考。

石麻呂に吾もの申す夏やせによしといふ物そむなぎ取り食せ（我對石麻呂說，去抓鰻魚

來吃，聽說對夏天消瘦有助益）

瘦す瘦すも生けらば在らむをはたやはたむなぎを捕ると川に流るな（不過瘦瘦的也活得好好的是很值得感恩的事，別因為抓鰻魚而被河水沖走了才好）

這裡的重點在於，雖說由此可知日本人從古早以前就喜歡以鰻魚為精力來源的歷史背景，但「怎麼煮來吃」才是關鍵。偶爾能在街上聞到的那種浸了醬汁、香氣逼人的蒲燒做法，是從江戶時代中期濃口醬油問世之後才有的。在那之前，一般認為就只是切塊然後串起來烤，最多是灑點鹽吃。而關於「蒲燒」一詞的來由，有個說法是說被串起來的鰻魚形狀就像「蒲」類植物的穗的部分。

鰻魚本是有利於勞動階層輕鬆攝取蛋白質

蒲燒的香氣吸引顧客上門（出自《三世相郎滿八算》）

及能量的食物，應該不難想像它並不是如今日這樣的高級品。天正18（1590）年，德川家康的領地被移往江戶，而關原之戰（慶長5〔1600〕年）後政治中心也從京都、大坂移到江戶，人們在大舉開墾而來的濕地捕獲許多鰻魚，再加上「濃口醬油」對「醬汁」開發的持續貢獻，奠定了「鰻魚」在日本飲食文化中的地位。既然如此，那麼鰻魚在江戶時代之前和之後的形象應該大不相同才對。

平賀源內（1728～79）想出「土用丑日（譯註：是土用之間的丑日。土用最早指的是立春、立夏、立秋及立冬前的十八天，不過在現在通常指立秋前的十八天，是一年中最炎熱的時候。）讓我們吃鰻魚」這句宣傳詞的故事相當有名，雖說其實土用丑日並不僅限於夏天，每個季節都有這個日子，但可以確定的是，在源內的那個時代，鰻魚就是如此貼近庶民生活的一種食物。

於是此後，各地開始分別發展出獨特的烹調方式，即使都是「蒲燒」也還有剖背、剖腹之分，或是先蒸再烤、不蒸直接烤等不同做法。結果就如各位所知，誕生了如直接烤不沾醬並配芥末吃的白燒類型，以及名古屋特產「鰻魚三吃（譯註：基本上為蒲燒鰻魚飯，提供原味、加醬料、加高湯成鰻魚茶泡飯共三種吃法）」等各地不同的鰻魚料理。

「懷石料理」與「會席料理」的不同

平成25（2013）年12月隨著「和食（即傳統日本料理）」被登錄為世界文化遺產，專注於細膩味道與外觀美感的日本料理又再度受到全世界的矚目。就算不是什麼知名的一流餐廳所做出來的菜色，在醫學上也已證明以和食為主的生活通常是有益身體健康的。

在日本料理中有所謂的「懷石料理」，一般都認為這就相當於西餐裡的「套餐」，但其實同一發音除了可寫成「懷石料理」外，也可寫做「會席料理」。那麼實際上這兩者的內容是否也一樣呢？

首先「懷石料理」是在茶聚品茗時提供的餐點，絕非菜餚數量傲人的豪華套餐。通常除了白飯和醬菜外，會再提供「一汁三菜」，三菜就是三種「菜餚」，以生魚片、燉煮的菜色和燒烤的菜色為基礎。其語源一般說是來自佛教禪宗為了抑制飢餓感而將溫熱的石頭抱在懷中的習慣，不過這說法並無確切證據。另外，先上飯與汁（即湯品）亦是其一大特徵，故最多只能算是搭配重點「茶會」用的簡餐罷了。

而「會席料理」則是江戶中期以後，當普通百姓逐漸富裕起來時，由江戶淺草的「八百善」（創立於享保2〔1717〕年）等知名料亭（即高級的傳統日本料理餐廳）所提供的宴會料理。雖說兩者發音完全相同往往容易搞混，不過會席料理是讓人一邊喝酒一邊享用當季食材及珍饈，重點在「吃」，也沒有一定的菜餚數量。可能「一汁五菜」、「一汁六菜」，多的甚至會有「二汁五菜」、「二汁七菜」等。

有趣的是，菜餚總數都會盡量控制為日本人認為較吉利的「陽數」，也就是「奇數」，若總數為偶數，便會設計成如「一汁五菜」這樣，使各菜餚種類的數量為奇數。以奇數為陽數的觀念主要是受到來自中國的「道教」影響，

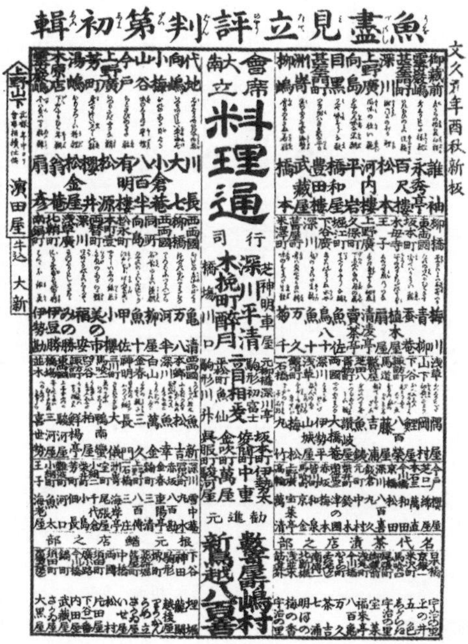

江戶的會席料理餐廳排名。行司（負責執行者）寫著深川的平清，勸進元（主辦者）則是數寄屋町的嶋村、淺草新鳥越的八百善（文久元〔1861〕年的《魚盡見立評判第初輯　會席獻立料理通》）

這部分請參考第131頁關於「節慶活動」的說明。只是沒想到竟然連菜餚的數量都被這觀念給影響，也真是挺有意思的。

剛剛提到的「八百善」料亭有個小故事叫「一兩二分的茶泡飯」。據說曾有個客人要求要吃到「全江戶最好吃的茶泡飯」，於是廚師就跑去玉川上水（譯註：江戶時代開鑿的引水道）的源頭取水，並使用越後地區的特級米，甚至連醬菜的製作都費盡心思，花了近乎半天的時間才做出來。而那一碗茶泡飯的價格（一兩二分）換算成現在的幣值，約莫是十萬日圓左右呢。

另外八百善的第四代老闆在江戶晚期的文政至天保年間（1818～1844）出版了名為《江戶流行料理通》的書籍。該書有來自酒井抱一（1761～1828）及谷文晁（1763～1840）、大田南畝（蜀山人。1749～1823）等當代一流文人墨客的插畫與推薦文，可謂非常豪華。

和食的歷史，就這樣伴隨著「懷石」與「會席」，以款待賓客之心一路發展至今。

愛吃「海苔」的日本人

用烤的海苔片也好，做成佃煮的海苔醬也罷，雖說海苔是日式早餐不可或缺的一道菜，但最近不吃早餐或早上吃麵包的人似乎越來越多了。儘管如此，海苔這玩意兒稍微烤一下就能下酒，又是壽司的必備食材，而且到海邊還能嚐到不同於一般海苔片的生鮮海苔滋味呢。

海苔的歷史久遠，據說早在奈良時代日本各地就都在食用海苔了。一開始海苔是在海岸附近採到後便直接曬乾食用，不過後來很快就發展出如今日佃煮般的料理法，並成為一般食材廣為大眾所運用。

在海中架起竹簾的海苔養殖是從江戶時代才開始。在當時被稱做「江戶前」、可捕獲大量魚類的江戶海灣中，海苔的養殖盛行於品川沖一帶，而有如淺草和

在南品川鮫洲海岸一帶的江戶前海苔養殖風景（出自歌川廣重的《名所江戶百景》）

紙般「鋪平並乾燥」的製作過程，讓它以「淺草海苔」之名成了江戶的高級名產。據說有一種用海苔包起的仙貝被稱做「品川卷」，其名稱也是源自於此。

至今「海苔」之所以依舊被列為中元及年末等節慶時節最基本款的贈禮之一，或許就是因為它訴求的是日本人自古以來純樸的味覺記憶吧。

方便易用的「柴魚」其實製作大不易

不僅對日本料理的汁物（即湯品）而言不可或缺，柴魚片還可灑在日式燙青菜、涼拌豆腐上，應用範圍很廣。任何料理都一樣，其美味程度是取決於在眼睛看不到的地方下了多少功夫，而日本人特別重視一種獨特的「旨味（鮮味）成分」，長久以來持續地巧妙運用至今。

「柴魚」雖然也有源自國外的說法存在，不過一般相信它是極具代表性的日本傳統調味料之一，源起於將新鮮的鰹魚剖開後所做成可長期保存的「魚乾」。這做法自古即有，但比起今日的「柴魚」，當時的成品應該更接近「魚乾」。將切成適當大小的鰹魚肉煮熟後曬乾，再噴上「柴魚菌」以人工方式使之發霉。這能讓柴魚的旨味進一步變化為更玄妙的美味。藉由反覆的乾燥處理，不僅能除去其中水分、延長保存時間，還能使旨味成分濃縮，提高品質。整個製作過程通常是一到兩個月，但名為「枯節」或「本枯節」的優質柴魚據說要花一年以上的時間才能製作完成，而如此高品質的柴魚在敲打時會發出「鏘」或「鏮」之類清脆的金屬聲。就是因為經過了反覆的日曬乾燥，所以才變得這麼硬。

在現在這個方便的時代，柴魚片很多都以剛好夠一次使用的份量包裝販賣。我想很多小孩大概連柴魚原本的樣子都沒看過，更不可能知道那是花了多

製作柴魚的景象。圖上寫著「蒸熟後製成魚乾」
（出自《日本山海名產圖會》）

少時間和力氣才做出來的。不過最近聽說，大家在挑選中元及年末等節慶時期的禮品時，柴魚和刨刀套組意外地大受歡迎。柴魚不是便宜的東西，要自己刨也還挺費力的，不過只要運用得當，應該就能做出好味道，所以才有越來越多人覺得雖然有點麻煩，但還是「想要用好東西」吧。

因「醬油」而改變的和食歷史

現今在國外，醬油是以「SOY SAUCE」聞名，為全世界所認同並獲得良好評價的一種「日本調味料」。

而在日本依地區明顯地分為關西的薄口（淡味）與關東的濃口（濃味），更是其他調味料所沒有的一大特色。我常聽說土生土長的關西人初次在關東吃蕎麥麵或烏龍麵時，總會被很深的沾汁顏色給嚇一大跳。雖說依製作方法不同也會有些影響，但其實薄口醬油的鹽分濃度較高。包括為腎臟病及高血壓患者所設計的「減鹽（薄鹽）醬油」等，現在市面上有各式各樣不同種類的醬油存在，但堪稱日本人「心之味」的醬油，到底有著什麼樣的歷史發展過程呢？

在古代的中國，有一種醃漬食品稱為「醬」，有一說以為這就是醬油傳入日本的來由，另外也有人認為當初只是借用「醬」字來指稱以大豆發酵製成的調味料，亦即其起源可謂眾說紛紜。但可確定的是，從很久以前就有相當於現今醬油之前身的調味料存在了。

不管怎樣，醬油就是以大豆為原料的發酵調味料。它非常符合日本人的口味，以致於幾乎可說是其發展讓日本料理有了大幅度的進步。令人意外的是，在江戶時代，醬油就曾出口至東亞及荷

下總野田的醬油製造一景
（出自第三代歌川廣重《大日本物產圖會》的《下總國醬油製造之圖》）

蘭等當時與日本有貿易往來的國家。雖不知日本醬油在當地被如何使用、當地人的評價又是如何，但在日本，醬油正是在江戶時代有了爆炸性的發展。

原本無法量產的濃口醬油，在江戶近郊的下總（現在的千葉縣）銚子及野田等地，做為「地方產業」之一成功地生產製造，且除了符合江戶人的口味外，再加上與日式高湯混合的調理技巧，讓料理得以呈現出更纖細深奧的味道。

另一方面，以關西為中心的薄口醬油本來也只在有限的範圍內使用，但到了江戶時代開始集中至京都，形成了屬於關西地區的味道。而在這些醬油問世之前，是以一種叫「TAMARI」的濃厚黏稠型醬油為主流，現在主要用於生魚片及照燒魚等料理上。

醬油的優點很多，除了可直接做為調味料用於生魚片及涼拌豆腐等菜餚外，還可加進鰻魚的蒲燒醬、蕎麥麵沾汁、鍋類料理等的高湯中，藉此進一步增添風味，應用範圍極廣。想必就是因為符合日本人的喜好，所以才能發展出如此廣泛的應用，並讓前人的高超智慧得以繼續活在今日的餐桌上。

展現職人美感的「和菓子」

昭和20（1945）年8月第二次世界大戰結束，日本被以美國為首的同盟國軍隊佔領，自此之後所謂的「洋菓子（西式糕點）」便大量進入日本。「巧克力」、「口香糖」……等等，對當時的小孩來說全都是第一次看到也是第一次吃到的東西。當然，更早以前在安土桃山時代也有由葡萄牙及荷蘭、西班牙等傳教士帶來的「蜂蜜蛋糕（CASTELA，在台灣也稱長崎蛋糕）」和「金平糖（CONFEITO）」等洋菓子（所謂的「南蠻菓子」），不過在日本悠久的歷史裡，和菓子已於日本人的生活中生根茁壯，不太需要特別與洋菓子有所區別。可是自從戰後，大量使用鮮奶油及奶油的洋菓子開始席捲全世界，以「和菓子」稱呼傳統日本糕點的必要性就出現了。

洋菓子與和菓子的主要差異在於，和菓子在製作時是不使用生鮮水果及油脂的。想必這主要是因為搭配和菓子享用的飲料為抹茶及煎茶等茶飲，和西洋的咖啡及紅茶等在味道與喝法上都大不相同的關係。此外和菓子的發展與茶道同路，主要用於茶會等情境這點也有很大影響。

在以紅豆做成的「餡」裡加入砂糖、麥芽糖、小麥等，和菓子一路發展至今，所追求的不只是外觀的美感，更嚴格地說是有如藝術作品般的外觀美感。早期從中國進口名為「唐三盆」的高級砂糖相當稀有，不過到了江戶時代，開始有名為「和三盆」的高級砂糖生產於阿波及讚岐（現在的德島縣、香川縣）等地，再加上這種糖也具有獨特的甜味能夠凸顯和菓子的美味，於是日本各地便開始分別發展出屬於自己的和菓子。而明治維新後，自從砂糖變得更易得，和菓子也有了更進一步的變化。

「大福（譯註：一種包餡麻

曾為大受歡迎之和菓子名店的江戶深川・船橋屋的店門口（出自《菓子話船橋》）

糬）」、「羊羹」、「糰子（譯註：無餡料，以竹籤串起的糯米糰）」、「日式饅頭（譯註：類似台灣的豆沙包之類的甜包子，但尺寸較小）」、「仙貝」等和菓子與茶道所提供的和菓子之間有很大的差距。雖說茶道有時也會使用「日式饅頭」做為搭配的菓子，但基本上茶道對外觀與味道都要求細膩完美，因此多半使用平常少有機會吃到的「乾菓子」。而依據規定，「乾菓子」的含水量必須在20%以下。

和菓子非常重視季節感。正因為是四季變化分明的日本，才會將技巧發揮在這方面，而這也正是職人們展現手藝的地方。餡料的製作需考量要使用何處出產的紅豆，另外還要配合夏天、冬天巧妙地改變砂糖的使用比例。將白餡加上以食用色素染色後的「求肥（譯註：以糯米粉加糖揉製成的一種和菓子材料）」所揉製成的「練切」，也常見於茶會及婚禮等宴席上，但如何以相同材料呈現出季節感及不同風情，才是和菓子製作真正的醍醐味。

和菓子原本在皇室及貴族所居住、茶道興盛的京都顯得格外發達，之後才逐漸擴及日本全國各地。而由於高級葛的產地吉野地區（現在的奈良縣）就在附近，因此京都也誕生出了名為「葛切」的清涼爽口和菓子，此外還有將山藥磨成泥後加入外皮做成的「薯蕷饅頭」等，所使用的材料範圍極廣。

和菓子的價值，就在於費時費力地一個一個以手工製作。而其種類眾多，一一介紹起來就沒完沒了，所以最後我決定來介紹一個看似無稽但其實千真萬確的和菓子知識。把糯米大致搗碎並揉成球狀，然後將餡料裹在外層的和菓子就是「御萩」，常做為彼岸節（譯註：日本人的掃墓期間，相當於台灣的清明節）的供品使用。而這個「御萩」會隨季節改變名稱。春天時叫「牡丹餅」，到了秋天則叫「御萩」。這是因為春天時「牡丹」綻放，秋天則是「萩（胡枝子）」的季節，也就是以花來命名。而從這樣的命名方式也可窺見日本人自古以來的細膩優雅呢。

「鬪食會」的記錄

從健康層面來看「吃太多對身體不好」這點，江戶時代的儒學家貝原益軒（1630～1714）的《養生訓》裡也有提到，應該是自古以來眾人皆知的道理。但日本人是一直到明治時代之後才終於得以拋開「飢餓感」，在那之前因飢荒、乾旱等天災或是因貧困而餓死可說是稀鬆平常。

而且即使在江戶時代，其實也曾舉辦過所謂的「大胃王」比賽。江戶時代到了晚期，庶民中開始出現較富裕的階層，就在此時有人舉辦了名為「鬪食會」的活動。其中最著名的是文化14（1817）年3月23日在江戶柳橋的料亭「萬八樓」所舉辦的，而這場大會被記錄在曲亭（瀧澤）馬琴（1767～1848）所編輯的隨筆《兔園小說》，以及江戶神田的二手書商藤岡屋由藏（1793～？）所寫的《藤岡屋日記》等文獻中。當時似乎是同時舉辦了「大胃王」和「大酒豪」兩種比賽，讓我們來看看當時的一些記錄。

◉大胃王組

- 住神田的丸屋勘右衛門（五十六歲）吃了日式饅頭五十個、羊羹七條、薄皮餅三十個後，又喝了十九杯茶。
- 住八丁堀的熊取谷清兵衛（六十五歲）吃了日

米飯大胃王（出自榊原文翠的《大酒大喰會繪卷》）。右側寫著「參賽者以一般的飯碗配陳年味噌、醬菜來計量」，左側則寫了「一，飯五十四碗　淺草泉屋吉藏　七十三歲」、「一，同六十八碗　小日向上總屋茂右衛門　四十九歲」。

式饅頭三十個、鶯餅八十個、松風（仙貝）三十片，再加上醃蘿蔔五條。

- 住麴町的佐野屋彥四郎（二十八歲）吃了日式饅頭五十個加麻糬一百個。
- 住丸山片町的足立屋新八（四十五歲）吃了今坂麻糬（大福麻糬）三十個、仙貝二百片，還有醃梅子二升（譯註：升為容量單位，日本的一升約等於一．八〇三九公升）。
- 住駿河町的萬屋依之助（五十歲）配著醬油二合（譯註：合為容量單位，一合約等於一八〇毫升）吃了白飯六十八碗。
- 住淺草的和泉屋吉藏（七十三歲）配著辣椒五把吃了白飯五十四碗。

◉大酒豪組

- 住芝口的鯉屋利兵衛（三十歲）以三升的大酒杯（像相撲選手用的那種）喝了六杯半，亦即十九．五升的酒後，當場醉倒，醒了又再以茶杯喝下十七杯水。
- 住田原町的堺屋忠藏（六十八歲）以同樣的三升大酒杯喝了三杯酒。

這種程度的大吃大喝對身體的負擔當然很大，有時甚至會危及性命，據說有人比完沒多久就連命也沒了。然而在獎金的誘惑下，應該也有人會抱著吃自己喜歡的東西「吃到掛」，獎金就留給家人用的決心報名參加吧。

是毒也是藥的「日本酒」

酒這玩意兒對酒鬼來說是「最佳良藥」，對不會喝酒的人來說則是「瘋人水」。

無論那個國家，酒的歷史都相當長久，而且都留有為人們所喜愛的記錄。在日本，古代典籍《古事記》及《日本書紀》等就已有相關描述，酒毫無疑問已與日本人相處了一千三百年以上。不過其起源尚無定論也是不爭的事實，有人說是以口咀嚼米飯後吐出，利用唾液中的酵素發酵而成，另外也有人說是把水加入至發霉的攜帶用糧食「干飯（譯註：將蒸熟的米飯乾燥製成的食品）」裡發酵而成的。兩種說法都不無道理，沒有什麼決定性因素能斷定「這個說法才正確」。或者也有可能兩者其實並存，只是分別發生在不同的地方罷了。

而事實上喝酒成為日常生活的一部份是在平安時代，《源氏物語》裡也有出現交杯對酌的情境。最近還傳來了吃法國料理配「大吟釀」之類的消息，可見日本酒在國際上的評價也挺高。

此外在戰爭中或戰後的動盪期，基於「能醉就好」的想法而被摻了大量藥用甲醇的酒給弄壞身體甚至丟了性命的人可不少。還有一種叫「粕取」的劣等酒，有「三合必醉」之說，再加上當時大量出現的許多同人雜誌（譯註：由具共通興趣的人一起編輯、發行的雜誌），甚至一度流行起以「粕取雜誌」這個詞彙來嘲諷「無法持久」的人事物。

在戰爭期間，酒當然也是用「配給」的，不是那麼簡單就能喝到，而既然明的喝不著，就只能來「暗（黑市交易）」的。正所謂「鼠有鼠路，蛇有蛇道」，據說內行人還是能循著酒味到處買醉。

日本人其實有很高的比例都不具備

喝著私釀劣酒的男人們
（出自朝日新聞社的《朝日歷史照片集戰爭與庶民 1940-1949 第 4 卷》）

酒精分解酵素這說法還挺有名的。而「交替喝好幾種不同的酒（喝混酒）容易爛醉」不過是種都市傳說，會爛醉終究還是因為所攝取的酒精總量超過肝臟可分解的上限，和酒的種類沒什麼關係。不過「日本酒（清酒）後勁強，燒酎（日本燒酒）沒後勁」的說法則多少有點科學根據，因為有些日本酒為了縮短發酵時間，會添加「釀造用的酒精」。在這種情況下，由於人體必須分解日本酒原有的和化學添加的共兩種酒精，所花的時間會比只有一種酒精的燒酎更長，於是便容易宿醉。

據說知名的昭和大畫家橫山大觀（1868～1958）在他為期九十年的生涯中，後半長達五十年都過著以酒代米的日子呢。

人在「三分酒意」、「微醺」、「半醉」、「微醉」的時候都還好，但喝著喝著往往不知不覺地就突然醉成了一灘「泥」。在歌舞伎戲碼《假名手本忠臣藏》的「第七段」登場的侍從．寺岡平右衛門有一句台詞是「酒喝了就是會醉，醉了之後就是會醒，醒了再決定吧」——說的真是太好了。

自古以來的溝通方式——「酌」

「酌（替人倒酒）」的歷史久遠，由中國詩人李白（701～762）的名詩《山中與幽人對酌》便可推知，此事本應源自中國。日本也從很久以前開始就有，而進入江戶時代後，甚至還出現了一種稱為「酌婦」的娼妓。不過或許因為喝酒的種類及方法不同，在歐美似乎看不到「酌」這種習慣的。

話說回來，在日文裡包含「酌」字的詞彙出乎意外地多，除了剛剛提到代表一種職業的「酌婦」外，還有「獨酌（一個人喝酒）」、「手酌（自酌，即自己倒酒給自己喝）」、「晚酌（在晚間喝酒）」、

倒酒時要以右手持拿酒壺並以左手扶助，才符合禮儀（出自《日本女禮式》）

「對酌（對飲，兩人面對面喝酒）」等許多代表喝法的詞彙。

留下「白玉の 歯にしみとほる 秋の夜の 酒はしづかに 飲むべかりけり（在秋天的長夜裡一個人靜靜地喝酒，思考人生）」此一和歌的大正至昭和年間歌人——若山牧水（1885～1928），據說就是個酒癮相當大的人。「手酌」也好「對酌」也罷，酒這種東西既是「最佳良藥」，也是「會讓人發瘋的水」啊。

歷史悠久的「筷子」

和食早在被指定為「世界文化遺產」之前，就已在海外掀起熱潮，而原因除了外觀美麗，還有「健康」這一重要條件。的確，動物性脂肪少且大量使用豆腐等優質蛋白質的料理，對健康肯定有益。

不過我覺得，和食最令人驚嘆的部分應該是「筷子」。撇開用手吃東西的民族不談，用餐時從頭到尾只用一雙筷子就能完成這點可算是相當厲害。想想參加婚宴或在餐廳吃法國料理套

明治時代的禮法書中從餐桌拿起筷子的做法圖解（出自《〈現代〉國民作法精義》）。1以右手拿起，2用左手持扶，3．4改變右手的拿法。

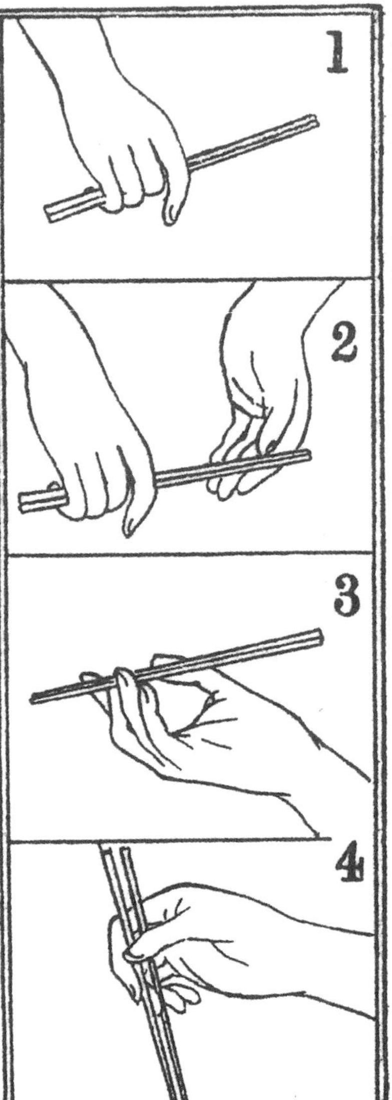

餐的時候，到底要用上幾根刀叉、湯匙才夠啊？就連魚類和肉類用的刀叉都不一樣呢。

就如西式料理有很多餐桌禮儀般，用筷子吃飯也有不少規矩。優雅地使用筷子，把飯菜吃得乾乾淨淨，是對東道主的一種禮貌。

在距離今日超過一千三百年前的《古事記》中已可看到使用筷子的敘述，可見各種使用筷子的禮儀是從那時起便長時間發展至今。

而使用筷子時的禁忌包括「本來要夾某道菜又突然改夾另一道菜（移うつり箸）」、「將筷子對著各道菜餚無法決定要夾哪道菜（惑まどい箸）」、「將筷子立在餐桌上、或著咬著試圖對齊筷子（揃そろえ箸）」、「把筷子架在其他餐具上（渡わたし箸）」、「用筷子指著別人（指ゆび差さし箸）」、「翻弄、挖出疊在底部的菜（探さぐり箸）」、「把筷子當成竹籤戳起食物（刺さし箸）」、「舔筷子（舐ねぶり箸）」、「用筷子硬把食物塞入口中（押おし込こみ箸）」、「用筷子去接別人用筷子夾來的菜（拾ひろい箸）」等。

武士

何謂「武士道」

讓許多外國人充滿興趣、貫徹了「武士」精神的「武士道」到底是什麼樣的東西呢？今日，在制度上已消失近一百五十年的武士，對日本人而言也只剩下一些曖昧模糊的印象。儘管可透過歌舞伎及時代劇（取材於江戶時代以前的戲劇）在某個程度上理解其姿態及行動、思想等，但那些畢竟都不是真的，都只是現代人假扮的武士。仔細想想，換了個樣貌的武士道精神應該仍持續活在今日的日本才對，只是思想這種東西本身難以捉摸，要說明也並不容易。

武士道最有名的一句話，應該就是以佐賀藩士・山本常朝（1659～1719）出家後，對前佐賀藩士・田代陣基（1678～1748）所講述的佐賀藩往事及武士守則等語錄為中心，由田代陣基花費數年編纂而成的《葉隱》（成書於享保元〔1716〕年左右）裡的「所謂武士道，就是求死之道」這句。但只看這句實在是太過抽象，難以體察其真意。有人認為「武士不侍二主」，也有人說「未服侍過七位以上的主君者稱不上是武士」，可見對主君的「忠誠」亦存在有各種不同看法。不過無論如何，人們對於「武士」的看法都受到了儒家思想的強烈影響。

在幕末（譯註：指江戶幕府末期）的萬延元（1860）年，幕臣．山岡鐵舟（1836～88）就直接寫了一部著作叫《武士道》，並在其中宣稱武士道是融合了神道、佛教及儒家思想三者。

在眾多的「武士道論」中，「忠於主君」是共通的第一要義。「騎馬射箭」，亦即以武藝為專業的武士一般認為是產生於西元九世紀末，而到了十二世紀末的鎌倉時代，當武家政權誕生，重點便被放在「御恩奉公（譯註：御恩是指主君恩賜土地給有功的武士、給予保障，奉公是指武士負責打仗、保護主君）」的契約關係，而不是那麼重視思想上的「忠義」。之後進入江戶時代，觀念才又大幅轉向為「為主君盡忠者方為武士」。這是因為在江戶時代以儒家思想為首的朱子學等學說發達，故開始出現一些人試圖從中引經據典以思考武士在思想上該有的規範。而曾被以《忠臣藏》聞名的大石內藏助求教的兵法家山鹿素行（1622～85）也是其中之一。

《BUSHIDO THE SOUL of JAPAN》的封面

在歌舞伎的許多作品中都會出現「親子緣一世，夫婦緣二世，主僕緣三世」這句台詞。亦即親子是僅限此生的緣分，而夫婦若誓言結合，那麼來生也會是夫婦。至於主僕又更進一步，就算再次投胎轉世這緣分還是會繼續下去，表示關係極為深厚緊密之意。

另外補充一下，有一本書是以近代的觀念來思考「武士道」的。那就是以五千日圓紙鈔上的人像而為大家所熟知的新渡戶稻造（1862～1933）所寫的《武士道》。這本書是在明治33（1900）年以英文寫成，引用了西方哲學等學說，將對西洋人而言神秘又難以捉摸的「武士道」解說得非常清楚明白。

在短短不到十年內，除了日文版外，還被還翻譯成了德文、波希米亞文、波蘭文、馬拉地文、挪威文、中文等，瞬間成為全球暢銷書。有趣的是，以日本傳統的「武士道」為著作主題的新渡戶，雖然父親是武士，但他自己卻是虔誠的基督徒。而現在市面上更有各種重譯為現代用語、添加註釋以利閱讀等不同版本，是在經過一個世紀以上的今天依舊暢銷的超級長銷書呢。

依據這本《武士道》所述，以「侍」（譯註：武士的日文漢字就寫做「侍」）為職業的武士在精神上所扮演的高貴角色，就叫「武士道」。那是對主君的「忠」、人道的「義」、實行「義」所需要的「勇」、寬容慈悲的「仁」，以及將這些胸懷以具體的形式表現出來的「禮」。對武士而言最重要的是「名譽」，「可恥的行為」是最該被鄙視的。那是一種所謂節制、鍛鍊、自律、忍耐，近乎苦行，追求精神上的崇高的一種生活方式。這有時看似「逞強忍耐」，就像有句俗話說的「武士就算窮到沒飯吃也要假裝已經吃飽了猛剔牙」，但以其目的來說，其實和歐洲貴族的「Noblesse oblige（貴族義務，在社會中居優勢或地位高者應對社會履行的義務）」觀念也是有許多共通點的。這些是來自先前所說的神道、佛教、儒家思想的三者融合，而在明治維新後，瞭解西方哲學思想的新渡戶的觀點更成為了將「武士道」傳播至全世界的一大契機。

何謂「侍」

對於象徵日本的事物，外國人最有興趣又熟悉的除了「富士山」外，就屬「武士」了。雖然不論是身份還是制度，武士都早已不復存在，但據說還是有不少外國人想像著在日本的道路上會有腰間配帶長刀的武士大步地走來走去。撇開精神層面不談，真正實體的「武士」，就算是日本人也已有超過一百四十年沒看到了。

武士的日文漢字寫成「侍」，但日文裡另外也存在有「武士」一詞。日文裡的「武士」一詞讀做「mononohu」，而「侍」和「武士」有何不同呢？就結論來說兩者是一樣的。不過從歷史的時間軸看來「侍」出現的時間可是早得多，嚴格來說，「侍」是指「武士」階層中的最上層。兩者是後來隨著時代演進，才變成具有相同意義的。

身披鎧甲全副武裝的武士（1863年。Felice Beato 攝）

那麼，「侍」是什麼時候出現的呢？在奈良、平安時代，侍奉貴族等身份地位高的人叫做「saburahu」。據說就是從這個發音誤傳成了「侍（samurai）」。在侍奉貴族的時代，「侍」幾乎不需要上戰場揮舞刀槍戰鬥，不像武士倒像文人，亦即近似「官僚」。他們必須精通朝廷的典章制度，也就是為數眾多的傳統儀式及習慣，可說是屬於知識份子型的工作。事實上，一旦成功步上加官進爵之路，他們就能夠進入貴族的最下層。之後隨著時代發展，武藝也逐漸成為必要能力之一，於是便出現了以武藝為專業的「侍」。

而比起侍奉貴族、擔任事務性工作的「侍」，在戰場上騎馬奔馳或是腰間配刀的「侍」可是讓人印象深刻得多。實際上到了平安時代晚期，武藝出眾的「侍」變得很強大，最後終於由「侍」掌握了政權。鎌倉幕府於焉誕生。

法典「御成敗式目」中規定了武士身份者稱為「侍」，而姓氏的使用和騎馬則為「侍」的特權。接下來一直到江戶時代末期，慶應3（1867）年的「大政奉還」為止，「侍」的政權持續了約莫七百年。只不過在戰亂結束天下太平的江戶時代，「侍」的能力重「文」甚於「武」，於是又再度官僚化。

有個詞彙叫「御目見」，而「御目見以上」是指可直接謁見將軍的等級，不能直接謁見將軍的叫「御目見以下」。以江戶幕府來說，屬於御目見以上、稱做「旗本」的上級武士算是「侍」，但屬於御目見以下、稱做「御家人」的下級武士則不算是「侍」。此外各地的藩也都將家臣團的上層視為「侍」，以與「足輕」和「中間」等下級武士有所區隔。

就此意義而言，世界知名導演黑澤明（1910～98）的代表作《七武士》（日文原名為《七人の侍》）裡的主角野武士們，嚴格來說並不是「侍」。

包含「侍」在內所有武士階層的人，經過明治維新被全部納為「士族」後，又因明治9（1876）年的「廢刀令」而放棄了堪稱「武士之魂」的刀。而且「士族」也只是空有名稱，以往所享有的特權都已被全數剝奪。

最光榮的死法——「切腹」

切腹這項日本的特異習俗聞名全世界，有名到連英文字典裡都有「harakiri（為切腹的另一說法「腹切」的日文發音）」一詞。時至今日都還有外國人認真地以為日本人平常就會實行「切腹」，或許他們就是如此敬佩日本人高深莫測的忍耐力與死亡美學吧。

日本最早的「harakiri」，亦即首位切腹者是誰這件事難以確認，但基本上應是在武士出現於歷史上的平安時代晚期左右。

比起其他的自殺方式，切開自己腹部的這種手法，無論是誰，不管怎麼想，肯定都能輕易想像得到這伴隨了極度恐怖的痛苦。然而它透過與「武士道」概念的結合，於諸多的自殺類型中，成為了一種被美化的歷史。

切腹其實含有許多不同意義。有人是因犯錯有罪而被主君命令切腹，也有人是哀悼主君之死自願追隨而切腹自殺。追隨主君這種又叫「追腹」，而即使是因犯錯被命令切腹，也是一種「恩賜」，對武士來說是很榮幸的。相對的，「斬首」則是一種不光彩、很恥辱的死法，畢竟這顯然是本人的意志所無法干預的事。

說到以切腹聞名的歷史名人，大概非侍奉豐臣秀吉的茶道大師千利休（1522～91）莫屬。利休是被秀吉命令切腹。而關於其理由眾說紛紜，真相為何至今依舊不明。

切腹的情景（出自《德川幕府刑事圖譜》）

受不了切腹的異常痛苦而出現奇怪行為的人想必在所多有。在江戶時代中期，切腹轉變成了一種「儀式」，在刀子或扇子碰到腹部的瞬間，站在後方的介錯人（負責幫切腹者斷頭的人）就會砍掉他的頭，以此方式減少痛苦。這種「介錯（協助、照顧之意）」需要非常高度的技術，據說做到「頸部留下一層皮連著」是最基本的水準。這工作並非人人都做得來，而在江戶幕府時期有個叫「山田淺右衛門」的人物代代相傳地擔任著介錯人的角色。明治維新後仍留有斬首之刑，第九代的最後一位山田淺右衛門結束其最後任務是在明治14（1881）年。

演藝界裡最有名的切腹，就是在歌舞伎劇碼《假名手本忠臣藏》的「第四段——判官切腹」中，描寫了「赤穗事件」淺野內匠頭切腹的那一幕。戲中切腹的角色叫鹽治判官，在江戶時代，這「第四段」通稱為「不通場」，也就是演出中禁止觀眾進出劇場的意思。另外還有個演藝界的古老秘辛，是說演判官的演員一旦演完這一幕，便會直接坐駕籠（日本的轎子）回家。所謂切腹就是如此特別的東西，將武士的死法昇華到了一種美學的境界呢。

紅遍全世界的「忍者」的歷史

今日，「Ninja」已成為世界共通的詞彙，似乎有很多外國人都以為在日本電影、電視、漫畫裡可看到的「忍者」現在依舊真實存在。

江戶時代有一本書叫《萬川集海》（延寶4〔1676〕年），此書集合了各派忍術之大成，但當然不是當時的庶民們能讀得懂的。

在日本，揭露忍者的存在並把忍者捧成英雄的，應該是明治末期至昭和初期，以猿飛佐助及霧隱才藏等為主角的兒童故事《立川文庫》系列叢書。

而在戰後的漫畫部分有白土三平（1932～）的《忍者武藝帳影丸傳》、《Kamui傳》、《佐助》，橫山光輝的《伊賀之影丸》，較新的則有岸本齊史（1974～）的《火影忍者》等許多作品。至於電視領域，1960年代後半的《假面忍者 赤影》（改編自橫山光輝的原作）爆紅，令許多孩子們嚮往不已，在遊戲時紛紛模仿、扮演忍者。另外1980年代由千葉真一

忍者的翻牆須知（出自伊藤銀月的〔現代人的忍術〕〈1937年〉）

（1939～）所主演的《服部半藏 影之軍團》也大受歡迎，進而被拍成系列劇集。在日本國內如此人氣沸騰的忍者，後來在1980年代，由Sho Kosugi（本名小杉正一）所主演的《Enter the Ninja》、《Revenge of the Ninja》等一連串「忍者電影」在美國國內大賣座，讓全世界掀起「忍者熱潮」，或許就是因此而導致了先前所說的外國人的錯誤印象也說不定。

「忍者」本是所謂的「間諜」、「密探」，儘管有如服部半藏那樣真實存在的人物，忍者的生涯及行動等也不是會被詳細記錄下來的東西。忍者就相當於英文裡的「SPY（間諜）」，而我們不難想像在世上出現「國家」概念的同時，便已出現負責探查他國情報的人。只是這些人都是不能公開的，就如西方的「秘密情報人員」是以電影《007》的詹姆士·龐德為象徵般，在日本則是以活躍的忍者為象徵。

在日本的歷史上，忍者的活躍是從武家政權確立的鎌倉時代以後才開始留下痕跡。除了像伊賀及甲賀等有組織的群體外，也有一些只是單純居無定所到處亂晃的傢伙，各式各樣都有，甚至不只是男性，也有女性。女性忍者被稱做「くノ一（kunoichi）」，此稱呼來自「女」這一漢字的筆畫分解「く」、「ノ」、「一」。

明明沒人親眼見過，忍者卻依舊能維持人氣不墜，原因或許就在於對日本人來說它喚起了成人的童年記憶，而對外國人來說則是與「武士」同樣令人「憧憬」的象徵。

成了英語單字的「神風」與「大和魂」精神

今日，「神風」已是適合寫成片假名（「カミカゼ〔kamikaze〕」）、連外國人也

都十分熟悉的一個詞彙。亦可發音為「kamukaze」、「shinpuu」的神風一詞在《廣辭苑》中的第一個定義是指「因神之威德而颳起的風」。例如於俗稱「元寇」或「蒙古襲來」的文永之役（文永11〔1274〕年）和弘安之役（弘安4〔1281〕年）時，就曾發生過襲擊對馬及壹岐、筑前等地的「元」遇上狂風暴雨，近乎全軍覆滅，結果慌忙撤退的重大事件。從此意義來說，宛如和歌中的枕詞（譯註：和歌是日本傳統的一種詩歌形式，而枕詞是和歌中的一種修辭方法）般，這就是「神之威德」啊。

但今日舉世知名的日本「神風」所代表的意義，其實是《廣辭苑》中的第二個定義——「（來自第二次世界大戰中的特

神風襲擊蒙古的船艦（矢田一嘯《敵艦之覆滅》）

攻隊名稱）毫無顧忌、不要命的樣子」。括弧內的「特攻隊」是指「神風特別攻擊隊」（專門以裝有炸彈的飛機直接衝撞攻擊敵艦的隊伍），這對敵方的美國軍隊而言實在難以理解，當時肯定嚇壞他們了。雖然許多年輕的生命因此殞落，但時至今日，這樣的「神風精神」已不再做為日本人的「精神支柱」被繼承下去，也不該再被繼承下去。

至於「大和魂」，和「神風」一樣，也是個目前廣為大家所理解的意義已不同於原意的例子。

它原本是指相對於「漢才」（亦即學術知識），在實務生活上的智慧及才能等。然而絕大多數人卻都用它來表示「以正直勇敢為特徵的日本民族固有精神」。早在二次世界大戰之前很久，這個詞彙便已出現在江戶時代由曲亭（瀧澤）馬琴（1767～1848）所寫的通俗小說《椿說弓張月》（譯註：以武士為主角、強調武士精神的故事）中，由此可見它與「武士道」精神的關係之密切。

「神風」和「大和魂」對外國人來說都相當不易理解，而雖說語言會隨著時代變化，但現在的我們是無法以真實的感覺使用這些詞彙的。

感覺類似但又有點不太一樣的「俠客」、「黑道」及「暴力團」

平成3（1991）年5月15日，隨著政府頒佈了「與防止暴力團成員之不當行為有關的法律」即所謂的「暴對法」，日本對於暴力團的管制也變得更加嚴格。雖說「反社會勢力」一旦蔓延世道就會變差，但也無法否認這有將「暴力團」和「黑道」刻意混為一談之嫌。

從歷史的角度來看，這兩者都在「體制外」，都是於嚴格身份制度下難以生存的人們所攜手合作的結果。很多日本人都聽過日文的黑道「yakuza」一詞源自於花札賭博（譯註：花札也稱花牌，是一種日本的傳統紙牌遊戲）的「oichokabu」，其中「八・九・三」這三張牌合計為二十，而「零」＝「沒用的傢伙」這一說法。不過到了昭和晚期，許多演藝活動的舉辦都藉助了「黑道」的力量。又或者也可說在某些地方若不透過黑道，演藝活動就會辦不起來。亦即兩者呈現出彼此互助、相互倚賴的關係。一方是在華麗的舞台上，沐浴於鎂光燈之下，另一方則是穿梭於暗街後巷以非法的手段營生。

而這些黑道又可分為主要靠神佛祭典及演藝表演等活動賺錢的「攤位類」，和開設賭場靠收取寺錢（類似場地費）過日子的「賭博類」兩種。由1960年代風靡一時的高倉健（1931～2014）所主演的任俠電影，主要演的就是賭博類的黑道。至於與表演活動的舉辦密切相關的攤位類流氓，和演藝界關係深厚，甚至還曾出現繼承了落語稱號的大哥呢。昭和年代的巨星長谷川一夫（1908～84）於昭和12（1937）年從松竹跳槽至東寶時被人用剃刀割傷臉部的事件，還有與人氣浪曲師第二代廣澤虎造（1899～1964）有關的演出權爭奪事件等，很多都和黑道

幡隨院長兵衛

晚年的清水次郎長

脫不了干係，而這樣的狀況至今依舊持續存在於演藝圈內。

歷史上，據說在平安時代就已有賭博類的黑道存在，攤位類則是一直到演藝活動確實成為公開表演的中世才出現。兩種都集合了無家可歸及遊手好閒等居無定所、四處漂泊的人，可說是以大哥為最高頂點、呈現類似金字塔形的一種日本式「父權階級制度」的群體。正因如此，所以他們才會使用如「親父」、「伯父貴」、「兄貴」、「舍弟」等稱呼。

而歷史留名的黑道人物包括有古時在江戶淺草的町奴首領（譯註：町奴是指出身庶民，在江戶一帶橫行的俠客集團）幡隨院長兵衛（1622～57？）、以上州赤城山為據點的國定忠治（1810～50）、和德川家最後的將軍德川慶喜頗有淵源的新門辰五郎（1800？～75）、擁有數千名手下的東海第一大哥．大場久八（1814～92。本名為森久治郎），還有率領了大政、小政、森之石松等厲害手下的清水次郎長（1820～93。本名為山本長五郎）。

隨著時代進展，黑道們的衝突越演越烈，後來便開始出現以更現代的方式搜刮金錢的組織化暴力集團。這件事發生在昭和中期左右，也約莫就是從這時起，「黑道」和「暴力團」逐漸被混為一談。雖然無法確定確切的年份，不過名為「〇〇組」、「△△會」、「××興業」等的團體被稱做「暴力團」，似乎是在第二次世界大戰之後的事。趁著戰後的混亂，與「專業無關的「愚連隊」（譯註：不顧道德，任意使用暴力以滿足私欲的不良少年群體）開始組織化，甚至形成幫派，靠「暴力」四處橫行。

其實像樣的黑道活在和正經人完全不同的世界裡，不造成一般人的困擾是其鐵律。正統的黑道不僅說話得體，舉止態度更是溫和有禮。會故意露出身上刺青來威脅他人的，都不過是其下的「小混混」。他們深知自己位於體制之外，在理解自己不得不以此為生的前提下，與世界和平共存。然而現在的時代並不容許這樣的生存方式。「現在的黑道簡直就跟小混混沒兩樣」的感嘆，亦是西元前中國古典的一節呢。

武士的運動「流鏑馬」、「鷹狩」及「犬追物」

沿著神社的參道（譯註：信眾至祭祀場所參拜時走的道路）騎馬奔馳，同時以弓箭射向沿途三處標靶的「流鏑馬」，在日本全國各地都有舉行，但其中以鎌倉・鶴岡八幡宮和京都・下鴨神社的最為出名。雖說流鏑馬現在多半被視為是一種徹底的「傳統儀式」，或是被定位為祭典中的一項高潮活動，但其實它始於平安時代晚期，為武士的代表性武藝之一。於鎌倉時代達到頂峰後，隨著作戰方式的改變，從騎馬對騎馬的一對一廝殺轉變至以步兵為主力的團體戰法，流鏑馬便不再流行。

直至江戶時代，於八代將軍・德川吉宗（1684～1751）時，流鏑馬才又復活。享保9（1724）年，掌管儀式典禮的高家（譯註：江戶幕府的時的一種官職名稱）——小笠原貞政，依吉宗之命，將流鏑馬制定為新儀式，並經常於江戶郊外的高田馬場舉辦流鏑馬活動。之後，流鏑馬因幕府垮台及第二次世界大戰再次被遺忘，接著戰後又再度復活，就這樣延續至今。

「鷹狩」現在幾乎是只能在時代劇裡看到，而其歷史相當久遠，據說從古墳時代就開始舉行，並於平安時代為歷代天

流鏑馬（出自楊洲周延的《千代田之御表》）

皇所喜愛。負責訓練老鷹，讓老鷹在廣闊的原野上被放出去捕捉獵物後會再自行返回的人，叫「鷹匠」，從明治以後到第二次世界大戰結束為止，此職務都隸屬於宮內省（現在的宮內廳，掌管天皇、皇室及皇宮相關事務）。由此可見鷹狩與皇室之間的關係有多麼密切。

雖於鎌倉時代為源賴朝所禁，但到了南北朝・室町時代，武家的鷹狩活動大為盛行，戰國時代以後更受到織田信長及德川家康等的喜愛，甚至流行起以老鷹本身及其獵物為相互餽贈之禮品。三代將軍・家光也喜歡鷹狩，然而在五代將軍・綱吉的統治期間，卻因「生類憐憫令」（譯註：諸多禁止殺生之法令的總稱）被嚴格禁止，直到八代將軍・吉宗時才又復活。江戶時代的鷹狩只有將軍家及御三家（譯註：指除將軍家外擁有幕府將軍繼承權的三大旁系）還有大名（譯註：日本封建時代較大地域的領主）可舉行，是一種極高的特權。

在明治文豪・泉鏡花（1873～1939）的戲曲作品，至今仍常由歌舞伎演員坂東玉三郎（1950～）所演出的《天守物語》中，也有鷹狩出現。這齣戲是以姬路城的天守（譯註：即天守閣，為日本城堡中最主要、最高、最具代表性的部份，具瞭望、指揮之功能）為舞台，講述如天仙般美麗的公主，和為了尋找在進行鷹狩活動時失蹤的老鷹而登上天守的年輕俊俏武士・圖書之助之間的夢幻愛情故事，其中便有一段描寫了從天守往下俯瞰的鷹狩情景。

另外所謂的「犬追物」，一般認為是從鎌倉時代開始的一種弓術（即射箭技術），以竹籬笆圍成方形的馬場，讓一百五十隻狗與騎馬武士入內，在規定的時間內比誰射到的狗最多。這時用來射狗的箭並非採用金屬製的銳利箭頭，而是使用稱為「鏑矢」的圓頭箭，不會傷到狗。這算是一種「實戰訓練」，亦即練習在有限的狹窄空間內近距離對戰時，該如何巧妙地操控馬匹，並將箭射向快速移動的敵人。後來繼承「犬追物」儀式的武家漸漸滅亡，到了江戶時代只剩下薩摩的大名．島津氏與高家的小笠原氏。歷史上，明治14（1881）年島津忠義在明治天皇面前進行犬追物的表演被認為是此儀式最後一次的舉辦。現在基於愛護動物的立場，已不再實行犬追物，留下的只有歷史記錄。

屬於日本的運動——「空手道」、「劍道」及「柔道」

所謂「劍道」，可想成是劍術的一種，人穿著護具，以竹刀而非真劍或木刀來練習。用竹刀練習的做法始於戰國時代，經過江戶時代其工具和練習方法逐漸改良，據說是到了江戶時代晚期才形成諸多流派並且開始舉辦練習賽。

千葉周作（1793～1856）所創立的「北辰一刀流」的玄武館、桃井春藏（初代，？～1774）所創立的「鏡新明智流」的士學館，還有齋藤彌九郎（初代。1798～1871）所創立的「神道無念流」的練兵館，皆為江戶具代表性的道場（俗稱「江戶三大道場」），許多藩的藩士們（譯註：藩是指諸侯領地，藩士則為侍奉諸侯的武士）都會去拜師學武。另一方面，幕府為了鍛鍊旗本（直接侍奉將軍的上級武士）、御家人（直接侍奉將軍的下級武士）及其子弟，於安政元（1854）年在江戶的築地鐵砲洲設置了稱為「講武場」（之後改稱為「講武所」）的武術修練

穿著護具的高杉晉作

所，不過這是在嘉永6（1853）年培理到達日本，見到西方列強的現代化軍事設備後才終於設置的。

而後來，想必是因為明治9（1876）年所頒佈的「廢刀令」，武士被禁止帶刀，幾乎再也沒機會用刀，於是便為運動形式的「劍道」所取代。此外眠狂四郎的「圓月殺法」是作家柴田鍊三郎（1917～78）發明的，並非實際存在的劍法。

至於「柔道」，其歷史雖然有些複雜，但它誕生的時間點卻相當明確。明治14（1881）年，嘉納治五郎（1860～1938）集合了各派「柔術」之長，創立「柔道」，並於隔年在東京的下谷區北稻荷町設立了「講道館」。因此嚴格說來，柔道從其創立者嘉納治五郎起算至今，約有一百三十年的歷史。另外補充一下，「柔術」則是從更早以前的戰國時代開始就有，而柔術指的是在戰場上和對手「扭打」（古稱「組討」）時的技術、被敵人襲擊時用來保護自己的防身術（護身術），還有用來抓住敵人的「擒拿術」（古稱「捕手術」）等。

柔道具有當身技（攻擊的技巧）與投技（摔擲使對方跌倒）、固技（對手跌倒後，壓制對方）等各式各樣的技巧，藉由巧妙的施力方式和時機，讓身形小的人也能打贏大個子，堪稱「以柔克剛」。今日柔道不但是奧運會的比賽項目之一，也是世界各國高手競相爭奪霸權的體育項目之一，其身影遍及全球。

說到這類武術，除柔道外，想必也有人會想到「空手道」。空手道的日文寫做「空手」或「唐手」，是結合琉球王國（現在的沖繩縣）一種稱為「手」的武術和中國武術發展而成。明治以後，空手道普及至日本國內各地，第二次世界大戰後更進一步傳至世界各地。

劍道和柔道於昭和28（1953）年起，基於鍛鍊身心之理由，為日本的學校教育所採納。雖說現代人很難真實地想像得到只以肉身和對方一決勝負的時代是什麼感覺，不過已傳播至世界各地的日本「精神」與「肉體術」，至今可是依舊存在著。

正面交鋒之美——「殺陣」

和「武士」同樣能引起外國人興趣的，非「鬥劍」莫屬。對他們來說，穿著活動不便的「和服」，俐落地揮舞著刀劍劈哩啪啦地砍殺敵人的樣子，正是「日本武士」的高潮場景。

在以勸善懲惡為一大主題的時代劇中，鬥劍，即所謂的「殺陣」往往也是最值得一看的重頭戲。而為此精心設計的一連串縝密動作，在業界被稱做「手」（即武打動作）。會對演員說出「我替這場武打戲加了這樣的『武打動作』，請好好記起來」之類的話，專門負責設計這類打鬥場面以製造效果的「殺陣師」（即武術指導）一職，不僅在時代劇中，也在現代戲劇的動作場景裡發揮著關鍵作用。而這應該是源自於歌舞伎。

今日，演戲用的刀劍多半是用硬鋁等較輕的金屬製成，以利快速揮動。雖說也曾有人以缺乏重量感和氣勢為由，選擇使用被稱做「本身」的真實刀劍來演出武打戲，但由於曾因此發生意外而導致人員傷亡，因此現在已經不再有人使用真的刀劍。為了彌補此缺陷，一般都會在後製時巧妙地配上音效以製造臨場感，但過度發達的配音技術有時相當惱人，反而削弱了臨場感。

殺陣一景（照片提供：志道塾）

在舞台戲劇中，也有只以穿著日本傳統服裝揮舞刀劍的精彩殺陣為賣點的劇目。現已消失的劇團新國劇的熱門劇目《殺陣・田村》便是其中之一。主角流暢地揮舞著刀劍，以迅雷不及掩耳的速度，逐一斬殺從四面八方湧來的對手，看得讓人非常痛快。想出這種演法的是新國劇的創立者・澤田正二郎（1892～1929），而在他不幸早逝後，此劇目依舊由各時期的當紅明星持續傳承至今。

隨著許多時代小說（譯註：以明治以前的時代為背景，情節為虛構，和改變自真實歷史的歷史小說不同）被拍成電影或改編為舞台戲劇，也曾一度出現主角的自創劍法大受歡迎的現象。眠狂四郎的「圓月殺法」便是其中最具代表性的例子之一，而像這樣的殺陣，除了主角外，被砍的角色要怎樣順利、巧妙地被砍死，對於所呈現的視覺效果也會有很大影響。即使主角幾乎沒動，只要被砍的角色演得夠好，看起來就會很自然，因此在這部分，專業的演員們可是有一些「堅持」的。也就是說，被砍殺的角色不要去期待由主角主導，而是要想辦法被砍得漂亮以凸顯主角。同時演出過好萊塢電影《末代武士》的福本清三（1943～）就是個別名「已被砍過五萬次的男人」的被砍角色專家。

正因為有這樣充分運用自身肉體演出的被砍角色，才成就了今日的「武士」啊。

從武器到藝術品——「刀劍」

目前在日本，在未獲得許可的情況下持有刀劍是為法律（銃砲刀劍類所持等取締法）所禁止的，但包括外國人在內，很多人對於所謂的「日本刀」都很有興趣。而雖說都是日本刀，但有從劍客・佐佐木小次郎（?～1612）拿的那種長刀，到一般的刀（太刀、打刀）、脇差、短刀等，各式各樣，種類繁多。

刀劍的歷史久遠，從五到六世紀所積極建造的古墳中大量發現的青銅及鐵製刀劍這點亦可看出，日本從古代就開始使用刀劍了。觀察日本刀的歷史便會發現，除了最基本的做為戰鬥武器來使用外，同時也形成了將日本刀視為「藝術品」來欣賞、珍藏的文化，而刀鍛冶或刀匠（都指鍛造刀具的師傅）、研師（磨刀師傅）等則將其生命維持至今，並獲得好評。此外就如天皇家的「三神器」之一「草薙劍」的存在般，在日本的歷史中，刀劍也扮演了意識形態上的重要角色。雖不能說在西方完全沒有類似案例，但像日本這樣與意識形態緊密連結並擴展的例子應該很少。

「備前長船」、「正宗」、「左文字」等各流派所鍛造的眾多刀劍，除了講究有刀的生命之稱的刀身（即刀片部分）鋒利度外，在保護刀身的刀鞘上也添加了蒔繪（譯註：以金、銀、色粉等材料繪製而成的花紋裝飾，是一種日本傳統的工藝技術）及塗漆等豪華精緻的裝飾，就連刀柄的圖案也運用了精湛的技巧。像這樣的名刀都附有稱為「折紙」的鑑定書來證明它是出自名匠之手的利刃，如此才能以高價買賣。在日文中用「折紙付き」指稱值得信賴的物品或人物的說法，就是源自這個「折紙」。時至今日，喜愛刀劍的

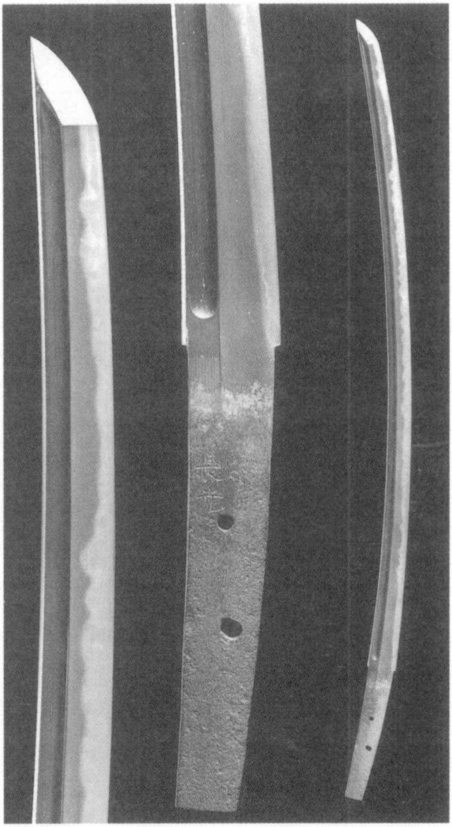

鎌倉時代的太刀——銘長光（號為大般若長光）東京國立博物館館藏

人依舊眾多，在報紙上也會看到展銷會及鑑定活動等的廣告。

大體而言，日本刀基本上為「單刃」，但劍則大部分為「雙刃」。

武士所配戴的刀，短至脇差（譯註：刀刃長度在三十至六十公分之間的刀）也都是單刃，直至更小的、尺寸接近小刀的「小柄」才是雙刃，有時用於以丟擲的方式攻擊對手。

今日仍有人以現場示範「拔刀術」（譯註：一種瞬間拔刀傷敵的技巧）的方式來展現日本刀之鋒利度，而據說日本刀最多一次只能砍五到六人。因為砍到骨頭會導致「刀刃缺角」，而脂肪附著也會造成鋒利度大減。如此說來，江戶時代的劍豪・荒木又右衛門（1599～1638）的「三十六人斬」，或者至少電視及電影的武打殺陣主角所展現的連續砍殺技等，事實上是不可能做到的。

日本刀和表演藝術其實也有很深的淵源。在以諸侯內部權力鬥爭為主要內容的歌舞伎及人形淨瑠璃的戲碼中，敵我雙方所搶奪的絕大多數都是家族的「名刀」寶物及其鑑定書「折紙」，其次才是「香爐」，由此可見兩者關係之密切。經過明治維新，明治9（1876）年「廢刀令」頒佈後，刀便喪失了實質功能。但直至今日平成年間，其藝術品的價值並未消逝，還繼續與成為小說題材的「妖刀村正」等傳說一同存活了下來。

設計概念與西方迥異的日本「城堡」

雖說「城」並不是日本特有的東西，但任何人只要見過別名「白鷺城」的世界文化遺產——國寶「姬路城」或巧妙搭配了黑白兩色的「熊本城」等，就一定能從中發現日本人獨特的「美感」與「文化」。

歐洲各國也都有名城，吸引著來自世界各地的觀光客。不論東方還是西方，「城」都是武將作戰時的「堡壘」，同時亦是「居所」。戰亂結束，當重點被放在它做為「居所」的功能時，就會由當時著名的畫家及建築師，為它加上流行的或城主喜歡的裝飾，這點可說是東西皆然。只不過日本的城很多都在戰亂中被燒毀，甚至有的是在戰爭中被城主自己放火燒掉的，因此主要以木材和石頭所建造的最上層的「天守閣」幾乎都沒能留存至今。據說建造於天正4（1576）年的丸岡城（福井縣坂井市）的木造天守閣是現存最古老的天守閣，而不論如何，它也已是十六世紀的產物。但以石材為主的歐洲城堡，一般認為最古老的是建造於九世紀的捷克「布拉格城堡」，與日本的差了七百年之多。

日本由於多山，故大體來說可分為建造於平地較多處的「平城」、兼具要塞功能的「山城」，以及介於兩者之間，建造在具緩坡的丘陵地且之後多發展出城下町（譯註：以城主所居住的城堡為中心發展出的城市）的「平山城」等共三種城。山城難攻，卻也因此生活不便，而平城雖有發展出城下町的空間，但禦敵不易。至於平山城，則是在戰亂終於告一段落的戰國時代晚期至江戶時代才被大量建造出來。

戰國等戰爭盛行的時期以山城為多，一旦戰亂平息、太平之世降臨，平城和平山城便會增多，並形成城下町，

姬路城的英姿

各地方的獨特文化也開始蓬勃發展。這種城下町，與以寺院為中心繁榮的門前町並列，對中世庶民在經濟、文化上的影響都很大，現在在某些地方甚至仍能感受到那樣的風氣遺留至今。

不論到日本的哪個都道府縣，都一定有「○○城址」之類代表曾建有城堡的地點存在。有些已消失得無影無蹤，成了公園，有些則只剩下石牆的痕跡。雖然形狀及留存狀態各不相同，但想必就是站在這樣的地方，才能體會到俳人（俳句詩人）松尾芭蕉（1644～94）在奧州平泉（岩手縣平泉町）所吟詠的那句「夏草や兵どもが夢の跡（夏草與士兵都是夢的痕跡）」。

保留了江戶時代樣貌的城，很幸運地依舊存在。京都的「元離宮二條城」相當具規模，其中「二之丸御殿」裡光是障壁畫（譯註：畫在屏風、牆面及隔間紙門等的繪畫）據說就超過三千幅。由當時的著名畫家手繪而成的圖畫，雖然很可惜地損壞得相當嚴重，不過莊嚴感與震撼力依舊。

日本人所重視的「義理」是什麼？

在第二次世界大戰戰敗後不久，美國的人類學家露絲．潘乃德（1887～1948）在為研究日本人的思想而寫的《菊與刀》（原文書名為《The Chrysanthemum and the Sword: Patterns of Japanese Culture》）一書中，將「義理」定義為「有如債務般必須一輩子不斷償還的東西」。這非常像是美國人會有的想法，也的確有一些部分很有道理，但畢竟才剛打完仗，對於有關日本以及日本人的理解難免淺薄，難免會有令人莞爾一笑的誤解。

例如日本有一句諺語「用蝦釣鯛魚」（譯註：類似中文「一本萬利」或「拋磚引玉」之意），在該書中被解釋為「在日本有一種別人給你一些小魚，就要回送對方鯛魚的習慣」——怎麼可能會有這麼吃虧的人際往來習慣啊?!

讓我們回到「義理」的部分。潘乃德以七十年前的觀點，透過美國人的感性成功到達了接近其本質之處。這種意識其實就是從十二世紀末武家政權確立，由將軍與其部下、雇用方與被雇用方的「御恩奉公」關係擴展而來。在擴展的過程中，義理不知不覺地與「人情」結合，轉變成做人就該要懂得並發揮「義理人情」的觀念。甚至其範疇還進一步擴大，除了原本「事物的正確道理」這個意義外，更延伸到為了面子及榮譽所必須履行的行為。這樣的伸縮變化，非常像日本人會做的，就如同「恥」。

義理本來只以一個人為對象，後來其對象卻擴展至所謂「社會大眾」的不特定多數。說什麼「對不起社會大眾」，並不表示就知道道歉對象的「社會大眾」長什麼樣。拿自己的生命對主君盡義理是「忠義」，但另一方面也會有「不盡義理的話就會……」這樣儘管心不甘情不願還是必須挺身而出的情況。這其中完全沒有任何主動意識。俗話說「長壽的秘訣之一就是『缺乏義理』」還真是再正確不過。

其實有個業界非常重視義理，那就是日本黑道。日本黑道非常注重所謂「義理往來」（譯註：即出席相關人士的婚冠葬祭等活動）的行為。若沒做到這點可是會讓大哥顏面盡失，畢竟他們的生存方式算是最接近「御恩奉公」的概念呢。

風俗習慣

聊聊日本傳統服裝的「和服」總論

近來似乎有越來越多人將舊的女性和服改成連身裙或洋裝，以全新的感覺來體驗「和服」風味。而一到夏天，在煙火大會等場合也越來越常看到穿著浴衣（即夏季和服）的年輕情侶們。不過一般來說，人們一生中穿「傳統服裝」的機會大大減少。姑且不論小孩的「七五三」節，成人式（即成年禮），以及自己的或受邀參加的他人婚禮，也頂多就是穿到浴衣的等級而已。甚至最近在守靈及告別式中，遺孀的喪服很多也都是西式款式。

有幾個原因讓人們對日式傳統服裝敬而遠之，其中最常見的大概就是「不易穿著」、「穿上後活動不便」還有「價格昂貴」等。但其實只要掌握訣竅，和服並不是真的那麼難穿，而動作上的限制也是習慣就好。至於價格問題，現在的套裝式和服價格相當親民，可直接放進洗衣機洗的傳統服裝也越來越多。

就算是傳統的、較貴的和服，和西裝那種幾年內就會消耗掉的東西相比，我想也不算太貴。

最重要的是，和服除了極具功能性外，一旦買下，至少能保存一百年以上。應該沒有哪種西裝能穿一百年吧。即使體型改變，也可將和服拆解，以所謂「洗張」（譯註：一種和服的專門洗滌方法，將衣服拆解清洗）的方式洗滌，再將各部分的尺寸稍微改大或改小等。過去，像這樣珍惜物品，世世代代沿用下去的做法可是一點兒也不稀奇呢。

而以女性來說，光看其和服的樣式及花紋，就能知道她的狀況。未婚的小姐會穿大振袖，已婚婦女則穿袖子較短的和服。另外若穿著下擺有圖樣的「付下」，那她大概是要去某處進行很正式的拜訪。在大家都還梳著「日本髮」（日

穿著和服走在銀座的女性
（出自《居家生活》雜誌，昭和 13〔1938〕年 7 月號）

本古代髮型）的時代，由於可搭配髮型樣式做判斷，故會有不必開口就能一眼看出對方目前狀態的好處。

撇開這類實用的便利性不說，和服的魅力應該在於穿起來優美又體面。調整「和服領口」所展露的後頸的性感，下擺的處理、直挺的背部所傳達的女性堅挺的吸引力，還有振袖上鮮豔奪目的美麗花紋。

和服布料以絲綢為最上等，平日穿的為棉布製。夏天改穿較涼的「絽」或「紗」質和服，可充分感受到季節氛圍。其中由於棉布較耐用，最適合用於庶民工作時。江戶中期以後，各地的地方產業開始興盛，京都的「西陣織」、金澤的「加賀友禪」、江戶的「江戶小紋」、越後的「小千谷縮」等，具地方特色的布料及花紋逐漸流通。

從古至今，儘管日本人的衣服形式不斷改變，「和服」卻依舊不可或缺，這樣的「和服」其實並不只是單純的服裝而已，它與日本人的生活密切相關。例如日本有個姓氏寫做「4月1日」，發音為「watanuki」。此姓氏就是源自於以前穿著防寒用「棉襖」等衣物的人們，到了4月1日春天正式到來時，便紛紛「脫去棉襖」（日文發音同「watanuki」）的習慣。

服裝的「意匠」

日文的「意匠」，就相當於英文的「Design」。日本人具有獨特的纖細美感這件事，於本書第518頁所談的「浮世繪」等方面也已獲得世界性的證明。尤其與統稱為「着物」（日本傳統服裝）的「和服」有關的美感是很複雜細緻的。而且不僅限於女性，男性亦然。羽織（和服的短外套）不是黑色就是茶色，沒有藍色或黃色的。其設計反而是著重於一般較不會被注意到的內襯，在內襯加上金箔、銀箔等縫線及刺繡，如此一來，時機恰巧地稍微瞥見內襯時便能感受到那種所謂「粋」的高雅別緻。女性也一樣，和服的顏色與半襟（裝飾用的領子）顏色的層疊搭配方式、下擺的圖案、和服整體的花樣等，如何在不過度華麗又保有品味的範圍內發揮巧思，這些與服裝有關的「意匠」，真可說是集合了先人的智慧，有時甚至還加上了一些幽默感。

以女性的和服來說，從最高級的禮服「留袖」，到被稱做「訪問着」或「付下」的外出服、未出嫁女性穿的「振袖」等，從平常穿的和服到浴衣，其實都經過各式各樣的精心設計。更別說除了數不完的服裝外，還包括許多日常小物，像是如手機吊飾般的裝飾配件等。

從「牡丹」及「梅」、「蘭」、「菊」等豔麗多彩又吉祥的植物，還有被稱做「雪輪」的雪的六角形結晶及「山水」等自然風景、「御所車」（牛車）和「鳳凰」等吉利的圖案，到「壽」與「喜」等吉祥文字、「鶴」與「龜」、「松」等象徵長壽的動植物的圖樣化、「市松模樣」（方格花紋）與「菱形」等幾何圖形、將海浪的樣子圖樣化的「青海波」及「荒磯」……等等，日本的傳統圖樣多不勝數。

尾上菊五郎家所用的「斧琴菊」圖樣

舉幾個較有趣的例子，像歌舞伎演員發給忠實觀眾的浴衣花紋，往往以演員的名字來命名，如「芝翫縞」（來自演員「中村芝翫」）、「菊五郎格子」（來自演員「尾上菊五郎」），還有尾上菊五郎家所用的「斧琴菊」（日文諧音為「聽見好消息」）等，有不少都充滿了幽默感。不論過去還是現在，要看到當紅歌舞伎演員或相撲選手穿浴衣的樣子可不容易，而這樣的用法也可算是一種「粋」。

許多和服的設計是依其穿著季節不同而細分，由此可知古人是多麼喜歡以服裝來享受季節感。在沒有冷暖氣的時代，或許就是要從每天所穿的和服設計中找出樂趣，才熬得過寒冬與酷暑吧。

「染物」的歷史與技術

日本人聽到「染物」（染布），第一個想到的大概就是服裝布料，另外也會很快聯想到和服。在日本，這是一種從繩文時代就開始有的作業，人們將植物的花及葉、果實、根、莖等乾燥，再以水煮或切碎的方式抽取色素，透過各種方法做出染料後，為紗線或布染色。

紅色取自紅花、茜草、蘇木，藍色取自蓼藍，而黃色則使用梔子、黃檗等，主要色彩都來自於山野中的野生植物。用這些顏色來染紗線或布，除了享受所染出的不同色調及紋理外，藏青色和藍色被認為具有「除蟲」效果，因此常被人們用於農耕活動。雖非源自日本，但其遺物正是牛仔褲。近年來，由於天然植物抽取染料的時間及勞力成本會反映在價格上，再加上資源本身日益稀少，化學染料又能輕易創造出眾多色彩，所以幾乎都是用化學染料染色，被稱做「草木染」以天然染料做的染物，已成了珍貴的傳統工藝品。

尤其有一些非常費工的做法，例如「絞染」（譯註：日式的紮染技術），是以繩子綁住布料，避免該部分被染料染色。染完後解開繩子，原本被綁起的部分便會留白或形成淡淡的「漸層」。雖說有時也會為了做出圖案而進行重點式的局部絞染，不過整體式的絞染被稱做「總絞」，是發揮了師傅專業手藝的奢侈品。

為東海道・鳴海宿之名產的「有松絞」（出自第三代歌川豐國的《東海道五十三對 鳴海》）

另外，事先用筆沾融化的蠟並於布料上描繪不想染色的圖樣，再將布料浸泡至染料中，則蠟會隔開染料，於是塗有蠟的部分就不會染上顏色。最後只要將蠟除去即可露出圖樣，這樣的做法稱為「蔄纈染」（蠟染）。還有像第１００頁介紹的「小紋」那樣替整體染上精細的花紋，以及將繪畫技術應用至染物的「友禪染」等，人們開發了許多技術，並一路流傳至今。最近，或許也因為對和服的需求減少了，所以西式服裝及配飾很多也開始應用這樣的染物技術，結果反而顯得創新而受到歡迎，誕生出所謂「和洋折衷」（日式與西式風格融合）的新文化。

染物至大約江戶時代中期為止，都是將布料放入裝有染料的染缸中，以浸泡染色的「浸染」為主流，但到了晚期，則開發出用刷子將顏色刷至布料上的「引染」（刷染）技術。要成為所謂「紺屋」（染匠）的專業師傅需要專業技術，而當時相對於染物的需求，師傅的人數可說是少得可憐。再加上染物一旦從缸裡撈起，就必須進行乾燥程序，甚至依染色的效果不同還可能需要重染等，由於會受到天氣的影響，是以很多時候無法準時完成。就因為稀少，所以師傅變得比客人更具優勢，於是便由此誕生了表示總是藉口拖延、說話不算話之意的諺語「紺屋の明後日（染匠的後天）」。而相關的諺語還有和「医者の不養生（醫生不養生）」一樣，表示明明是專家卻疏忽了自己之意的「紺屋の白袴（染匠穿白褲）」。此外，正所謂「青出於藍勝於藍」（譯註：其中的「藍」是指植物蓼藍，「青」是指藍色，原意為藍色是取自蓼藍，但顏色卻比蓼藍更深），由於這種顏色總是能染得很濃很深，所以染匠的指尖都會被染成藍色，怎樣都洗不掉。《紺屋與高尾》便描述了這樣的染匠與吉原的松之位太夫・高尾（譯註：松之位太夫為最高等級的妓女）之間的愛情，有戲劇演出也有落語，是老實的師傅和遊女（妓女）間的純愛物語。

任何體型皆適用的「腰帶」

這裡要談的是用來束緊日本傳統服裝——和服用的「腰帶」。因為若是將細腰帶形式、單純做為如今日皮帶般使用的那些也都算在內，所跨的範圍及年代可是相當廣，會變得很複雜。今日，於生活中穿和服的習慣驟減，大概只有在婚禮和成人式等場合裡才看得到美麗的腰帶。雖說穿法已經過精心設計，不再需要多條細繩也能以舒服的姿勢束緊，但在現代的生活形態中，其使用頻率下降仍是免不了的事。

女性用的腰帶有好幾種。由寬約二尺三寸（六十九公分）的腰帶對折縫成的「丸帶」，主要用於婚禮禮服及藝妓的和服。「袋帶」則是從「丸帶」簡化而來，重量較輕，花樣也比丸帶少，穿起來輕鬆沒壓力，是最常用於一般女性和服的腰帶。大正時期於名古屋所製作的「名古屋帶」便是一種袋帶。

而腰帶有各式各樣的綁法，像京都舞妓所採取的「垂帶」（譯註：日文做「だらりの帯」，讓腰帶兩端長長地垂落於身後的一種綁法），以及最常見的「御太鼓」等，都經常聽到。

關於這個「御太鼓」的名稱由來，有一說是因江戶時代龜戶天神的太鼓橋建好時，花柳界的女性為了慶祝其完工，綁著模仿了太鼓橋的腰帶結去參拜的關係。

另一方面男性的腰帶就比較單純了，一般都是用寬三寸多一點（公分）左右的「角帶」。以現在的話來說，這種腰帶有些是做成「雙面式」的，表裡兩面的花紋完全不同，故可配合和

「御太鼓」結

服的花色及種類來使用，相當方便。而其綁法通常都採用所謂的「貝之口」，讓結的末端朝上，不像女性的腰帶那麼複雜又困難。只不過「江戶」的綁法是讓腰帶的末端朝右上，「大坂」的綁法則是反向朝左上。雖不確定到底是從何時開始分成江戶與大坂兩種綁法，但依據這點，只要從背後看一眼，我們便能約略推測出這個人的居住地點。

有人說「皮帶孔移一個，壽命就減少好幾年」，不過腰帶的效用和皮帶不同，由於沒有固定位置的孔，故可隨著當時的身材大小自由調整，還真是伸縮自如呢。

江戶的流行時尚——「江戶小紋」

對喜歡和服的人來說，「小紋」是很有意思的一種花紋。就如其字面意義，它是指被小圖樣或紋理填滿的和服，乍看樸素，但其中的精巧細節十分值得期待。

目前和服中的「禮服」以婚禮中常為新郎新娘的母親所穿的「留袖」為最高等級，其次是「訪問着」、「付下」等，而「小紋」被視為日常便服，並非禮服。或許正因如此，所以才能輕鬆享受圖案的尺寸及排列方式。而雖說不是禮服，其製作可是非常費工的。針對「小紋用」，準備數百種挖出各種紋樣的紙模，並精準地為一整塊和服用布染色，可是相當高度的技術呢。由於小紋也用在江戶時代的大名及旗本等所穿的「裃」（一種武士禮服），因此常被視為一種源自江戶時代的傳統工藝，稱做「江戶小紋」。明治以後，京都府與石川縣也開始有能力製作，分別被稱做「京小紋」及「加賀小紋」，不過就紡織品的種類而言，這兩者都以「友禪」較為有名。

像這樣的傳統文化，接手的師傅越來越少是每個領域都有的一大煩

肩衣（武士禮服的披肩）的圖樣為甚具代表性的江戶小紋—「霰」（出自歌川豐國的《澤村宗十郎》）

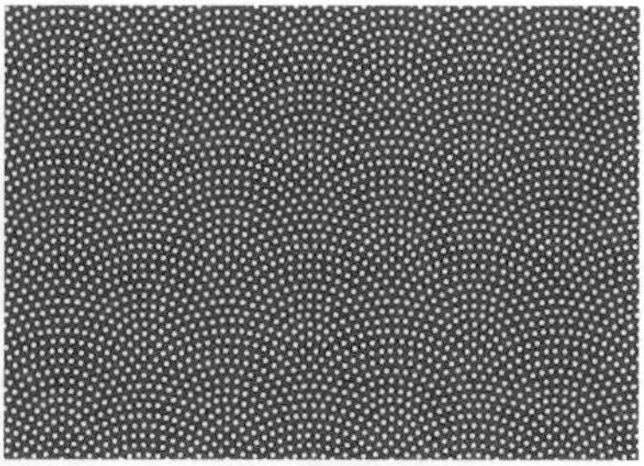

鮫

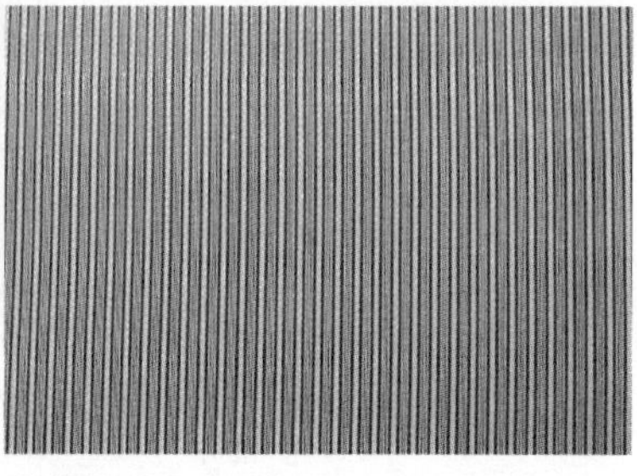

唐棧縞

惱，「江戶小紋」當然也不例外。直到三十至四十年前為止，從高田馬場到飯田橋一帶的神田川沿岸還有很多專業師傅的工作室，可見到染過的布料被放在河裡漂洗的風光，但現在幾乎已經完全消失。環境污染問題應該也有很大影響，而需要在嚴寒季節到河裡去漂洗長長的布料這麼辛苦費力的勞動，也促進了其後繼無人的局勢。此外，手工的東西免不了昂貴，於是便漸漸從「日常穿的和服」邁向一般人買不起的高貴路線或許也是理由之一。

不僅限於小紋，所有和服每個季節都需晾曬以防蟲防霉，髒了要用專門的洗滌方式拆解清洗，甚至年份久了還需適度重新染色，考量到這些麻煩工夫，若不覺得「有趣」是很難持續下去的。享受傳統文化不能計較「簡便」與「便利」，也必須享受投入於其中的「時間與精力」才行。

百萬石的驕傲——「加賀友禪」

為前田家所治理的加賀百萬石（譯註：即加賀藩，是江戶時期最大、最富裕的藩地，年收穫量超過百萬石，因而有「加賀百萬石」之稱），雖位於稱做北陸的北方土地，但仍孕育出了許多文化。儘管具有離京都不遠的地理條件，但重點還是在於其達成「加賀百萬石」的能耐。在此補充一下，所謂的「石」是度量衡單位，「一石」相當於「一百升」。江戶時代每個成人一天的米消費量約為三合，一年的消費量約為一百升，亦即一石。換句話說，所謂加賀百萬石的收穫量，就是指具有每年足以養活一百萬個成年人的經濟實力。正因如此，所以生活輕鬆有餘裕，也就有空間發展「文化」及「藝術」。

加賀，亦即現在的石川縣，有許多傳統工藝品，其中最具代表性的工藝品之一就是「加賀友禪」。江戶中期流行於加賀藩的染物，一般認為是由京都友禪始祖——畫家‧宮崎友禪齋

加賀友禪（出自加賀友禪研究會所編纂的《新樣加賀友禪》昭和7〔1932〕年）

（生歿年不詳）在晚年隱居於加賀時，充分發揮過去經驗，注入比京友禪更大膽的設計而來，現已成為國家指定的傳統工藝品。友禪之所以會在加賀地區發達，除了因為這種染布技術的引進外，還要再加上水質潔淨的「淺野川」位於其中心地帶這個理由。江戶有神田川，京都有賀茂川，對染物來說美麗潔淨的河川必不可少。在河中漂洗染上了各色圖樣的友禪，如此風光甚至以「友禪流」之名被視為一大美景，如此得天獨厚的自然環境，也大大促進了友禪的發展。

加賀友禪以被稱做「加賀五彩」的藍色、胭脂紅、草綠色、土黃色、暗紫色這五個顏色為基調，再進一步加上紅與綠等顏色，以豔麗的色彩為特徵。這讓人覺得很豪華，而且除了亮麗搶眼外，再加上高雅的圖案及型染（以紙模印染），甚至以金泥及金箔、銀箔、刺繡等進一步增厚，就圖案而言予人的印象相當強烈。步驟如此繁複，價格當然就會變高，不過近年來隨著技術的發展，草木染的染料換成了化學染料，因此也開始有越來越多比以前便宜的產品出現。另一方面，傳統的「手繪友禪」也有流傳下來，這是由專門的師傅從畫草稿開始製作，而要能夠獨立完成直到染色為止的多個複雜工序，往往需要好幾年。就如第96頁也提過的，不論在哪兒，今日人們對於如此費時費工的和服的需求量都越來越低。任何領域都一樣，要建立傳統並延續傳統，可是得花上非常長的時間呢。

裝飾女性頭髮用的「櫛」與「簪」

在穿和服梳日本髮的時代，用來裝飾女性們濃密黑髮的櫛與簪等，不僅外觀美麗，很多還都具有工藝品、藝術品的價值。從珊瑚、玳瑁（譯註：亦稱龜甲，為一種海龜的背甲）等高價品，到使用黃楊等植物的，還有以銀等貴金屬及漆、螺鈿等加工再畫上圖樣的，美麗而豐富多彩地裝飾著女性的頭部。而與實際使用的當時相比，今日有些櫛與簪的藝術品價值可能更高。

那麼櫛與簪到底有何不同呢？簡單來說，櫛是「梳理」頭髮用的，櫛的日文發音為「kushi」，而梳理一詞的日文發音為「kushikezuru」，由此便可明顯看出其用途。另一方面簪則是用來固定頭髮，使頭髮維持一定的形狀。兩者都歷史久遠，據說可追溯至繩文時代。但當然，當時的櫛與簪並非如今日般的工藝品，應該是以動物的骨頭或樹枝、木條等為主。

隨著各時代的髮型變化，櫛與簪也有大幅度的變遷。在奈良、平安時代，女性髮型是以「大垂髮」為代表的長直髮為主，簪的使用頻率高於櫛。後來進入江戶時代，女性的髮型轉變為今日所謂的「日本髮」樣式，且因所謂的町人文化（即庶民文化）興起，富裕的城鎮居民增多，於是櫛與簪便成了婦女們的娛樂嗜好之一。在女性的娛樂遠比現在少很多的那個時代，講究頭部配飾的樂趣肯定超出我們的想像。此外做為男性送給女性的禮物，其價格帶也很寬，鑲有珊瑚玉等玉石的「玉簪」可算是最常見的種類之一。除了固定頭髮外，還設計了掏耳棒的功能，在無法每天洗頭的時代甚至可用來搔頭，用途似乎很廣呢。

　　於江戶時代，文化發展開始進入顛峰期的時候，專業師傅的技術

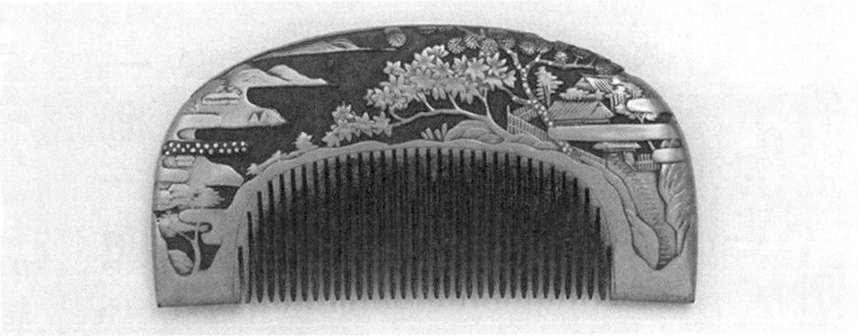

以玳瑁製成且加上了蒔繪的櫛

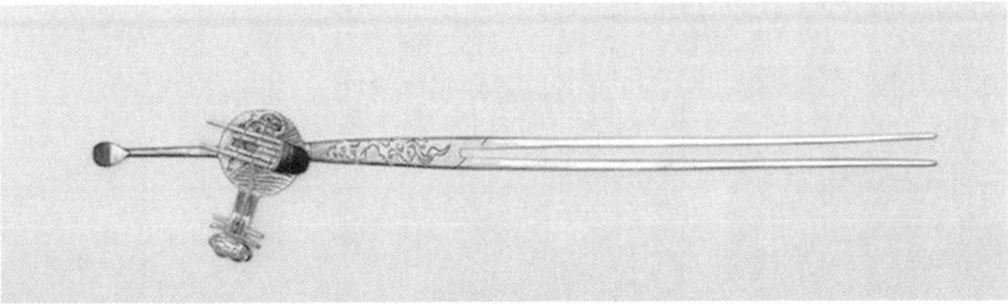

金銀製的簪

提升，出自所謂「名工」之手的這類頭飾要價甚至高達數十兩。過去，櫛和簪都只做為藝妓及京都舞妓等的頭飾使用，但最近好像也有越來越多人將之視為一種時尚，用於現代髮型的裝飾。

依慣例，在每年12月於京都南座舉行的「顏見世興行」（譯註：同一劇團的所有演員全體一起露面的一種演出活動）中，舞妓會把掛在髮簪上的小名牌拿給自己喜歡的演員簽名，而這種習慣至今依舊存在。這應該算是花柳界與戲劇界關係密切的時代所殘留的痕跡之一吧。

隨著時代變遷的「髮型」與「假髮」

「烏黑亮麗」、「三尺青絲」等主要用來讚美女性黑髮的話，自古便有，而至今日本人黑得發亮的頭髮似乎依舊令外國人十分嚮往。

任何國家皆然，「髮型」一定是隨著時代大幅變遷的。在古代的日本，男性們曾流行一種叫「總角」（也稱做「角髮」或「美豆良」）的髮型。到了平安時代，宮中的女性們開始流行

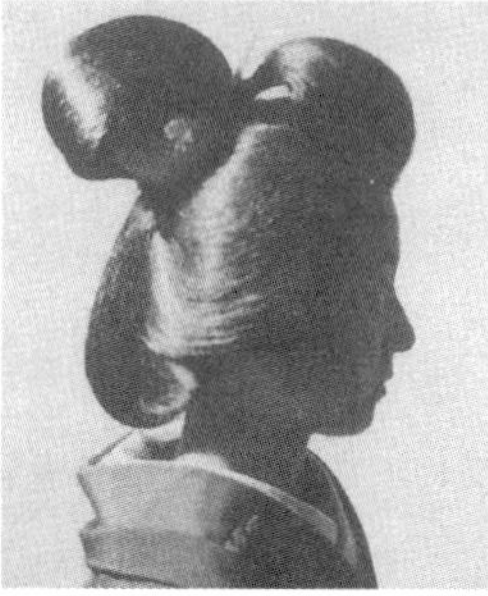

丸髻

唐人髻

島田髻

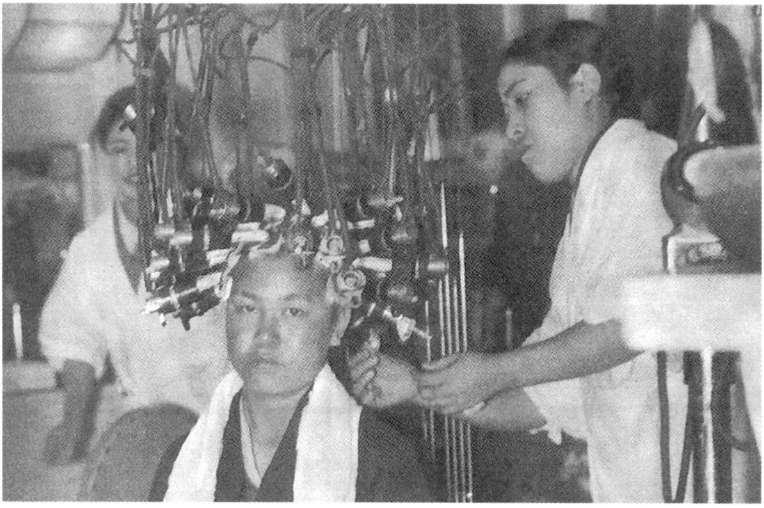

戰前燙頭髮的樣子。為了讓頭髮有曲線，綁上多達四十根的電線並通電（昭和 11〔1936〕年。銀座的好萊塢美容院）

把頭髮留得又黑又長，並梳成名為「垂髮」或「下髮」的髮型。女性的頭髮越黑、越長，價值就越高，但畢竟古代洗頭髮不像現在這麼方便，要維持又長又黑的頭髮應該是相當累人的。

而不論男女，髮型出現最大變化的時期非江戶時代莫屬。男性有「丁髷」，女性有「島田髷」及「丸髷」等各式各樣的髮型變化出現。今日除了歌舞伎及時代劇外，要能看到「丁髷」，大概就只剩下相撲的「大銀杏」（譯註：相撲力士所梳的一種髮髻造型）了吧。丁髷周圍從額頭到頭頂被剃掉的部分叫「月代」，在時代劇裡每個人的月代看起來都青青的，而由於頭髮和鬍子一樣每天都會長，故要維持那樣的狀態就必須每天都剃月代。經濟狀況沒那麼寬裕的庶民及浪人（譯註：失去俸祿到處流浪的貧困武士）等，是一週或十天才剔一次，於是他們的月代部分就會呈現類似「鬍渣」的狀態。另外還有不剃月代，把留長的頭髮全都綁在一起的「總髮」（常見於醫生及儒學家），以及將頭髮束至頭頂後從髮根往上捲曲立起的「茶筅髮」等。

後來這個丁髷也隨著文明開化，逐漸變成剪去髮髻的「斷髮」，還有叫「散切頭」的整頭剪短的髮型。「ザンギリ頭を叩いてみれば文明開化の音がする（敲敲散切頭，便會聽到文明開化的聲音）」這句狂歌（譯註：以諷刺社會、搞笑滑稽為主要內容的一種短歌）所吟詠的，正是明治時代。

女性的髮型有很大一部份是取決於其年齡及婚姻狀態、職業等條件。例如還未嫁人的女兒一般都梳成所謂的「桃割」或「銀杏返」，嫁人時則改為「高島田」，是「島田髻」的一種。而過了中年以後要梳「丸髻」，老公死了則要梳成類似男性的「茶筅髮」般的「切髮」髮型。說成短馬尾或許更容易理解。這樣依年齡不同的髮型差異相當普遍，甚至還可再細分為更多種類。以未婚女性來說，藝妓等特種營業的女性梳的多半是稱為「潰島田」的髮型。而「島田」還分成關東、關西，若將所流行的時代差異也算在內，甚至多達十五種以上呢。

這樣的女性「日本髮」只勉強維持到昭和二十幾年左右，到昭和30年以後，幾乎就再也看不到將自己的真髮梳成日本髮的女性了。在大正時代的現代主義全盛期，流行所謂「Mobo」（Modern Boy）、「Moga」（Modern Girl）等走在時代尖端的時尚，女性也盛行留如男性般的短髮。此外戰前從美國傳入的「燙髮」雖曾一度流行，但在第二次世界大戰期間，由於日文的「燙髮」一詞為外來語（譯註：使用片假名，直接以外語音譯而成的詞彙），又是敵國的髮型，因此甚至出現「大家不燙髮」的宣傳標語。不過後來人們換了個說法，改以漢字「淑髮」、「電髮」來稱呼燙髮。

現在除了部分國、高中外，學校是沒有髮型規定的。想到光看髮型就能區分年齡及職業，甚至是其特性的時代，實在很難相信在擁有自由的同時，卻又存在有那麼嚴格的規定。不過另一方面，這些規定卻也兼具了什麼都不問仍能大略判斷對方狀況的效率性就是了。

源自平安時代的色彩感覺——「配色」

日本人的美感敏銳度，從早至平安時代的貴族服飾文化即可看出。在四季的變幻之中，各季節都有特定的服裝色彩搭配方式，這叫「Kasane 色目」。就如宮廷服裝中的「十二單」，當需要重疊穿著好幾件衣服時，該把什麼顏色疊在什麼顏色上呢？翻成現代文就相當於所謂的時裝配色。這不僅要「色彩協調」，還必須符合可分為「晴」與「褻」，分別代表了「公」（儀式及祭典等非日常生活）與「私」（日常生活）的特定色彩。尤其在宮廷裡被稱做「女房」的宮女社群中，這可是決定了能否融入群體的一項重要素養呢。

這樣的服飾顏色搭配——「Kasane 色目」具有幾種意義，包括代表了一件和服表裡兩面的色彩平衡的「重色目」、代表疊穿多件時的層疊方式的「襲色目」，以及藉由使用不同顏色的經紗和緯紗（譯註：布料上的縱向紗線稱為經紗，橫向紗線稱為緯紗）織成布料的方式來疊加色彩的「織色目」等。以下便要來談談第二種的「襲色目」。

粉紅色系
一斤染／櫻色／鴇色／撫子色／紅梅色／桃色／珊瑚色／東雲色／薄紅／梅鼠／灰櫻／長春色／甚三紅
紅色系
牡丹色／躑躅色／薔薇色／紅色／緋色／猩猩緋／唐紅花／茜色／胭脂色／蘇芳色／檜皮色／小豆色／葡萄色
橙色系
赤白橡／杏色／蘇比／小麥色／萱草色／柿色／黃丹／洗朱／橙色／柑子色／蒲色／狐色
茶色系
白茶／朽葉色／代赭色／團十郎茶／丁子色／路考茶／雀茶／弁柄色／黃櫨染／柿澀色／栗皮色／鳶色／煤竹色
黃色系
鳥之子色／玉子色／辛子色／山吹色／鬱金色／支子色／黃蘗色／刈安色／琥珀色／黃土色／黃橡／菜種油色／生壁色
綠色系
白綠／苗色／青磁色／若竹色／鶸色／萌黃色／苔色／松葉色／綠青／木賊色／海松色／鶯色／鐵色
藍色系
甕覗／空色／新橋色／淺蔥色／白群／縹色／瑠璃色／群青色／納戶色／茄子紺／藍色／紺色／褐色（譯註：這裡的「褐色」同「勝色」，是指近乎黑色的深藍色）
紫色系
藤色／半色／薄色／紫苑色／桔梗色／杜若色／菫色／楝色／江戶紫／二藍／鳩羽鼠／濃色／滅紫

舉幾個具體的例子好了。名為「梅」的色目用於春季穿搭，表面為「白」，內面（裡）則使用稱做「蘇芳」的紅色。「梅重」色目的表面為「濃紅」，內面為「紅梅」，屬於同色系不同濃淡的色彩搭配。光是春季的色彩層疊方式就有三十三種。同樣地，夏季以「白」配「青」的「卯花」為首，再加上「紅」配「紫」的「薔薇」……等等，共有二十二種。秋季則有「紫」配「白」的「萩」，以及用名為「萌黃」的黃綠色搭配「淡萌黃」的「初紅葉」等，共三十九種。而冬天有「白」配「紅梅」的「雪之下」等共六種。此外還有四季共通的「青」配「紫」之「松重」、「紫」配「紅」的「脂燭色」等二十種，總計共有多達一百二十種的色彩層疊方式。

以這樣的規則為基礎，至於何時要使用什麼名稱的層疊方式，就取決於穿著者的判斷了。從現在一般上班族的西裝只要挑深藍色或灰色、茶色就行得通這點看來，以前的人在這方面可是費心得多。

而其實剛剛說的都是疊穿兩件時的層疊方式，疊穿三件、六件、八件等的時候又還有不同的層疊組合。

這樣的「Kasane 色目」不僅限於宮廷裡的宮女，亦適用於男性貴族。男性的色彩變化雖不如女性豐富，但種類仍相當多。儘管只是一小部分，不過一想到這些高品味的人在距今超過一千年前就為宮廷文化點綴了如此燦爛色彩，也難怪《源氏物語》及《枕草子》等文學作品會誕生於侍奉宮廷的女性之手（《源氏物語》的作者紫式部侍奉的是一條天皇的中宮〔譯註：中宮相當於皇后〕彰子，《枕草子》的作者清少納言則曾侍奉一條天皇的中宮定子）。看來日本人的纖細美感，可是具有悠久的傳統呢。

最精簡的冷氣設備——「扇子」

近年來，不論男女，「扇子」都以夏季的時髦單品之姿重新取得地位。想必是因為大家又重新注意到一扇在手便能輕鬆造風、折起來輕巧、在圖樣及材質上又能有各式各樣的流行變化等優點。扇子已不再是只能搭配日式傳統服裝的玩意兒。

在日文中「扇子」和「扇」是一樣的東西，由動詞「aogu」（搧風）變化為「ougi」（扇）而來。其歷史久遠，奈良、平安時代所使用的「檜扇」，是將二十到三十片的薄檜木片並排串起，尺寸比今日的扇子大上許多。從歌舞伎劇碼《菅原傳授手習鑑》中的「道明寺」之段，以及《一條大藏譚》等，都可看出檜扇確實為人們有效地使用著。

扇子有許多不同的種類及尺寸、用途，除了我們平常使用的扇子外，還有尺寸較大的跳舞用的「舞扇」、噺家（即落語家，落語的表演者）在高座（指落語的表演舞台）使用的白扇，甚至是更罕見的在戰國等時代所使用的自衛武器——「鐵扇」。

扇子的骨架一般使用木頭或竹子，但也有以象牙或玳瑁等動物的身體部位為材質的。而在植物材質中，使用香木「白檀」便能在搧風時享受到淡淡的香氣。將骨架綁在一起的部分稱做「要」，由於這是扇子中最重要的部分，因此在日文裡重要的事物就說成「要」。

扇子打開時展開的紙張部分稱為「扇面」，基本上以紙製成，但有時也會使用絲

玉川須美的「松 Dukushi」（譯註：以多把扇子來表現老松樹的一種表演）

綢等布料。許多畫家及文人墨客等都會在扇面上留下畫作或文字、詩歌等，於是這些扇子就變得格外珍貴。時至今日，在歌舞伎演員的襲名（承襲師父名號）宣告大會上，很多都還是會由知名畫家以扇子畫的方式替新誕生的演員錦上添花。之所以送扇子，是因為扇子逐漸展開、越往末端越寬廣的外觀象徵了日文的「末廣」（日益興旺）之意，也正因如此，扇子有時亦被稱做「末廣」。

以各種使用方式融入於日本人生活的扇子，在落語表演中不僅可變成筷子也能當煙斗，還可以是轎子的轎桿等，堪稱萬用道具，這件事我想很多讀者應該都不陌生。

最後再來介紹一個有點特別又相當珍貴的扇子用法。生於大正9（1920）年，逝世於平成24（2012）年九十二歲時，直至數年前都還在高座上演出的女俗曲師（譯註：俗曲是指以三味線伴奏演唱的各種通俗歌曲）──玉川須美（玉川スミ），她自創的一種名為「松 Dukushi」的表演大受好評，甚至獲頒文化廳藝術祭賞（請參照前頁的照片）。這種表演是穿著單齒的高木屐，一邊維持平衡，一邊用手拿或用腳趾夾，總之用各個身體部位立起畫有松樹圖案的扇子，以最多達一百二十支的扇子來表現松樹的姿態，如此獨特的演出可謂僅此一家絕無分號。雖然這並非扇子本來的用途，但卻也由此可見日本人的別出心裁，只是再也無法看到此一表演實在是相當令人遺憾啊。

至今依舊方便好用的「風呂敷」與「手拭」

誠如其名，風呂敷（近似正方形的布巾）原本就是指「鋪在浴室的布」（日文的「風呂」是指浴室或浴缸等洗澡設備）。從現在的浴室去想像是想像不出來的，因為「泡在澡盆裡」的入浴形式是從江戶時代才開始，在那之前是採取「蒸氣浴」的形式來清潔排汗。所以，就像在現今的三溫暖裡人們會拿浴巾鋪在木製的板子上一樣，風呂敷也是這麼用的。只是隨著時代演進，蒸氣浴變成了泡澡，風呂敷也從其原本「鋪在浴室的布」的目的轉變成了「包東西的布」。

而手拭（長方形的布巾）自古以來就與日本人的生活密不可分，據說在平安時代是做為一種祭祀時的裝飾配件使用，但到了江戶時代則隨著澡堂的普及迅速擴展至庶民階級。除了在洗澡時用來擦洗身體、擦除汗水外，其運用範圍也日益擴大，在灰塵多的江戶市街中可做為擋風防塵的「頰被」（將手拭布從頭頂往下包，於下巴下方打結固定），也可染上時髦的花色做為幸運物送給他人，或是代替名片由歌舞伎演員及相撲選手、落語家等發送給忠實觀眾等，用途很多。

天明４（1784）年，通俗小說作家山東京傳舉辦了一個可欣賞手拭之美的活動，叫「手拭合」，江戶時代人民的美感之良好由此可見一斑。時至今日，日本人在日常生活中依舊會以紗布材質製成的手拭，或其他各種採用傳統設計的手拭來替代擦手巾呢。

第四代中村雀右衛門發送給忠實觀眾的手拭，以及寫有屋號（譯註：歌舞伎演員的家系稱號）的贈禮袋（為作者所有）

人類最古老的職業——「賣春」

賣春被稱為是「人類最古老的職業」，不論法律再怎麼禁止，還是不斷有人鑽漏洞，在歷史上持續進行著貓捉老鼠的遊戲。對於性的寬容度在世上數一數二的日本，雖沒有「賣春會判死刑」這種事，但目前的法律確實是禁止賣春的。

回溯歷史，在江戶除了有名的「吉原」外，還有就花街柳巷而言等級相當低的所謂「四宿」，分別位於「板橋」、「品川」、「千住」、「內藤新宿」，在這幾個地點的賣春行為都為幕府所許可。而這四個地點亦是各主要道路的第一個宿場所在地（譯註：宿場就相當於驛站，或現代的公路休息站），板橋為中山道的宿場、品川屬於東海道、千住為奥州道中及日光道中，內藤新宿則為甲州道中，於宿場擔任旅店女服務生的同時也出賣身體的所謂「飯盛女」是被認可的。

明治維新後，日本有好幾次機會可廢除賣春制度，但總是沒能順利成功。甚至連第二次世界大戰後佔領了日本的GHQ（盟軍最高司令官總司令部）要求廢止公娼制度，也沒能立刻實現。

幾經迂回曲折，在吉原的賣春制度依舊持續實行，一直到昭和33（1958）年4月1日實施「賣春防止法」之後，才完全為法律所禁止。

昭和33年以前公認的賣春地區俗稱「赤線」，非公認的地區則叫「青線」。據說這是因為在地圖上這類地區會被紅線或藍線標記起來，但此說法並未獲得證實。在東京，赤線除了吉原外，還有墨田區的玉之井及其附近的「鳩之街」一帶、新宿二丁目等。而「賣春防止法」施行後，違法但仍繼續營業的地方被稱做「白線」，只不過這說法也未

三之輪的淨閑寺中有許多吉原的遊女們長眠著

獲確認就是了。

落語與戲劇往往會將去吉原逍遙描述得像是男人的生存意義般，但事實絕非如此。為抵債而以低價被賣進花街柳巷後還能全身而退的女性比例極低，「苦界」一詞正是由此而來。遊廓的花魁（譯註：遊廓即風化區，花魁則相當於高級妓女）這名稱聽來響亮，但其實一半以上的收入都被遊廓抽走，服飾要自己出錢，此外還必須在遊廓所決定的特定日子「紋日」競相拉攏熟客，結果往往只是讓負債繼續增加罷了。

在離吉原不遠的三之輪，有個名為「淨閑寺」的寺院。在吉原，別說病了不會被好好治療，就連死了都不會有葬禮。由於她們的下葬方式簡單得就只是把屍體丟進去（日文說成「投込」），故此寺院又別名「投込寺」，甚至還有川柳句（譯註：川柳為日本傳統的一種幽默短詩）「生まれては苦界死しては浄閑寺（生於苦界，死於淨閑）」呢。故事中所描繪的光鮮亮麗的遊廓景象，不過是其中少之又少的一小部分而已。

男之極樂、女之地獄的「遊廓」

「遊廓」據說是在進入江戶時代之前，發源於京都的。進入江戶時代後，這種遊廓便以主要道路的宿場市街為中心開始發展，而「旅籠」（即旅店）等也有很多提供性服務的所謂「飯盛女」存在。

不過自從江戶成為日本的中心後，最有名的就莫過於「花之吉原」了。

元和4（1618）年，散佈於江戶市內各處的遊女屋（即妓院）被整合在一起，於今日的日本橋人形町附近

開設了「葭原」。後於寬永3（1626）年改稱「吉原」，接著又因明曆3（1657）年的「明曆大火」而搬遷至淺草日本堤，之後便被稱做「新吉原」。

正如川柳句「闇の夜に吉原ばかり月夜かな（似乎只有吉原的夜晚有月光啊）」所詠嘆的，這感覺是江戶人的必去之地呢。而花魁（遊女）也分三六九等，被稱為「松之位太夫」的等級換算成現在的幣值，就相當於一晚一百萬日圓，不過

新吉原・角海老屋的花魁們（香蝶樓國貞繪）

也有一晚一萬日圓左右的，妓院的規模大小決定了妓女的等級。話雖如此，但也沒辦法每晚都去消費。於是也會出現一些只是去吉原走走，所謂「只看不買」、「純逛街不消費」的強者出現。甚至有個落語故事的主角便號稱一天不去吉原一次就睡不著覺。

最後，據說在江戶，有三個地方在一天內就能花掉「千兩」的錢。一為魚市場，二為劇院，三便是吉原。

日本的「男色」史

同性戀早已在全球的許多地方獲得公民權，但在伊斯蘭世界仍有國家是只要有同性戀行為便會被處死刑。至於日本，不只是長久以來一直都接納同性戀，甚至還一度盛行同性戀。大家都知道在監獄或軍隊等封閉的生活空間中，只和同性生活在一起往往就會產生這種行為，但這也已被證實只是特殊環境下暫時性的假性戀愛罷了。

綜觀日本歷史，有一些時代可是在各方面都完全不歧視地接受同性戀，並將之視為「理所當然」的。例如在某些地方村落會存在有名為「若眾宿」（或「若者宿」）的場所，男性到達一定年齡便會在這種場所與村子裡的年輕男子同居一段時間，然後才會被正式認可為村子裡的「成年成員」。而在這段同居生活期間，當然也包括有同性之間的性行為。

熱愛並發展能劇，進而奠定了今日能劇基礎的室町幕府三代將軍・足利義滿（1358～1408）極為寵愛當時少見的美少年世阿彌（1363？～1443？），這促成了能劇的發達，並建立起能劇為武士階級用於儀式之「式樂」的地位。

而在江戶時代也有三代將軍・德川家光（1604～51）因過度沈迷於美少年，以致於遲遲生不出重要的繼承人，而令周圍的人十分煩惱的傳言。這種事情隨著整個社會的生活環境良好，武士文化降至庶民水平，就會立刻發展成熟，不過在武士階層主從之間的同性戀也並不

《眾道物語》（寬文元〔1661〕年）中所描繪的男色情景

罕見，畢竟受主君寵愛而一路飛黃騰達的人可是多不勝數。姑且不論真實性如何，與織田信長一同殞命於本能寺的侍童森蘭丸（1565～82）、在五代將軍・德川綱吉（1646～1709）手下因是美少年而被破格提拔的柳澤吉保（1658～1714）等，在日本歷史上這種例子比比皆是。只不過這些人也還是有妻有妾，故可算是所謂的「雙性戀」。

以東京來說，在文京區的湯島一帶，至江戶幕府末期為止都還有很多由美少年出賣身體的「蔭間茶屋」存在。關於其最初的形成原因，有一說是為了供不遠處以上野寬永寺為主的僧侶們玩樂而來。江戶中期人們曾將常去湯島的蔭間茶屋這件事稱為「湯島詣」（即去湯島參拜之意），由此可知其歷史相當悠久。這想必是因為僧侶禁「女色」，但男色就無所謂，而這種想法變了個形式，仍繼續流存於今日。夫婦以外的男女間性行為若伴隨有財物往來，就是違法「賣春」，但這件事若發生在男性之間則不違法。因為男性之間的不被視為是「性行為」。

販賣男色的歌舞伎演員被稱做「蔭間」或「色子」，而他們也和傾城（即遊女、妓女）一樣有分等級，當紅的叫「太夫」，據說都會吟詩及唱歌、跳舞等。這與歌舞伎的發達也有很大關係，據說蔭間一旦超過十五歲到了沒客人要的年齡後，便會直接轉做歌舞伎的女形（譯註：女形是指歌舞伎中專門反串演出女性角色的男演員），亦即這些才藝可確保他們的下一份工作。由於當時「女形在日常生活中也必須要像個真正的女人」這種演技論甚具威信，因此不僅是當事人，整個社會也都不覺得這樣的形態有什麼奇怪的。而實際上，以武士間的同性戀情為主題的歌舞伎劇碼雖不多，但也確實存在。

這樣的想法因明治維新而被徹底掃除，之後，同性戀們便被迫走向地下化。不過第二次世界大戰後，社會大眾的看法又逐漸改變，同性戀不受歧視的時代到來，但這其實也不過是恢復到和以前一樣的寬容度而已嘛。

密室中的藝術——「緊縛」

一聽到「緊縛」，有些人的腦海裡應該就會浮現某些色情的東西。雖說「緊縛」並非日本獨具，但會於其中追求「美」的，大概就只有日本人獨特的感性了。

在沒有現代手銬的江戶時代，抓到犯人時用的是繩子。時代劇中的台詞「束手就擒吧！」便象徵了這樣的意義。在日文中將抓到說成「捕縛」，也是源自於以繩綁縛的動作。另一方面，就如日文裡也有「繩拔」（即逃脫之意）一詞，可讓人輕易逃脫的綁法是沒有意義的。因此，為了限制犯人的行動、剝奪其自由，同時又不影響其生命安全，便發展出了所謂的捕繩術（緊縛術）。這對江戶時代的警察機關來說，是極為必要且重要的一種技術。

而經過明治維新之後，開始出現「以欣賞被綑綁的女性為樂」的嗜好，「緊縛」於是潛入地下，隱沒在陰影之中。在江戶時代的「危繪」（為浮世繪美人畫中，介於一般和秘戲畫（春宮圖）之間的作品）裡，有一類稱做「責繪」，畫的是拷問、折磨人的情景，流傳於所謂的「狂熱愛好者」之間。第二次世界大戰結束，在「性解放」、「自由性愛」等主張以各種形式被提倡、實踐的過程中，「緊縛」也發行出了專門的雜誌。

名為「龜甲縛」，模擬六角形龜殼的綑

海老責的酷刑情景（出自《德川幕府刑事圖譜》）

綁方式，我想應該多少有人聽說過。另外也有從江戶時代傳下來的「高手小手縛」，這是將雙臂繞至身後綁起，再用一條繩子綁住胸部的一般捕縛綁法。而所謂的「海老責」，是來自如蝦子般將人全身反向折起拷問的綑綁方式。甚至還有被稱做「緊縛師」的人存在呢。在不傷及被綑綁者身體的情況下，以多達數十種的方式綑綁，這對具虐待狂嗜好的人而言，呈現的無非就是「藝術」。

公開化也好，地下化也罷，只要是在持續不斷的行為中成為一種傳統的東西，都算是「文化」，緊縛當然也不例外。

從刑罰到藝術的「入墨」與「刺青」

今日「入墨」與「刺青」已被混為一談，甚至改稱為「紋身」、「Tattoo」，以致於大家再也分不清它們有何差異。

大略來說，「入墨」是日本原始的民族文化之一。其證據就在於「尋找邪馬台國」時必定

執行入墨刑的情景（摘自《德川幕府刑事圖譜》）

野晒悟助的刺青（出自歌川豐國的《當世好男子傳》）

會引用的《魏志倭人傳》裡的「有許多臉部入墨的男子」這句敘述。後來到江戶時代，則是做為一種刑罰，為了在罪犯身上留下一輩子都無法消除的犯罪證據，而在其左手臂刺上一圈環形圖案。

相對於此，消防員及賭博類黑道等以勇氣與氣勢、男子氣概等為生存意義的人們，則會將中國的《三國志》、《水滸傳》或佛像等圖案，以紅與綠等鮮豔色彩刺在身上，主要是刺在背部。而為了與先前說的刑罰「入墨」有所區別，這種便被稱為「紋身」，寫做「刺青」，是為了展現男子氣概而刺。由於以針刺皮膚並將顏色注入會相當疼痛，再加上費時費工又要花不少錢，故也俗稱「我慢」（即忍耐之意）。同樣是入墨，但並非刑罰，既是自己主動想紋的，藝術性高的刺青也就相當多。正如狂歌「年老いていらぬ物とは知りながら 若気のいたり伊達の勢い（雖然知道這種東西老了就沒用，但年輕氣盛時就是會刺青）」所表達的，他們都知道這種東西即使不到「反社會勢力」的程度，但卻也不是能隨意展露在光天化日之下的。

而據說從埋在冰河中五千三百年前的男性木乃伊身上，竟能看見世上最古老的紋身痕跡呢。

從正月到大晦日（即除夕）的所有「節慶活動」

以「聖誕節」為首，包括「情人節」、「萬聖節」、「母親節」、「父親節」（譯註：從西洋傳至日本的父親節為5月的第三個禮拜天）等源自西方的節慶早已在日本生根，但日本的

7月，江戶的七夕。家家戶戶都將竹子高高立起架在屋簷旁（出自歌川廣重的《名所江戶百景》裡的《市中繁榮七夕祭》）

12月，因年貨市場而熱鬧滾滾的江戶淺草（出自第三代歌川豐國．第二代歌川廣重的《江戶自慢三十六興》裡的《淺草年之市》）

傳統節慶日漸消逝是否也是無可避免的時代潮流？

日本自古以來的節慶活動，有些在都市與農村的日期不同，甚至有些根本只存在於農村地區。包括現今已廢除的，接著就讓我們來看看日本有哪些傳統節慶。

首先是1月1日新的一年開始，期待已久的「正月」來臨。日本人原本並非以生日來計算年齡，而是在新年到來的瞬間每個人都多一歲，也就是「虛歲」的概念。然後是七日的「七草粥」（要吃以春天的七種蔬菜煮成的粥）、十一日的「鏡開」（要吃正月祭神時供奉的「鏡餅」〔一種年糕〕），而有些地方還留有十五日過「小正月」的習慣。

2月的第一個「午之日」為「初午」，要祈願五穀豐收及生意興隆，而四日為「立春」，立春前一天為「節分」（要灑豆子驅鬼），還有八日是「針供養」（需休息一天不用針線，並將生鏽、壞掉而無法再用的針送至神社上供），這個月雖短但卻相當忙碌呢。

3月有3日的「雛之節句」（女兒節），和雖非自古以來的節慶但於3月舉辦的「畢業典禮」，接著4月有「開學典禮」。另外在3月裡，以「春分之日」為中心的一整週是「御彼岸」。秋天也同樣以「秋分之日」為中心有「御彼岸」，需區別兩者時就分別稱做「春彼岸」、「秋彼岸」。

5月5日是「端午之節句」。錢湯（譯註：即收取費用讓一般人都能入浴泡澡的大眾澡堂）會提供可驅邪的「菖蒲湯」（加入了菖蒲的洗澡水）。到6月便是「服裝換季」的時候。在江戶時代的武家社會中，有正式且詳細地規定從4月1日至5月4日，以及9月1日至8日為止要穿「袷」（有內襯的和服），而從九日至3月末為止則穿「綿入」（即棉襖），但自從明治以後改以西式服裝為主，就只留下「夏裝」與「冬裝」替換的印象了。

7月7日是「七夕」，大概在7月28日左右的「丑之日」要吃「鰻魚」。「御盆」（盂蘭盆節）依地區不同時間會差一個月，有的在7月有的在8月，這時要迎接並供奉祖先靈魂。而由於8月的「御盆假期」有很多人都會返鄉，因此也有一些地方會在這個時期舉辦「成人式」。過了8月的舊盆（即舊曆的盂蘭盆節），於秋風剛起時，就是「祭典」的季節了。這部分也會隨地區不同而有些許差異，但都源自於祈求五穀豐收。9月時迎來「中秋之名月」。明治後被廢除的9月9日稱為「重陽之節句」，由吉祥的數字「陽數」中最大的「九」重疊而成，被認為是最吉祥的一個節日，這天要賞菊花、喝菊花酒。因此又別名「菊花之節句」。以奇數為「陽數」的想法是古時從朝鮮半島傳入日本，且受到在地化的「道教」所影響。

11月主要在關東有酉之日（11月有二到三個酉日，每年不同），這天要祈求生意興隆，神社因販賣「熊手」（譯註：一種竹製的耙，在此做為一種象徵繁榮昌盛的吉祥飾品）的「酉之市」而熱鬧滾滾。到了大阪則變成年初十日的「十日戎」，以戎信仰祈求生意興隆。俗話說「一年有三酉，火災特別多」，一個月內若有多達三次的祭典，人們就容易鬆懈，據說這話正是為了警惕此事而來。

最後是12月。時至歲末，年關將近。從十日之後到過了二十日為止，都會有販賣「注連繩」（一種稻草裝飾）及「松竹」等正月用品的「年之市」，不過現在12月最大的節慶應該算是「聖誕夜」與「聖誕節」了。

像這樣迅速地檢視過一遍傳統節慶後，我發現了兩個特徵。一是若追溯起源，這些節慶大多與「五穀豐收」、「生意興隆」有關，而另一則是6月與10月都沒什麼重要節慶。6月要插秧，10月需割稻，對農家來說這是最重要的兩個月。由此也可見日本身為農耕民族的歷史及思維方式呢。

能夠感受到日本的豐富季節的「歲時記」

日文裡的「歲時記」一詞有兩種意義。原本是傳自中國，代表記載了傳統節慶活動及作法習俗的書冊，而另外也指將俳句（譯註：由十七個字音所構成的日本古典短詩）的季語（譯註：在俳句中用來表達特定季節的詞彙）分類並集結而成的書籍。後者亦稱「季寄」（即季語集）。

記載傳統節慶的「歲時記」除了正月及各季節日、七夕等慶典活動外，還有插秧之日、割稻之日、開始養蠶之日等，以第一級產業的行事曆為主要用途，另外也包含來自中國且於日本本土化的「道教」生活習慣。例如「佛滅」與「大安」、「三鄰亡」等日期的吉凶，以及「鬼門」、「裏鬼門」等方位的吉凶占卜觀念。

季節	二十四節氣名	新曆的日期
春	立春	2月4日左右
	雨水	2月19日左右
	驚蟄	3月5日左右
	春分	3月21日左右
	清明	4月5日左右
	穀雨	4月20日左右
夏	立夏	5月5日左右
	小滿	5月21日左右
	芒種	6月6日左右
	夏至	6月21日左右
	小暑	7月7日左右
	大暑	7月23日左右
秋	立秋	8月8日左右
	處暑	8月23日左右
	白露	9月8日左右
	秋分	9月23日左右
	寒露	10月8日左右
	霜降	10月24日左右
冬	立冬	11月7日左右
	小雪	11月22日左右
	大雪	12月7日左右
	冬至	12月21日左右
	小寒	1月5日左右
	大寒	1月21日左右

而俳句的歲時記是依季節別將春夏秋冬各季的季語集結起來，許多出版社都出版了袖珍尺寸（口袋書）的版本，可謂俳句愛好者必備的一冊。這種歲時記有幾個特徵，包括「至今仍會

於改版時繼續添加新的季語」、「所有收錄的季語都是依據舊曆而來」，以及「各出版社所收錄的季語會有若干差異」。俳句以名為「結社」的同好集體創作為多，過去因這種想法或主事者之意向而編纂歲時記的情況可是比現在多上許多。於是在歲時記的影響下，對季語的處理方式便有了改變。關於「季語會不斷新增」這件事，於松尾芭蕉（1644～94）的時代在《去來抄》中，就寫有表示「即使不是古時流傳至今的季語，只要是能為俳句增添趣味的詞彙，都是給後世的良好範例」之意的內容，可見從當時起就已有相當大的彈性了。

將一整年的氣候及自然變化分為二十四等分的「二十四節氣」也是誕生於西元前四百年到西元前二百年左右中國的戰國時代，但於江戶時代傳入日本後，便逐漸被調整成符合日本人生活形態及日本風土的狀態。「立春」及「冬至」，或是「驚蟄」等詞彙，大家想必都很耳熟。

能在十七個字之中融入季節及情感的俳句才有的獨特情趣，在歲時記裡也能感受得到。例如「彼岸」。彼岸為佛教活動，分別以「春分之日」和「秋分之日」為中心，每年有兩次。而春季的彼岸就單稱「彼岸」，秋季的在歲時記中則稱「秋彼岸」。像這樣的細微區別，正是試圖以一詞表達季節感的先人巧思。

角川書店所發行的《合本 俳句歲時記》為袖珍尺寸，內文比一千頁多一點，但所收錄的季語卻超過二千五百個。大致來說，季語最多的季節為「新年」（「新年」被獨立於春季外自成一類），接著依序為「冬」、「秋」、「夏」、「春」。而除了以季節分類外，還分成「氣候」、「天文」、「地理」、「生活」、「儀式活動」、「動物」、「植物」等項目，可方便讀者了解自己所讀到的詞彙屬於哪個季節的哪個項目。

不過畢竟是經歷了數百年的編纂、改版，裡頭有許多詞彙對我們今日的生活而言是相當陌生的。例如屬於夏季季語的「漆搔」。這是指在漆樹樹幹上割出數道開口，然後採集從開口滲出之漆樹汁液的工作。各季語都一定附有「例句」，像芭蕉的「漆掻に 我も出んに 朝鴉（採漆的季節，我如烏兒般早起出門去）」。此外「山眠」為冬季季語，是將山擬人化而成的季語，意指氣候平和、無風也無雪的山。而到了春天，被新綠覆蓋、充滿能量的山，其季語為「山笑」。這些例子都能讓人感受到日本人在用字遣詞方面的纖細敏感。另一方面在秋季的「生活」類中，也出現了「長假之後」、「運動會」等近代用詞。

歲時記還有一點很特別，就是會把著名俳人及僧侶、演員藝人等的忌日，取其俳號（即俳句作者的筆名），以「〇〇忌」來做為該季節的季語。例如舊曆3月21日是空海（774～835）的「空海忌」，6月19日是至今拜謁者依舊絡繹不絕的太宰治（1909～48）的「櫻桃忌」，9月19日是正岡子規（1867～1902）的「子規忌」，舊曆10月12日則是松尾芭蕉的「芭蕉忌」（也稱時雨忌、桃青忌、翁忌）。也就是用一個俳句詞彙來緬懷名留青史的先人。

愛土愛鄉的「祭典」活動

不分季節，日本沒有哪個地方是沒有「祭典」的。雖然「日本三大祭典」是指7月京都祇園・八坂神社的「祇園祭」、6月大阪天滿宮的「天神祭」，以及5月東京・神田明神的「神田祭」，但往東北去也還有宮城縣仙台市的「七夕祭」、青森縣弘前市的「Neputa祭」（青森市的叫「Nebuta祭」）（譯註：其名稱經多次音誤轉傳，有多種寫法，也寫做漢字「佞武多祭」，由於此祭典本身具有在農忙的夏季要趕跑睡魔之意，故一般中文通稱為「睡魔祭」）再加上秋田縣「竿燈祭」的所謂「東北三大祭典」，與祭典有關的愛鄉情懷可說是無所不在。

在日本，小時候於所居住地區的氏神（由同一地區之居民共同祭祀的神道神祇）祭典中扛神輿、拉山車（譯註：神輿類似神轎，是給神乘坐的交通工具，而山車是一種傳統式的花車，是在祭典期間請神入住、附身用的工具），或是期待著緣日（即神誕，神佛生日、顯靈及得道等的日子）應該是許多人的共通回憶。日文的「祭」（發音matsuri）源自於動詞「祀」

（matsuru），始於在神面前捧著供品祝賀的動作。當然，這種活動並非日本獨具，實際上全世界各地都有。日本的祭典原型其實也是從中國大陸傳入後，將本土性宗教「道教」的元素調整成符合日本風土的狀態，我想這應該是最貼近現狀的說法了。其形式眾多，雖說本書篇幅有限無法一一描述各地方的祭典差異，但基本上就是從氏神所在的神社將坐了神的神輿扛出，一邊繞行氏子（即所有信仰該神明的信徒）們所居住的地區，一邊接受神明的恩澤。

江戶時代的京都祇園祭（出自歌川廣重《諸國名所百景》的《京都祇園祭禮》）

而隨著時代變遷，與祭典有關的風俗也有所改變。例如四十年以前是沒有女性扛神輿這種事的，畢竟日本一直以來都有女性「不潔」會對神明失禮這一潛規則存在。另外在扛神輿繞行時，「Seiya、Seiya」的喊法變多了，以前多半是喊「Wasshoi、Wasshoi」。關於這種祭典的吆喝聲眾說紛紜，至今仍無定論，且各地區的差異也很大。還有，原本只有氏子可扛神輿，但氏子減少的情況與祭典愛好者的期望恰巧互補，於是便有越來越多人以到各地祭典去扛神輿為樂。

儘管像這樣一點一滴地不斷改變，祭典卻從未消失，除了因為對農耕、狩獵、漁業民族來說它是對帶來豐富資源之自然神明的感謝外，同時也因為它是在未有公定假日的時代裡的所謂「晴日」（指非日常的儀式及祭典等假日）。從「祭」這個關鍵字看來，日本人的宗教觀顯然主要來自於神道，佛教祭典並沒有如此地遍及日本全國各地。雖說佛教依各宗派不同，一年中重要的節日包括「報恩講」（為了報答宗派開山祖的恩惠，於其忌日所舉行的法會）、「盂蘭盆」（精靈會，即所謂的「御盆」，為供奉祖先靈魂的佛教儀式，通常於8月13日~15日舉行，也有不少地區是在7月舉行）以及「彼岸」等，但似乎都以「悼念死者」為主，只有4月8日名為「花祭」的釋迦牟尼佛誕辰算是例外，可是熱鬧度和神道系統的祭典根本沒得比，雖說這原本就不是個喧鬧型的祭典就是了。

一瞬間的空中藝術——「花火」

花火（即煙火）是日本夏季的典型美景之一，也可算得上是一種完整流傳至今的日本傳統文化。

昭和53（1978）年，事隔十七年再度舉辦的「隅田川花火大會」現已是一年一度的固定盛事，恢復了江戶時代的熱鬧喧囂。此外全國各地也都會舉辦具豐富地方色彩的花火大會，甚至日本花火師的精湛技藝也獲得了全世界的高度評價。當位於北半球的日本處於冬季，沒有煙火需求時，工作多半都在正值盛夏的南半球，也就是說花火師們現在似乎都是繞著地球跑呢。

在「隅田川」還被稱做「大川」的享保18（1733）年，八代將軍・德川吉宗為了驅散惡鬼與悼念死者的「川施餓鬼」（譯註：為超渡溺死者鬼魂的一種佛教法會），於兩國的川開之日（於夏季河畔舉行的納涼活動）開始舉辦，這就是隅田川花火大會的起源。時至今日，久居當地的在地人都還會以「大川的川開」來稱呼此一大會。到了文化文政期（1804～30），「鍵屋」

與「玉屋」的兩大花火師競相展露高超技術，在夜空中綻放出色彩繽紛的花朵。而觀眾們喊著「玉～屋～」、「鍵～屋～」的聲音也曾是其特色之一。可惜在天保14（1843）年，玉屋發生火災，為了負起責任便就此歇業。但據說其實川開的吆喝聲是以「玉屋」佔壓倒性多數，甚至還因此出現了「橋の上たまやたまやの声ばかりなぜに鍵屋と言わぬ情（錠）なし（橋上盡是玉屋聲，不喊鍵屋真無情〔鎖〕）」（譯註：日文裡的「情」與「鎖」同音，而「鍵屋」又剛好也有「鎖匠」之意）的匿名打油詩呢。這絕不是因為江戶人冷淡無情，應該只是因為「玉～屋～」喊起來比較順口罷了。另外在落語裡，還有個描述花火大會當中事件的段子叫《Taga屋》。

花火大會的主角「空中煙火」，是將火藥做成叫「星」的球形，並塞入稱為「玉」的大球中，再發射至天空。這些煙火以射至空中後呈同心圓散開的形式為主流，在落下之前會改變顏色，或是再進一步反覆爆開，花招百出，據說很多都是由花火師自行研發設計的「秘技」。此外，依煙火在空中所展開的形狀，會以「菊」及「牡丹」等為之命名，而發射至天空的大球尺寸，至今依舊採用名為「尺貫法」的傳統計量系統。新潟縣長岡市的花火大會以直徑接近一公尺的一種叫「三尺玉」的大球聞名，儘管一直都有人試圖做出比這更大的球，但截至近年為止它仍是「日本第一大」。

除了這些空中煙火外，在花火大會上還經常能看到以「尼加拉瓜」（名稱來自於尼加拉瓜大瀑布）為代表的固定式煙火。由於是將導火線延伸配置達十幾公尺長，藉由依序點火的方式讓煙火呈現如瀑布落下般的華麗外觀，所以才會用對日本人來說最著名的「外國瀑布」來命名。

其實煙火如此興盛是從十六世紀槍砲傳入日本，火藥的使用隨之變得日益頻繁之後的事。雖說在這之前也有類似煙火的相關文獻記載，但那不太可能是等同於現代煙火的玩意兒。進入明治時期後，儘管因打勝仗或國家慶典等使得施放煙火的機會變多，但由於戰後美軍

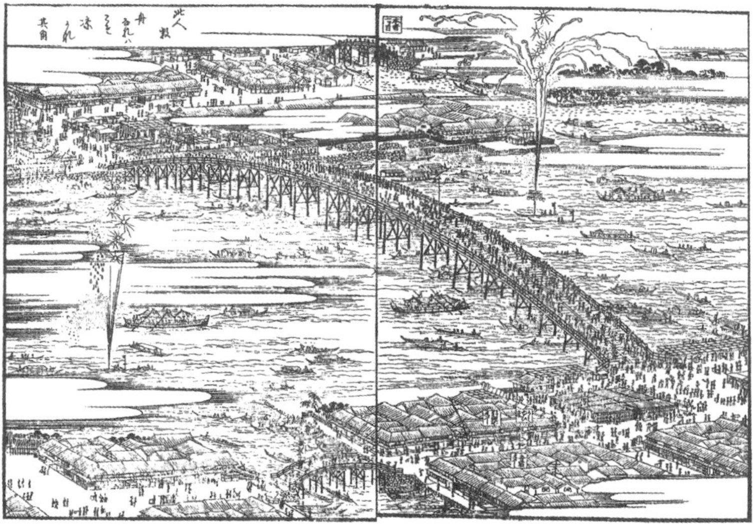

橫跨大川（隅田川）的兩國橋與煙火。河的這一側為廣小路，是當時江戶數一數二的鬧區（出自《江戶名所圖會》）

一度禁止日本「製造火藥」，因此有一段時間是無法舉行花火大會的。

各個領域的競爭「排行榜」

基於個資保護等問題，這類排行榜已於平成18（2006）年廢止，不過在那之前，每年報紙等媒體都會公布體育、演藝、商業等各個領域的納稅大戶，亦即所謂的「富豪榜」（金額為推估值）。這些人的納稅額不是我們一般老百姓所能夠想像的，而這種「排行榜」的歷史，可回溯至雕版印刷剛開始普及的江戶時代寬政期（1789～1801）左右。

當時幾乎都是印在一整張大張的和紙上，至今相撲的排名依舊留有其原型。其他還有戲劇和祭典等，發行了許多與庶民們熱愛的娛樂及傳統節慶有關的排行榜。尤其是戲劇和相撲等表演活動，為了求取觀眾爆滿座無虛席的好兆頭，以名為「勘亭流」的極粗且無間隙字體書寫，隱含著希望劇場及相撲場被填滿的期待。看看現代的相撲排名便會知道，字最大的當然就是也稱做「日下開山」的橫綱，接著依大關、關脇、小結、前頭（譯註：這些都是相撲力士的級別名稱，橫綱為最高級）的順序文字漸小，最小可是會小到要拿放大鏡才看得到的程度。當自己的名字被以大字寫出時，想必是相當令人振奮的吧。

這些以相撲排名為象徵的所謂「排行榜」，絕大多數都是基於為各個領域及事物，由上而下排出「等級順序」的「精選」構想而來。發行這種排行榜的地點以大坂、京都、江戶、名古屋、金澤佔壓倒性多數，全都是商業、文化發達的地區。其種類繁多，包括「富豪榜」、「專業技術」、「溫泉」、「名勝古蹟」等，當中比較特別的是於寬政末年到明治18（1886）年間，在大坂，實際上前後發行了共四十五張的「醫師」排行榜。雖然在今日的書店裡，如「名醫一百選」之類的書多不

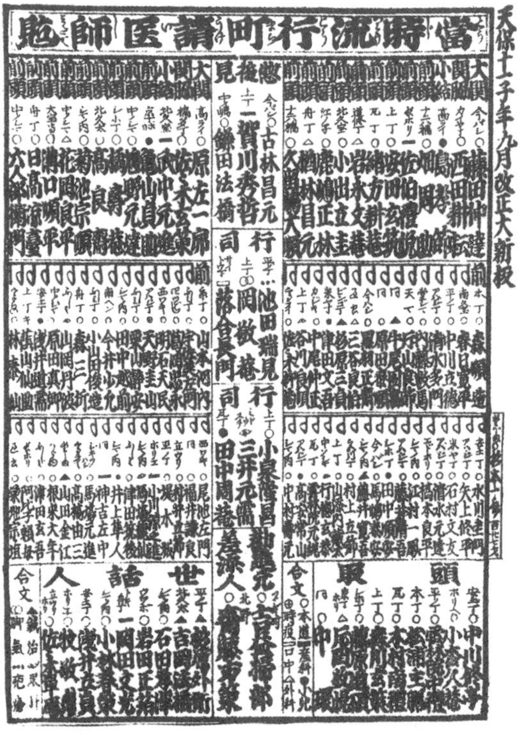

大坂的醫師排行榜（天保11〔1840〕年的《當時流行町請醫師見立》）

勝數，但令人驚訝的是這類東西其實早在二百年以前就曾經發行過。

例如在以《當時流行町請醫師見立》為題的醫師排行榜中，不僅針對不同的看診科別分別標註了記號，外科為△，小兒科為●等，還寫出了所在地，相當具實用性。該排行榜從當時據說超過一萬數千人的大坂當地醫師裡，選出一百至五百名，而且不只在書店販賣，也在藥局出售，可見這不只是單純為了「趣味性」，同時也具備了大坂特有的「務實」面向。然而在明治元（1868）年11月時，卻不幸被禁止發行。理由是，有醫生利用攸關人命的醫師排行榜來做宣傳。若有庸醫或密醫被列在排行榜上確實不妥，而且這樣一來排行榜就不準確了。

不過大坂當然也有充滿了排行榜之原始精神——「趣味性」的排行榜存在，像是「好像有但其實沒有的東西」、「笨蛋與聰明人」、「浪蕩子與懶惰鬼」等，各種搞笑無極限的排行榜也發行了相當多。另一方面，江戶則是在文化12（1815）年，出版了許多反映當時飲食文化的排行榜，像是江戶市中的正統料理茶屋（即餐廳）、菓子屋（即糕餅甜點店）、鰻魚料理店、壽司店等。而這些排行榜有個共同特徵，那就是「不知創作者是何方神聖」。畢竟在某些情況下這些排名應該也會影響到商家生意，但無論在大坂或江戶，都有排行榜被當成土產、紀念品來販賣，可見它們具有一定程度的公信力。

這種排行榜的精神，至今仍能在日本人最愛的「排名」形式中看見痕跡，而江戶時代庶民們的細緻品味，也從這樣的一張印刷品中浮現於我們眼前。

不同年齡的慶祝活動——「七五三」、「成人式」、「祝壽」

在現今的超高齡化社會中，就算活到七、八十歲，也不會有人幫你大肆慶祝。古時慶祝長壽的第一個年齡「還曆」是滿六十歲，但在現代很多這年齡的人根本都還沒退休呢。還曆代表了自己出生年份的天干地支組合又再度出現，就返還為嬰孩之意來說，應是依實歲慶祝，不過後來大家都依傳統的「虛歲」來慶祝。

七十歲的「古稀」源自杜甫的詩句「人生七十古來稀」，七十七歲的「喜壽」則是來自於將「喜」這個字拆解為「㐂」，亦即「七十七」。八十歲的「傘壽」是從「傘」的簡化字「仐」形似「八十」而來，八十八歲的「米壽」是拆解「米」字得來「八十八」。九十歲的「卒壽」除了因「卒」的簡化字「卆」形似「九十」外，也因為這年齡對古人來說感覺非常長壽，故含有已是天壽、已從祝賀長壽這件事上「卒業」（即畢業）之意。可是在醫療技術發達的現在，情況已非如此。九十九歲是「百」減去一，故為「白壽」，而百歲就直接稱做「百壽」。「茶壽」是將「茶」字拆解成「十」、「十」和「八十八」，所以是一百零八歲。關於這些祝壽的說法到底是什麼時候訂立的，又是誰訂下的，目前都不清楚，除了還曆和古稀等理由、出處相當明確的以外，很多都是日本特有的說法。繼續到一百二十歲的「大還曆」為止，其實還有幾個祝壽年紀，不過到這程度就有點不切實際了。

而另一方面，小孩則有「七五三」的慶祝活動。依地區不同，男孩女孩各自的慶祝年齡也會不太一樣，有些

慶祝七五三的情景。由左起，被背在背上的男孩（三歲）為「髮置」，扛在肩上的女孩（七歲）為「帶解」，由母親牽著手的男孩（五歲）則為「着」（出自《繪本物見岡》）

地方是各年齡不分性別都一起慶祝，但也有不少地方像是東京一帶，「男孩慶祝五歲」，「女孩慶祝三歲與七歲」。這些數字都是奇數，日本至江戶時代為止一直都是以奇數為陽的數字，以偶數為陰的數字。再加上以前嬰幼兒的死亡率非常高，所以才養成了男孩女孩分別健康成長至吉利的年齡時要慶祝一番的習慣。

而日本法律唯一有規定的，是滿二十歲為「成人」，這是依據明治9（1876）年所公布的「太政官布告」。各國對成人的年齡規定都不太一樣，通常落在十四歲到二十三歲之間。在日本，雖然也已多次有人提議將「成人」的年齡降至十八歲，但目前仍未實現。此外，為國定假日的「成人之日」原本是固定在1月15日，後來因「快樂星期一」政策（譯註：這是個將部分國定假日從原本的固定日期改為特定的星期一，以製造出三天連假的政策）而改為每年1月的第二個星期一，成了非固定日期。

到了二十一世紀依舊是冬季必需品的「炬燵」

不論生活方式多麼西化，冬天窩在炬燵（即日式暖桌，或稱被爐）裡邊吃橘子邊看電視，早已是日本人根深蒂固的習慣。就暖氣設備的效能而言，炬燵主要是用來溫暖下半身，可確實避免並改善下肢冰冷問題，讓全身血液循環變好。最近新蓋的住宅大樓很多都在客廳設有地板暖氣設備，這和韓國的「溫突」原理類似。足部冰冷對人類來說終究是很不舒服的，下半身失去熱度也不利於身體健康。而炬燵也就是一種能夠移動的溫突。

據說炬燵是在室町時代出現的。在燒著碳火的地爐上架木架，再蓋上被子，好讓熱度不會散掉，可算是一種「生活中的發明」。之後，又進一步發明出在地板上挖洞，把木架設在與地板同樣高度的現代的「掘炬燵」。

到了江戶時代中期，在裝有碳火的容器上蓋被子的「置炬燵」也普及到了庶民階層。其特徵是可以攜帶移動。除此之外，人們還使用睡覺時放在被子裡的行火（譯註：即腳爐，可直接溫暖手腳的一人用可攜式保溫器具）、湯婆（即熱水袋），以及其他各種形狀與尺寸的火鉢（火盆）來做為暖氣設備。

今日的炬燵幾乎都是插電的「電暖桌」，不過直到1960年代為止，不只有插電的，也還有用煤餅及煤球的。城鎮裡都有「炭屋」，冬天賣各種煤炭，夏天則靠賣冰來營生。這段時間正是越來越多一般家庭改用電暖桌的過渡期。

姑且不論在生物學上正確與否，童謠《雪yakonkon》裡有一句唱的是「貓咪在暖桌裡窩成圓圓的」。有養貓的人就會知道，貓咪確實都喜歡待在暖桌裡。另外，現在已不太看得到，但在主要用於江戶時代的「長火鉢」的燒炭煮水部分旁，通常都有一塊突出的板子，這個板子被稱做「貓板」。雖說貓咪應該不會一直待在那兒，不過有溫暖的炭火餘熱，再加上尺寸對貓咪來說又恰到好處，所以才有了這樣的俗稱。

置炬燵與長火鉢（即長方形的火盆）。長火鉢附有抽屜（出自《兒訓影繪喻》）

愛物惜物的「針供養」

今日，偶爾還是會在新聞報導中看到「針供養」的活動情景。為何在豆腐或蒟蒻上插針就算是祭拜、供奉針了呢？

針供養一般是在2月和12月的8日舉行，而這兩天對應的分別是不宜「事始」（即開工）及「事納」（即收工）的日子。平日勤奮於針線活的婦女們會在這一天停工，讓針休息，並予以祭拜、供奉。她們會把使用時不慎折斷了的針或生鏽的針，插在柔軟的豆腐或蒟蒻上。而插在柔軟的東西上這件事，應是對於平常都讓針辛苦刺穿堅韌布料的一種慰勞之意。

這天，在對協助了日常生活的針線活的「針」表示感謝後，便要把它們送到神社或佛寺供奉，有些地區會埋入「針塚」，甚至丟入海或河川裡送走。在傳統上，日本人認為每個物品裡都住著神明。雖然一般認為日本人平常並不那麼熱衷於宗教，但儘管是半年才一次，還是會對日常生活的必需品表達感謝之意。

另一方面，在某些時代，對於勤奮熬夜做針線的婦女們來說，這想必也具有每年兩次以感謝針為由而得以「公休」，並與熟悉的伙伴們開心吃喝閒聊的性質吧。

在京都法輪寺舉行的針供養的情景（昭和 40〔1965〕年左右）

今日的計程車，是過去的「人力車」

雖說近來在東京的淺草及京都、鎌倉等觀光地見到人力車的機會變多了，但其實人力車原本是做為類似現代計程車的一種實用交通工具，廣為人們所利用。據說人力車發明於明治初期，不過到底誰是第一個，至今依舊眾說紛紜，無法斷定。

比起至江戶時代仍存在的「駕籠」（即轎子），人力車的速度快得多，因而迅速普及，但後來隨著汽車逐漸成為一般交通工具，其數量理所當然地急遽減少。

從昭和初期上野車站的照片可知，就像現在的計程車招呼站一樣，當時也設了好幾個人力車招呼站，他們載著抵達車站的乘客與行李，以人力拉著跑。簡單以「人力」為名，但其實應該也有相對於「馬匹」之意。基本上人力車都是由一人拉車，但在趕時間等情況下有時也會由兩個人一起拉。

拉人力車的人日文稱為「車引」或「車夫」。在戲劇藝術中，有一部戲是以車夫為主角，且因阪東妻三郎（1901～53）主演而聞名，之後也有很多人一再演過，那就是《無法松的一生》。這部戲以九州・博多為舞台，敘述的是暗戀軍人太太的車夫的短暫愛情故事。此外，藝妓外出工作時，「人力車」是必備工具，而屬於新派戲劇且至今仍會上演的《明治一代女》是由川口松太郎所寫，其中的重頭戲「雪之濱町河岸之場」便是從愛上藝妓阿梅的箱屋（跟在藝妓身邊照顧大小事的男僕）擋住

阿梅所乘坐的人力車那一刻開始展開。

改以腳踏車拉而非直接以人力拉車的景象，今日在東南亞等地仍可見到，不過我想這應可算是一種人力車與汽車並存的例子吧。

明治3〔1870〕年左右東京日本橋的風光。除了人力車外，也有馬車、腳踏車在路上跑（出自錦朝樓芳虎的《東京日本橋風景》）

要坐也不是那麼容易的「駕籠」

時至今日，在石階眾多的香川縣琴平町的金刀比羅宮等地，還是能坐得到觀光用的「駕籠」（即轎子），不過在江戶時代，駕籠可是做為一般交通工具，如今日的計程車般為人們所利用。

經過明治維新，直到「人力車」出現為止，駕籠雖然花時間，但仍是比馬匹平價且簡便的交通工具。

就人扛人這層意義而言，它從平安時代起就已存在，不過當時還只是讓貴族乘坐的玩意兒，直到庶民文化發達的江戶時代才開始普及。

基本上，一台駕籠是由兩個人抬，裡頭坐一個人，但若是需要長距離移動，或者十萬火急時乘坐所謂的「早駕籠」，則因為必須有人換手，所以價格相對較高。雖說江戶時代各時期的一兩錢價值不盡相同，故無法一概而論，不過在十九世紀曾有一里路（約四公里）要價一萬日圓的記錄，顯然算是相當奢華的交通工具。據說人步行的速度大約

行進於東海道的駕籠（出自歌川廣重的《東海道五拾三次之內三島・朝霧》）

是一小時四公里，換言之，步行一小時的路程若是坐駕籠，要價為一萬日圓。甚至有些抬駕籠的轎夫會要求相當於小費的「酒手」，還有漫天喊價、行徑近似小偷的所謂「雲助」在街道中出沒。

出現在時代劇中，為諸侯領主等高位者所乘坐的駕籠叫「大名駕籠」，除了有塗漆外，空間也做得比一般的大，據說重量約有五十公斤。一般簡單樸素的版本不過十公斤左右，即相當於其五倍的重量。還有一種特殊的駕籠叫「輦台」，是於跨越東海道的大井川時，不由所謂的「川越人足」（譯註：專門背人渡河的人）以坐在肩上的方式背過河，而是搭乘有著兩根桿子、由四人扛的這種輦台渡河。

雖說是江戶時代的計程車，但畢竟所走的不如現今的柏油路，而是凹凸不平的泥土路，再加上是由人抬著走的交通工具，空間狹小，因此乘坐時絕無舒適可言。據說因坐人抬的駕籠而「暈『籠』」者還不少呢。

江戶時代的快遞？「飛腳」

今日，在日本某些快遞（在此補充一下，「宅急便」這一名稱只有雅瑪多運輸（黑貓宅急便）可使用）業者的貨車上，仍可看見「飛腳」的圖案。事實上郵遞——也包括快遞——的起源毫無疑問就是飛腳。

那麼這個所謂的飛腳系統，是從何時開始存在於日本的呢？飛腳源自從中國唐代傳入的「驛制」。所謂的驛制，是在從都城連往各國國府的主要道路上，每隔三十里（約十六公里。中國和日本的一里的距離不同）設置一間「驛家」，並利用馬匹來配送使者及貨物、文書等的交通與通訊制度，據說在奈良時代之前就已存在。

到了鎌倉時代，隨著武家社會的形成，並做為重要資訊的傳遞方式之一，開始發展出靠馬匹移動的「鎌倉飛腳」、「六波羅飛腳」等。就在這個時候，「宿」（旅店）逐漸取代驛，成為飛腳的中繼站。

戰國時代，資訊傳遞的速度與重要性增加，再加上資訊的機密程度也提高，因此有時會由大名的家臣直接擔任傳遞資訊的角色，這就不屬於商業形式的飛腳了。之後，隨著時代不斷進步，街道及旅店也日益完備。

江戶時代在德川政權的統治之下，不再有大規模戰亂，於是飛腳的形態也隨之起了變化。除了執行幕府任務的「繼飛腳」、替各地大名跑腿的「大名飛腳」外，還有經幕府許可而由商人經營的「飛腳屋」與「飛腳問屋」等，廣為一般武士及庶民所利用。在時代劇中可見到的那些扛著黑箱子、以一身奴才裝扮奔跑的傢伙，就是負責遞送「御狀箱」的繼飛腳。

這些飛腳從江戶到大坂間約七至二十五天日可送達的普通件，到幕府或藩有急事時，日夜交替地持續奔走三至四天左右便可送達的特急件等，分成多種不同的收費方式。這和今日的郵遞及快遞系統以距離和配送所需之日數、時間等來詳訂收費方式的做法一樣。只不過在明治時代之前，有時會因大雨導致

奔跑的飛腳（出自《凸凹話》。北尾重政繪）

橋樑封閉，可能連續好幾天都「禁止渡河」。例如位於東海道的大井川（現在的靜岡縣）便經常氾濫，甚至被傳唱為「箱根八里可騎馬過，但過不了的是大井川」，可見被卡在那兒的例子相當多。

由於遞送的費用也包括了飛腳的住宿費，因此有時相當昂貴，以特急件來說，在文化年間（1804～18），江戶到大坂之間為四兩二分，換算成今日的價格約莫是四十萬日圓。若是信件一封，普通件大約要價二千日圓，而貨物則依重量不同費用也不同，每一貫（約三．七五公斤）要價三千五百日圓左右。此外飛腳還具備了傳遞路途中所發生之事件及災害等資訊的功能。

想必就是因為如此完備的飛腳制度，所以進入明治時代，前島密（1835～1919）打算參考英國的郵政系統在日本建立出郵政體系時，才能夠順利打造出今日的系統吧。

「三尺三寸」是幾公分？至今仍在使用的日本單位

所謂「度量衡」，原本是指從中國傳來的計量單位，或者也可說是一種計量的觀念。在日本也已廣泛用於測量和服的尺寸、面積、重量等。時至今日，出生於大正至昭和初期的世代，有部分職業使用的依舊是「尺貫法」。然而這種傳統且合理的計算方式，卻遭到法律的廢止。

不過被廢止的尺貫法其實依舊存活在我們周遭。例如點酒時，沒有人會說「冰的八海山一百八十毫升！」大家都知道日本酒是以「一合」為單位，再上去是「一升」，就算有「能喝一升酒」的海量，也不會說出「一．八公升的酒」這種話。同樣地，在房地產的傳單上，一定都會像這樣「〇〇㎡（△×．〇坪）」把尺貫法的單位也標示出來。

建築工地所說的「Saburoku Panel」（三六版）是指「三尺×六尺」，亦即約「九十公分×一．八公尺」的板子。而在藝術表演的領域，不只是歌舞伎等古典戲劇，很多都採取「舞台的正面寬度為四間，所以往後退二尺處為入口」這類說法。

此外有和室的房子在鋪設榻榻米時，儘管隨地區不同會有京間、江戶間等若干尺寸差異，但基本上都是以長邊六尺、短邊三尺為標準。將兩張榻榻米並排便形成一間（六尺）的正方形，這也就是一坪，非常簡單易懂。

另一方面，表示重量的「貫」及其下的單位「匁」（monme）則已不再使用。1貫等於三．七五公斤，其十分之一是一百匁，亦即三七五克。還有表示距離的「里」也已不再使用。以前有些賣烤蕃薯的攤子所掛的燈籠上會寫著「比九里好吃的十三里半」，這句俏皮話是在宣傳這烤蕃薯雖便宜，但卻比較貴的栗子還美味。日文的「栗子」與「九里」同音，而「比」與「四里」同音，因此「比（四里）栗子（九里）好吃」的話，就是比「九里」加「四里」的「十三里」更遠的「十三里半」。這要是寫成「比三十六公里好吃的五十四公里」就毫無意義了。

從祭典到過年，城鎮的管家公──「鳶」

「火災、吵架、大名小路、廣小路、伊勢屋、稻荷神社，還有狗大便」。這組合相當奇怪，但它們都是一般認為的江戶名產。

「伊勢屋」多為當鋪的店名，很多都由伊勢出身的人所經營。而「火災」之所以列在江戶名產的最前頭，是因為火災真的很多。僅以木頭和紙建造而成的長屋蓋得密密麻麻，這樣的江戶曾遭遇多次歷史性的大火。

在火災現場大展身手的是被稱做「火消」的英勇男子們。江戶時代的火消（即消防員），與其以水滅火，更主要的工作其實是破壞周圍的房子以避免火勢蔓延。此時，這些瀟灑的鳶之男子們光著上半身，露出背部及手臂上的刺青，一邊揮舞著消防的標誌一邊奮力救火的情景，想必有些人在電影或電視的時代劇裡也曾見過。

話說，「鳶」和「火消」本來是兩種不同的職務。依據在高高的鷹架上如飛行的鳶鳥（即老鷹）般快步行走而得名的說法可知，「鳶」本是建築相關職務之總稱，是從飛鳥時代開始就有的職業。後來進入江戶時代，便與名為「火消」，尤其是「町火消」（民間消防員）的人同化。所謂的「町火消」，是相對

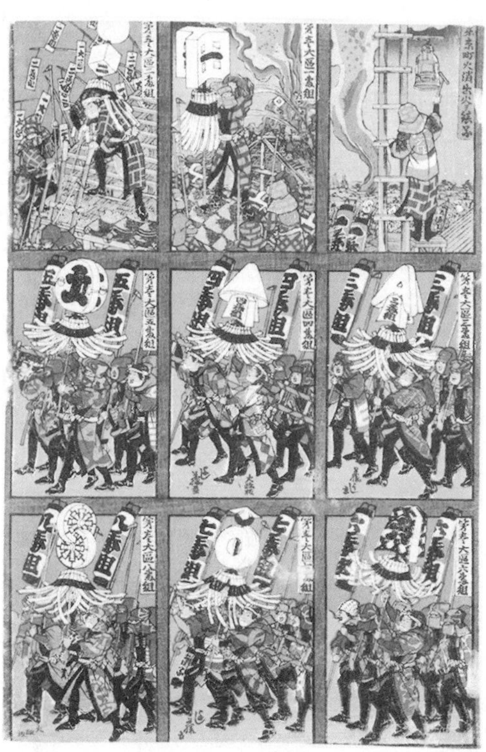

東京英勇的民間消防員們
（出自歌川芳藤的《東京町火消出火鎮圖》）

於官方的「大名火消」、「定火消」等，為民間的消防員，一如歌舞伎戲碼《神明惠和合取組》裡所演的，共有四十七組（分別以《伊呂波歌》的四十七個平假名為組名），各有其負責區域。在危險的火災現場拿著名為「鳶口」（消防鉤）的工具展現勇氣是消防員的榮譽，每個人都搶著要衝第一，有時甚至會因此起衝突。雖然現在已不太有機會聽到，不過在淺草等地，鳶之男子們群集在一起以純粹的歌聲所唱出的歌曲《木遣》，原本是替代搬運重石、做工時的吆喝聲而唱的「勞動之歌」，和美輪明宏（1935～）唱紅的那首《苦力女之歌》（ヨイトマケの唄）概念類似。

「鳶」除了擔任消防的工作外，也扮演了妥善調停鄰里紛爭的角色。一旦轄區內發生糾紛，身為組長的所謂「鳶頭」便會在事情演變為公家的訴訟——「公事」之前，就先把問題解決。聆聽雙方的說法，並做出讓雙方都能接受的判斷。而發生爭執的兩方，看在「鳶頭」的面子上，或者經過人生經驗豐富的鳶頭開導後，也通常都會停止幼稚的爭吵，達成和解。這和黑道解決爭執的手法有一些類似之處。不過和黑道不同的是，儘管背上都有刺青，穿著打扮也很類似，但這些鳶之男子可是為「民」所雇用，是確實負有職責的城鎮成員之一。除此之外，舉凡祭典及西之市的處理、熊手的販賣等，對許多節慶活動來說鳶之男子們都是不可或缺的重要角色，還發揮了保護城鎮安全的作用。

他們的工作現在被稱做「Gaten系」（譯註：指體力勞動類的工作，而此詞彙源自於一求職資訊雜誌名），這和原本在高處從事危險作業的本質並無二致。時至今日，在祭典及酉之市等，只要是有不特定多數人聚集的時候，鳶之男子們的工作就還存在。只不過隨著其所處環境的城鎮結構改變，現在這時代，無論是為祭典而存在的名為「睦」的地方組織或者鄰里協會等，都已變得很鬆散。因此儘管鳶之男子們該做的事依舊存在，但上場機會日益稀少卻也是不爭的事實。

家族的標誌——「家紋」

今日，能正確說出自己父親家和母親家家紋（家徽）的日本人並不多。隨著最有機會見到家紋的和服使用度大減，剩下的就只有掃墓或做祭祖祈福法事等能看見自家墓碑時才會見到了。大約一百年前，在具一定生活水準的家庭或商店裡，不只是衣服，從燈籠到吃飯用的箱膳（譯註：一種收納餐具用的盒子，吃飯時將上蓋顛倒過來變成小桌，便可在上面放置餐具作為

第一名—酢漿草
（日文也寫做「片喰」）

第二名—木瓜

第三名—鷹之羽
（圖為「並鷹之羽」）

第四名—柏
（圖為「抱柏」）

第五名—藤
（圖為「垂藤」）
家紋的全國佔有率排名
（出自日本家紋研究會的調查）

餐桌使用），於生活中的許多地方都有機會看到家紋。然而在生活方式徹底改變了的今天，也怪不得很多人都不知自家的家紋為何。

或許有人會覺得「家紋算是日本的傳統文化嗎？國外不是也有很多徽章之類東西？」但國外的徽章多半是用來讚揚「個人」功勳，是由國王等所授予，而日本的家紋則如其名，就是「家族的標誌」，不論當家的換成了誰，都一直代代相傳地延續下去。據說家紋源起於平安時代，貴族們會把家紋裝飾在牛車上，一邊移動一邊展示，然而時至今日，日本有約二萬五千個家紋，實際使用中的只佔了其中的兩成左右。

戰國之世，家紋成了分辨敵我的絕佳印記。撇開已知交戰流程及作戰方式的將領們，確實不難想像對那些當場才被推出去的步兵等小卒來說，家紋及旗印（一種軍旗）的動靜才是掌握自己所在處與戰況的重要元素。經過這樣的時代後，進入江戶時代的家紋提升了其設計性。平常用的家紋叫「定紋」，另外還產生出私下使用的「替紋」，增加了更多的圖案設計。家紋一般都以植物和符號佔壓倒性多數，但也有一些如螃蟹或蜈蚣等稀有的圖案存在。日本最有名的家紋非「菊」與「三葉葵」莫屬。不用我多說大家都知道，前者是天皇家的，後者是德川家的。不過兩者可是都有十種以上的變體存在呢。以「菊」的徽記來說，天皇直系一族和其他皇族略有不同，而德川本家的「三葉葵」與俗稱「御三家」的也不太一樣。

經歷明治維新後四民平等（譯註：四民是指江戶時代的士農工商四種階級）的時代來臨，許多普通平民也開始擁有家紋，但往往設計得相當隨性，例如明明毫無血緣、關聯，卻使用豐臣家的「五三桐」或藤原家的「藤」等。有古傳家譜的很多都被竄改，就算沒家譜的也能搬出「依據老一輩的說法……」這套，會有日本人七成以上的祖先都可追溯至「源平藤橘」的說法想來還真是一點兒也不奇怪。之所以是源氏、平氏、藤原氏與橘氏，大概是因為嚮往這些創造了日本歷史的「著名氏族」，才造成了如此結果吧。

不可思議的「自動販賣機」

「自動販賣機」（日文簡稱「自販機」）的歷史久遠。

據說早在西元前的歐洲，人們於神殿之類的地方禮拜時，就已有投入硬幣後會持續一段時間流出聖水的機器存在。而在日本，發明家俵屋高七（1854～1912）於明治21（1888）年發明、在明治23年的第三次內國勸業博覽會展出的煙草自動販賣機（當時稱「煙草販賣便器」），被認為是最早的自動販賣機。這其實已有一百二十五年以上的歷史了。

今日在全日本各地，幾乎沒有哪個地方看不到自動販賣機的身影。雖然有些人覺得這造成商店式的面對面銷售減少，溝通不再，但卻也具有隨時隨想買就能買的便利性。而這樣的便利性又進一步使得未成年者能夠肆無忌憚地輕易買到煙、酒，以及成人商品等，造成社會問題，於是有些就採取晚上十一點到清晨五點間停止販賣的做法。感覺上這並不是什麼很有效的招數，不過多少也算是企業對「社會」有了個交代。

接著讓我們來簡單看一下，有哪些商品能夠從自動販賣機買到呢？交通工具的「票」、以瓶、罐、保特瓶、紙杯等容器盛裝的各種「飲料」（包括酒精飲料），還有「香煙」、「報紙」等大家應該都很熟悉。最近出售「麵包」及「糕點」、「文庫本」（譯註：為日本的一種書籍規格，通常是A6尺寸的小型平裝書）的自動販賣機也相當受到矚目。而在鬧區還會有賣「花束」、「名片」，以及「出租DVD」的自動販賣機。可見於郊區的投幣式碾米機應該也可算是一種自動販賣機。還有神社裡的「御神籤」及寺院裡的「御守」（即護身符、平安符）、「冰塊」（在釣魚場之類的地方常可看到）、「便當」、「蕎麥麵」、「拉麵」、「熱狗」、「烤飯糰」等，什麼都有。

另外，雖然最近已不太看得到，但的確也有「乾電池」、「郵票」（2007年廢止）、「成人雜誌」、在車站等處

明治37（1904）年由俵谷高七所設計的「自動郵票與明信片販賣機」。這是日本現存最古老的自動販賣機（郵政博物館館藏）

廁所裡的「面紙」、「附底片的隨手拍相機」等販賣機存在。這樣看來，日常生活有相當大的一部份似乎都可靠自動販賣機來滿足。就「玩樂」的部分而言，「大頭貼」和「扭蛋」的機器也算在內。這類自動販賣機據說在日本全國大概有超過五百萬台，大約每二十五人就有一台呢。

有人破壞自動販賣機並偷走其中現金的新聞真的很少聽說，畢竟花大把力氣撬開自動販賣機，裡頭的錢最多也不過數萬日圓而已。但儘管只是數萬日圓，在日本，裡頭有現金的機器可是就這樣安全地被放在那兒。國外當然也有很多自動販賣機，可是基本上都設置在室內。不少國家一旦將販賣機放到室外，就會立刻被破壞，裡頭的現金和商品全都被偷個精光。

由此看來，自動販賣機反映了日本的良好治安以及日本人的良心，就此意義而言也可說是一種「日本的傳統文化」呢。

微型藝術之「箱庭」與「盆栽」

過去，箱庭及盆栽都被定義為「老人的嗜好」。然而不知為何，這卻做為一種手巧與優雅細膩的代表，受到外國人的高度評價。現今甚至出現特地從國外來日本買盆栽，買了就走也不另外去觀光的旅遊團，足見其人氣之高。這可算是一個日本人本身渾然不覺，而由外國人重新評價了日本文化的例子。

箱庭也好，盆栽也罷，都是江戶晚期從庶民之中開始流行的東西。擁有廣大庭園可種植漂亮樹木的，在江戶市裡只有大名的豪宅辦得到，因此藉由微型化的方式，庶民們便能輕鬆享受到此樂趣，這樣的靈感來源想必是兩者共通。然而它們的考究方式都非比尋常，因此兩者都成為了「藝術」也成了「文化」。

箱庭是在長邊最大不超過一公尺左右的木箱中，配置各式各樣的風景及人物，然後加以欣賞。在歐洲也有「模型小屋」或「娃娃屋」等類似的東西，但根本性的差異在於箱庭注重的是自然風景。從海邊的白砂青松、潺潺小溪、山中樹木等風景，到自家庭院的等比例縮小模型，主要都以自然為中心。

而享受自然加上人為加工樂趣的，則是盆栽。在長邊三十公分左右的花盆中，將松樹種得枝繁葉茂，乍看彷彿已有數百年的樹齡般。這是運用所謂「蟠扎」技術的結果。也就是以金屬絲線繞捲松樹枝幹，藉由矯正的方式讓樹型發展成自己想要的樣子。此外還需修枝整形、照顧根部的青苔、處理花盆的土壤及施肥等，是相當耗費功夫的玩意兒。以如此「人工之美」展現出毫不遜色於「天然之美」的美感，正是它獲得外國人高度評價的理由之一呢。

日本語

方便好用的詞彙——「Sumimasen（すみません）」

不知是從何時開始，「Sumimasen（すみません）」一詞具備了多種含意。懷抱著感謝之意時說「Sumimasen」，想要道歉時也說「Sumimasen」。依據詞源詞典的說法，「Sumimasen」原本的意思是「慰勞對方的辛勞，並對於自己造成的困擾表示歉意的說法」。「Sumimasen」的「Sumi（すみ）」原形為「Sumu（すむ）」，是從「澄む」而來，表示自己的心情澄清平靜、安穩無波。因此它就是「讓您為我做了這樣的事，著實令我心難以平靜」，是包含感謝及慰勞、道謝之意的一句話。

可是睡過頭上班遲到也說「Sumimasen」，在酒吧喝完酒請老闆結帳也是用「Sumimasen」開頭，甚至在路上問路時一開口也是先說「Sumimasen」。感覺好像也用來取代問候、打招呼。而且依年齡以及和對方的關係不同，有時還會將「Sumimasen」說成「Suimasen（すいません）」、「Summasen（すんません）」或「Suman（すまん）」等。是個儘管脫離了日文文法，

仍為人們輕鬆自在運用的「便利詞彙」。有人認為這是一種「彈性」，但也有人以「Sumimasen」為道歉之意，覺得「日本人總是動不動就說抱歉」。

有趣的是，在日本用途如此廣泛的區區五字，不論是使用方還是被使用方，都能立刻理解對方是基於什麼樣的狀況而這麼說的。因為睡過頭衝進辦公室的下屬說「Sumimasen」時，絕不會有哪個上司覺得他是一邊道歉一邊要問路，而在路上被人用「Sumimasen」叫住時，腦袋裡也不可能浮現「結帳」一詞。

雖說「語言是活的」，會隨時代變遷，不過「Sumimasen」或許可說是經由日本人最擅長的加工技術，而獲得了比原本要寬廣許多的意涵呢。

以口頭禪「Doumo suimasen（どうもすいません）」風靡一時的初代林家三平（1925～80。照片提供：時事通信社）

日文裡的「國字」是指由日本人所創建的漢字

今日，歸功於個人電腦普及，寫文章變得輕鬆許多。然而也因為手寫文章的機會減少，導致很多日本人都面臨到「漢字」看得懂但卻寫不出來的切身問題。

日本的「漢字」來自於中國的原始漢字，是在西元四世紀後半至五世紀初時，隨著日本與朝鮮半島的交流日益活絡，而由許多來到日本的人漸漸帶入日本。而擅長加工處理的日本人，後來又自行創造了中國所沒有的、專屬於日本的獨特文字。這些在日文裡被稱做「國字」（也稱做「和字」）。

左表便列出了其中一部份，很多都一看就能大略知道意思。例如，沿山路走到頂峰處後就只剩下山的路，故為「峠」（山巔、頂點之意），獻給神的樹木是「榊」，由人做動作所以是「働」（勞動、工作之意），收割後便會放火燒田故為「畑」，身段之美是「躾」，十字路口是「辻」。另外在採用「魚字旁」的字之中，以凶猛聞名的虎鯨被喻為「海之虎」所以是「鯱」，

國字	讀音
鯏	Asari（あさり）
遖	Appare（あっぱれ）
鵤	Ikaru・Ikaruga（いかる・いかるが）
圦	Iri（いり）
鰯	Iwashi（いわし）
笂	Utsubo（うつぼ）
饂	Un（うん）
蛯	Ebi（えび）
縅	Odosu・Odoshi（おどす・おどし）
俤	Omokage（おもかげ）
颪	Oroshi（おろし）
嬶	Kaka・Kakaa（かか・かかあ）
錺	Kazari（かざり）
樫	Kashi（かし）
鎹	Kasugai（かすがい）
鯑	Kazunoko（かずのこ）
綛	Kasuri・Kase（かすり・かせ）
桛	Kase（かせ）
叺	Kamasu（かます）
裃	Kamishimo（かみしも）
鱚	Kisu（きす）
瓩	Kiroguramu（キログラム）
粁	Kirometoru（キロメートル）
喰	Kuu・Kurau（くう・くらう）
椚	Kunugi（くぬぎ）
粂	Kume（くめ）
俥	Kuruma（くるま）
纐	Kou（こう）
鱇	Kou（こう）
糀	Kouji（こうじ）
凩	Kogarashi（こがらし）
蓙	Goza・Za（ござ・ざ）
鮗	Konoshiro（このしろ）
込	Komu・Komeru（こむ・こめる）
怺	Koraeru（こらえる）
榊	Sakaki（さかき）
搾	Saku・Shiboru（さく・しぼる）
笹	Sasa（ささ）
簓	Sasara（ささら）
扨	Sate（さて）
聢	Shikato（しかと）
鴫	Shigi（しぎ）
雫	Shizuku（しずく）
躾	Shitsuke（しつけ）
癪	Shaku（しゃく）
鯱	Shachi（しゃち）
諚	Jou（じょう）
膵	Sui（すい）
椙	Sugi（すぎ）
辷	Suberu（すべる）

國字	讀音
腺	Sen（せん）
糎	Senchimetoru（センチメートル）
杣	Soma（そま）
凧	Tako（たこ）
襷	Tasuki（たすき）
燵	Tatsu（たつ）
鱈	Tara（たら）
鵆	Chidori（ちどり）
閊	Tsukaeru（つかえる）
鶇	Tsugumi（つぐみ）
辻	Tsuji（つじ）
褄	Tsuma（つま）
峠	Touge（とうげ）
栂	Toga・Tsuga（とが・つが）
鯲	Dojou（どじょう）
栃	Tochi（とち）
迚	Totemo（とても）
鞆	Tomo（とも）
噸	Ton（トン）
瓲	Ton（トン）
凪	Nagi（なぎ）
屶	Nata（なた）
鯰	Namazu（なまず）
鳰	Nio（にお）
匂	Niou（におう）
硲	Hazama（はざま）
畠	Hata・Hatake（はた・はたけ）
畑	Hata・Hatake（はた・はたけ）
鰰	Hatahata（はたはた）
働	Hataraku（はたらく）
噺	Hanashi（はなし）
鋲	Byou（びょう）
梺	Humoto（ふもと）
錻	Buriki（ブリキ）
塀	Hei（へい）
枡	Masu（ます）
桝	Masu（ます）
俣	Mata（また）
麿	Maro（まろ）
粍	Milimetoru（ミリメートル）
毟	Mushiru（むしる）
杢	Moku（もく）
籾	Momi（もみ）
椛	Momiji（もみじ）
匁	Monme（もんめ）
軈	Yagate（やがて）
簗	Yana（やな）
鑓	Yari（やり）
裄	Yuki（ゆき）
枠	Waku（わく）

還有在大海中屬於被大魚捕食的弱小魚種故為「鰯」等，像這類充滿趣味的國字也不少。

日文的基礎——「假名」

在江戶時代晚期，很多庶民都已具有「讀寫能力」，今日的日本更以百分之九十九以上的識字率為傲。據說以英語為主要語言的國家，平均識字率為百分之七十五，但差距還不只是這個數字而已。英文字母總共二十六個，就算把大小寫分開計算也不過五十二種。然而日文除了平假名及片假名外，光是被列為「常用漢字」的漢字，在平成22（2010）年時就有二一三六個。再加上平假名與片假名還有「Pa（ぱ）」、「Pi（ぴ）」、「Pu（ぷ）」、「Pe（ぺ）」、「Po（ぽ）」等「半濁音」，和「Ba（ば）」、「Bi（び）」、「Bu（ぶ）」、「Be（べ）」、「Bo（ぼ）」等「濁音」，以及如「Kitte（きって）」、「Chotto（ちょっと）」等「促音」，種類又更多了。這麼多的字，要在不困擾日常生活的範圍內達成百分之九十九以上的「讀寫能力」普及率，可說是相當不容易。

而作為其基礎的「假名」，亦即平假名與片假名的出現，可追溯至奈良時代。在那之前，有很多字詞都是借用中國的漢字但其實與漢字原意根本不同的「同音別字」，這稱為「借字」。「片假名」也差不多在同一時期出現，最主要目的就是要簡化漢字的標記方式。「い（I）」是從「以」簡化而來，「ろ（Ro）」是從「呂」簡化而來，從這樣的對比來看，其形成過程便相當清楚明白。

由於漢字曾被稱為「真名」，故其簡化版「かな（Kana）」就被對應成「假名」。平假名和片假名是到了明治時代以後才被分開教授，在那之前都是做為同音字使用，因此經常會有一篇文章裡同時摻雜了「つ」與「ツ」（發音皆為「Tsu」）、「や」與「ヤ」（發音皆

以假名草書寫成，收錄於《百人一首》中由蟬丸所作的和歌。「これやこの　行ゆくもかへるも　わかれては　しるもしらぬも　あふさかの　（逢坂關往返絡繹不絕，行人無論相識與否，俱會逢坂關）」

為「Ya」）的情況，而且在當時被認為是正常的用法。

日文原本是以毛筆在紙上「直書」（垂直書寫）為基本，隨著「假名」出現後，才逐漸發展出所謂「崩字」的「草書」及「行書」等技法。近來大概是因為以書寫工具手寫文章的機會大減，不愛「直書」的人變得特別多。

在小說及評論等文學領域中，至今仍有作家刻意以戰前的所謂「歷史假名遣」（即舊的假名用法）來寫文章。想當然耳，戰前寫的東西全都是以歷史假名遣寫的。例如「ちょうちょう」（蝴蝶）寫成「てふてふ」，「～と言う」寫成「～と言ふ」等。丸谷才一（1925～2012）便是一直堅持以歷史假名遣寫文章的作家之一。

經過第二次世界大戰，戰前與戰後的假名用法分成了「歷史假名遣」與「現代假名遣」。想必在此交界期間受教育或是教書的人，都經歷了相當艱苦的轉換過程吧。

「方言」是美麗的地方話

語言是會隨時代變遷的東西，有新的詞語誕生，也有舊的詞語逐漸消逝。這並不是今日才開始的，就和「現在的年輕人……」這句話一樣，這是自古以來許多人所憂慮、感嘆的事情之一。

日本是個多山的國家，過去，只要越過一個山頭詞語的意義和語氣就會不同這種事，可說是處處皆有。這不單是物理空間上的問題，也有很大成分是做為一種歸屬於「村」這一共同體的暗語。同時，語言的差異還可用來判別外來者，因此就避免外來威脅影響村莊生活而言，也是相當合理的手段。方言曾一度負擔了這種除了單純的語言功能以外的其他功能，不過隨著交通網越來越發達，人與物資的交流持續進展，這樣的意識應該就逐漸降低了。

方言面臨重大轉型的三個關鍵時間點應是在明治維新時、第二次世界大戰戰敗後，以及電視普及後。明治政府雖然建立了徵兵制度，但由於從全國各地聚集而來的青年們彼此之間有方言上的差異，所以溝通起來相當困難。在訓練過程中，當教官發出命令時，若士兵們聽不懂教官所說的話，就很可能會誤解指令。因此在軍隊裡是有必要廢除方言的。而幾乎就在同一時間政府逐步修整學校制度，開始教授「國語」這點也帶來了很大影響。此外因戰敗而被劃歸為美國的佔領區亦是一大主因。

雖說國家被他人征服，沒因此被迫使用戰勝國語言已算是不幸中的大幸，不過從「戰後」

這個時間點開始，方言便被禁錮於更封閉的空間與「年代」之中。接下來經過高度成長期，電視的普及給了方言最後的致命一擊。地方的人們嚮往首都東京的繁華，紛紛至東京求職。一旦成為東京的居民，就會覺得唯有捨棄自己出生、成長之地的故鄉口音才能真正「融入」東京。

石川啄木（1886～1912）所詠歎的望鄉情懷「ふるさとの訛なまり懐かし停車場の人ごみの中にそを聞きにゆく（故鄉的口音令人懷念，為此我前往人來人往的車站以一解鄉愁）」於焉消逝。

另外有個名為佐佐木澄江（佐々木すみ江，1928～）的老牌女星，她是成立於昭和25（1950）年的「劇團民藝」的創始成員之一，昭和46年離開該劇團後，廣泛活躍於電視、電影、舞台戲劇等領域，擁有超過六十 年的演藝經歷。這位出色的配角演員曾先後在眾多作品中演出，全日本各個地方的角色都演過，非常厲害。儘管只是語調稍有不同，能注意到那樣的細微差異可說是老手才具備的驚人本領。

在舞台劇作品方面，包括以即將戰敗時的八岳連峰山區為背景，幾乎全以當地口音演出農婦主角的《Oriki》（三好十郎〔1902～58〕作），還有討論原爆問題並以瀨戶內海島嶼為故事舞台的《在泰山木的木之下》（小山祐士〔1906～82〕作）等，運用方言演出的優質作品也不在少數。只不過這些作品的首演都已是半世紀前的事了，今日這類戲劇除了難有新作誕生外，由於前人所獲得的評價太高，以致於沒有下一代的演員能接手演出。既然各地方的方言無可避免地正在逐漸消失，那麼能否透過戲劇作品，多少將這些方言留下並連結至下一世代呢？

言語的力量——「言靈」

日文裡的「Kotodama」可寫成漢字「言靈」或「言魂」，這指的是一種日本人相信言語中存在有靈性或精神性的獨特觀念。像什麼「不吉利」、「討吉利」之類的想法，即使到了人類都已能上太空的時代卻還是根深蒂固。至今，這依舊無法清楚地以科學解釋。明知不科學，這意識卻仍默默棲息於我們日本民族的內心，是一種風俗習慣。作家井澤元彥（1954～）稱之為「言靈信仰」。這的確就是在無意識之中信仰著言語的力量呢。

就連對非基督教徒而言不具特別意義的「十三號星期五」，也為日本人所接納並同樣視為「不吉利」的象徵，如此的寬容度與彈性固然有趣，不過這或許可說是一種因為講了不吉利的話，而擔心起若真發生壞事怎麼辦的根本焦慮情緒所喚起的原始記憶。

據說明治時代的文豪・泉鏡花（1873～1939）曾於弟子請教字的寫法時，以手指於榻榻米上示範寫法，然後又做出擦掉的動作。儘管沒用墨水，也根本沒留下任何文字形狀，但這樣的動作顯示了他不希望寫了寶貴文字的地方被不知情的人踩過去的心態。鏡花亦是一位以神經質聞名的作家，這故事或許有點過度反應的味道，不過確實能讓人充分感受到以字為生的作家心情。

不僅是寫出來的文字，從嘴巴說出來的言語也具有同樣的力量。日文中將「擂鉢（Suribachi）」（即研缽）說成「当たり鉢（Ataribachi）」，將剃鬍子的動詞「剃る（Soru）」說成「当たる（Ataru）」，還有將「するめ（Surume）」（即魷魚乾）說成「当たりめ（Atarime）」等，這些都是因討厭「する（suru）」＝「損失金錢」的不吉利諧音，故改用反義詞（「当たり〔Atari〕」）的例子。雖然現在已沒人使用，但有些出生於明治時期的人是會以「おめでたくなる」（直譯為「成為吉祥可喜的狀態」，類似「蒙主寵召」之意）這種說法來表達死亡之意的。這是因為，若是在滿六十歲的「還曆」，亦即自己出生年份的天干地支組合再度出現、返還為嬰孩的年齡之後才過世，基於已享天年之意，便可稱為「おめでたい」（吉祥的）。至今在某些地區的喪禮上仍可見到分送「五日圓硬幣」（譯註：五日圓的日文諧音為「有緣」）給來參加喪禮者的習俗，就是為了讓大家都能像已享天年的亡者那般長壽。

另一方面，在結婚及訂婚等喜慶場合中，現在也依舊留存著不可對「展」開新生活的兩人使用「斬」、「離」等不吉利的「忌諱詞」的習慣。言語中存在有靈力的想法，據說從神話時代開始就有，由此可見不論在什麼時代，言語一直都為人們所重視。而和其他國家相比，日文的詞彙及同音異義詞很多這點，更讓日本人對言語的感受變得非常敏銳。

雖然只靠言語也可能做到，但若再加上具體的「行動」，去傷害對方，使對方陷入不幸，甚至丟掉性命，就成了「詛咒」，這可就恐怖了。現代科學或許難以解釋詛咒是怎麼一回事兒，不過從古至今人們都知道言語也能殺人，不僅會實際詛咒別人，更對詛咒萬分恐懼。

這也可說是一種日本人特有的感覺，因過度害怕詛咒，基於讓亡魂安息之意而將之供奉為「神」的例子並不算少。從很久以前就被奉為學問之神的菅原道真（845～903），是因為政敵藤原時平的讒言而被流放至九州的太宰府，於失意中離世。後來發生在京都的雷擊等災害被認為是來自菅原道真的詛咒，是其靈魂作祟，於是人們便將擅於學習、擁有「文章博士」稱號的菅原道真供奉為「學問之神」。每到考季總是熱鬧滾滾的東京湯島天神，以及福岡的太宰府天滿宮等，祭祀的都是為平息詛咒而被奉為神明的菅原道真。

東京也有地方口音，就叫「東京腔」

這裡要談的不是「標準語」，而是「東京腔（東京弁）」。東京也確實是有地方口音的。最簡單易懂的例子就是常出現在落語表演中的「てやんでぃ、べらぼうめ！」（譯註：相當於標準語的「なに言ってるんだ、ばかやろう！〔你在說什麼啊，蠢貨！〕」）這句，不過現在已經沒人真的會說出這樣的話了。出生於昭和元年至昭和9年所謂「昭和一桁世代」的東京人，有些就算本人試圖區隔「ひ（Hi）」和「し（Shi）」這兩個音，卻往往還是無法清楚區別，而會將「朝日新聞」發音為「あさししんぶん（Asashishinbun）」（正確為「あさひしんぶん〔Asahishinbun〕」）。這屬於發音上的問題，只要有相同的子音重疊就無法準確發音的例子，除此之外也還有其他。像是「言問通り（Kototoidori）」變成「こっとい通り（Kottoidori）」，另外「い（I）」、「え（E）」不分的例子則有「お前さん（Omaesan）」變成「おまいさん（Omaisan）」。在十幾年前的老落語家中，有些在日常會話裡都還留有這樣濃厚的口音。

東京的口音在江戸時代的川柳中當然也看得到。例如一直倚賴、參照某事物說成「首っ引き（Kubippiki）」，而「新発意の寄ると輪袈裟で首っ引」這句則是刊載於江戸時代中、晚期所出版的川柳集《誹風柳多留》之中。「首っ引き」一詞源自兩人對坐，將腰帶綁成圈狀套在頸部然後彼此比賽互拉的遊戲，而「新発意」（即剛出家不久的和尚）是用袈裟來做這件事，因此這句川柳的意思就是說他們似乎閒得發慌。類似的詞語「首ったけ（Kubittake）」是指迷戀，還有將熬夜說成「宵っ張り（Yoippari）」。上述這些詞語有個共同特徵，就是藉由加入促音的「っ」來強調其意義，像這樣強調詞語的例子在東京口音中還有很多。其他地方的人之所以會覺得「東京人講話都好像在吵架一樣」，或許就是因為這類例子的關係。

在「図々しい」（Zuzuushi，厚顏無恥的）或「ぞんざいな」（Zonzaina，草率的）等形容行為的詞彙前面加上「いけ」（Ike）來強調的講法，也是東京腔的特色之一。例如「あいつはいけ図々しい奴だ」（那傢伙真是有夠厚顏無恥的）、「そんな、いけぞんざいな仕方があるか」（怎麼會有那麼草率的做法）等。這樣的東京腔已許久未聞，不過把「冷たい」（Tsumetai，冰冷的）說成「つべたい」（Tsubetai）、把「風呂敷」（Huroshiki，方包巾）說成「ふるしき」（Hurushiki）的，也是東京腔。

大致來說，東京口音在包圍著所謂「大川」，亦即江戸人的驕傲「隅田川」的「下町」，和在「山之手」的不一樣。下町的人們看不起山之手的說話方式，覺得他們很假正經，會用「のて」（Note）稱呼其口音以表示輕蔑。而住在山之手的人則覺得下町的講話方式粗野又低俗。山之手就是所謂的「新興住宅區」，下町則是東京較早的紮根地，在面積比今日更小的東京，這樣的對比也成了一種衝突的理由。

不過依時代不同，「下町」和「山之手」的範圍也不太一樣，德川家康當初開拓江戶時，是以隸屬於江戶町奉行（譯註：「町奉行」為江戶幕府中負責管理主要都市的官職）統治區的「御府內」為基準，低於御府內的土地稱「下町」，高於御府內的則稱「山之手」。後來隨著時代演進，「御府內」的範圍也有了改變，以文政元（1818）年為例，東是到コン戶ムラ．小名木村一帶，西到新宿的角筈村．代代木附近，南至上大崎村．南品川宿一帶，北達上尾久村、下板橋村附近。

「山之手」這個名稱從江戶時代便已開始使用，曲亭（瀧澤）馬琴（1767～1848）的隨筆《玄同放言》裡就寫了「四谷、青山、市之谷、北邊的小石川、本鄉等，都叫山之手」。由此可知，「山之手」其實比現在的我們所想像的還更接近市中心。也就是說，江戶城附近和集中於其西側台地的大名與旗本的住宅用地等，都是「山之手」。

隨著時代不斷進步，在日本全國各地方言來來去去的今日，已經再也聽不到過去的東京腔了。

不只一種的「關西腔」

關西地方的話語被統一稱做「關西腔」這件事，似乎讓當地的人們相當抗拒。的確，雖然一概稱「關西」，但其實範圍很大，畢竟京都腔和大阪腔、兵庫腔的特色都明顯不同。如此混為一談，會得到「才不是這樣」的反應也是理所當然。住在關西以外地區的人聽到的許多關西話，主要應該是關西的藝人們所使用的語言。要說這些都是純粹的大阪方言，實際上並不正確。

谷崎潤一郎（1886～1965）的長篇小說《細雪》，描述了從昭和初期至中期居住於大阪船場地區的人們，是一部多次被改編為電影及舞台劇的名作。在該小說裡，性格迥異的四姊妹分別說著優美的「船場話」。儘管是在大阪這個大都市中，使用此一方言的區域仍是相當有限。

舉例來說，出現在該小說裡的「いとはん」（Itohan）是指「御嬢さん」（Ojousan，千金小姐），「こいはん」（Koihan）則是指姊妹中最小的妹妹，像這種高雅的說話方式，現在的

大阪年輕人是聽不懂的。雖然今日在日本某些地方也興起了一些「復興方言」的運動，但講標準語的老年人越來越多這點卻也是不爭的事實。

千年古都「京都腔」之美

經常被形容為「高雅」的方言非「京都腔」莫屬。這種感覺多數人在某個程度上都能理解，但實在很難以大家都懂的文字來具體說明它是怎樣的一種方言。該怎麼說呢？那和單純的「優雅」或「雅」又有點不太一樣，感覺還多了一點輕飄飄的柔軟感。

「～どす」（～dosu）和「～どすえ」（～dosue）、「おおきに」（Okini）、「いけず」（Ikezu）、「おこしやす」（Okoshiyasu）等說法是可以轉換成其他地方的方言的，它們分別相當於「～です」（～desu，用於一般肯定句的結尾）、「ありがとう」（Arigatou，謝謝）、「意地悪」（Ijiwaru，壞心眼）、「いらっしゃい」（Irasshai，歡迎光臨）。正因為「京都腔」給人「不直說」的印象，所以對其他地方的人來說聽起來就很優雅。此外，京都腔也含有很多

女性化的語氣。在德川家康的時代匯聚了一堆粗人前來開發的江戶，和優雅地過著歌詠、聞香生活的公卿貴族所在的京都，兩者根深蒂固的差異至今依舊存在。

而此差異之所以留存至今，是因為他們以身為一千年以上懷抱著「御上」，亦即「天皇」的日本「首都」為傲，並以創造出優雅的京都貴族文化自豪。環境是語言的基礎，「江戶腔」源於為開拓、開墾而從全國各地聚集來的人們，「京都腔」則是擁抱天皇、奠基貴族文化並且創造歷史，兩者本質不同可謂理所當然。

據說在京都，若是想早早送走客人就會奉上「茶泡飯」（譯註：茶泡飯一般在日文裡說成「お茶漬け」〔Ochaduke〕，在京都則說成「ぶぶ漬け」〔Bubuduke〕）。這要說是拐彎抹角壞心眼也確實是挺壞的，但若從體貼地暗示聊天聊得忘了時間的客人「時間差不多了……」的觀點看來，還真是有其「貼心」之處。比起一種「將掃帚倒立著放」好讓久坐不走的客人離開的咒術，京都人的做法可是優雅、合理得多呢。

就是這種也應稱為不直說文化的生活習慣，創造出了和大阪腔不同的「京都腔」文化。雖然距離大阪不遠，不過四方環山的土地封閉性可謂有效發揮了孕育、保存京都腔的作用。就如同風景是由旅人所發現的，方言的音韻之美對旅人來說亦是一大魅力。正因為有風光明媚的土地與歷史悠久的建築，再加上溫婉柔和的「京都腔」，所以才會連外國觀光客也都著迷不已。

就此意義而言，語言也可說是一種活著的文化遺產呢。

虛幻遊女的「廓言葉（廓詞）」

吟詠了「闇の夜は吉原ばかり月夜かな（似乎只有吉原的夜晚有月光啊）」的是活躍於元祿期（1688～1704）的俳句詩人——寶井其角（1661～1707）。其中的「吉原」原本位於今日的日本橋人形町一帶，稱做「葭原」，是後來才改名為「吉原」，之後又因「明曆大火」（明曆3〔1657〕年）而搬遷至淺草的日本堤，此事於123頁處便已說明過。另外它也有「北國」之稱。在這樣的花街柳巷中，人們使用著在時代劇及歌舞伎裡常聽到的「嫌でありんす」（Iyadearinsu，討厭）、「よしてくんなまし」（Yoshitekurennamashi，請別～）等被稱做「廓言葉」（Satokotoba，也稱「廓詞」）的獨特語言。其主要特徵是稱對方為「ぬし」（Nushi），以及於語尾加上「ざます」（zamasu）或「ざんす」（zansu）等。還有將「〇〇です」（是〇〇）說成「〇〇でありんす」，將「〇〇してください」（請〇〇）說成「〇〇してくんなまし」或「〇〇くんなんし」等。因此廓言葉也被俗稱為「ありんす言葉」（Arinsukotoba）。

宮廷裡有自古沿用至今的獨特用詞，黑道及演藝界亦有如暗號般的「隱語」存在。「廓言葉」稍稍偏向隱語，而在象徵「同伴」意義的同時，還有個主要目的，就是要避免遊女的出身地被人識破。尤其是碰到厭惡「鄉巴佬」的江戶人時，要是用可被猜出出身地的說話方式接待，很可能就做不成生意了。於是她們便創造出一種「吉原共通語」來隱藏遊女的家鄉，讓男人們不會從夢中醒來。

對於花錢消費一夜美夢的客人，遊女們可是抱有讓他們徹底做夢並在夢中盡情玩樂的精神，遊女們的技巧越是高明，夢與現實之間的界線就越不容易被發現。畢竟對住在江戶的男人們來說，吉原就是童話故事中的「美好世界」呢。

學習日文讀寫就從《伊呂波歌》開始

明治19（1886）年左右，日本有了一項劃時代的創舉，亦即開始教授「あいうえお」（A

IUEO）順序的「平假名」，而在那之前，日本人熟悉的都是「伊呂波假名」（「伊呂波」即「いろは」，發音 I Ro Ha）。從第二次世界大戰期間的昭和15（1940）起，政府還特地將「Do Re Mi Fa So Ra Shi Do」的音階換成了「ハニホヘトイロハ」（Ha Ni Ho He To I Ro Ha），俗稱《伊呂波歌》，而以下的伊呂波假名也就是孩子們最初學習的內容。

いろはにほへと　ちりぬるを（I Ro Ha Ni Ho He To Chi Ri Nu Ru Wo）
わかよたれそ　つねならむ（Wa Ka Yo Ta Re So Tsu Ne Na Ra Mu）
うゐのおくやま　けふこえて（U Wi No O Ku Ya Ma Ke Hu Ko E T）
あさきゆめみし　ゑひもせす（A Sa ki Yu Me Mi Shi We Hi Mo Se Su）

要將四十七個平假名無重複地做成有意義的歌曲，看似簡單，實則困難。這些加上濁音並換成漢字便成了

色は匂へど　散りぬるを（〔花的〕的色與香〔終究〕會消散，）
我が世誰ぞ　常ならむ（我們這世上任誰都無法永存不變；）
有為の奥山　今日越えて（有為的深山於今日跨越，）
浅き夢見じ　酔ひもせず（不做膚淺的夢也不沈醉其中。）

有一說認為此內容摘自佛教經文中的一段，是空海從中國唐朝帶回來的，但並無確切證

據。不過空海在當時以稀世天才聞名，是號稱「三筆」（譯註：指平安時代的三大書法家，空海、嵯峨天皇及橘逸勢）之一的優秀書法家，這點似乎成了空海之說的有力證據。

而此《伊呂波歌》藏有暗號一事是個相當知名的八卦傳言，如下將所有文字逐一連接，然後每七個字切開重排，便會出現一句話。

いろはにほへと
ちりぬるをわか
よたれそつねな
らむうゐおおく
やまけふこえて
あさきゆめみし
ゑひもせす

取每一行的末尾一字即形成「とかなくてしす」＝「咎なくて死す」（無辜冤死），這暗示了歌舞伎《假名手本忠臣蔵》劇名中的「假名手本」，而「咎なくて死す」則代表了不符「喧嘩兩成敗」原則（譯註：指不論孰是孰非，直接處罰引起事端的兩方的一種執法原則）而不幸死亡的淺野內匠頭。不過《伊呂波歌》本身是平安時代中期完成的，兩者時期差距太大，因此

顯然只是單純的牽強附會。但話又說回來，由此亦可感受到江戶時代的人們在語言方面的高度感受力就是了。而從這「暗號說」持續流傳至今一事更可窺見庶民們所享受的文字之樂，這也相當有意思。

《伊呂波歌》有一些不同的變化版本，例如明治36（1903）年刊行的報紙《萬朝報》的公開徵稿中獲選的《鳥啼歌》。《鳥啼歌》是在「新伊呂波歌」徵稿活動中的入圍作品，加進了「ん」（N）字，以共四十八個字構成。

とりなくこゑすゆめさませ（To Ri Na Ku Ko We Su Yu Me Sa Ma Se）
みよあけわたるひんかしを（Mi Yo A Ke Wa Ta Ru Hin Ka Shi Wo）
そらいろはえておきつへに（So Ra I Ro Ha E Te O Ki Tsu He Ni）
ほふねむれゐぬもやのうち（Ho Hu Ne Mu Re Wi Nu Mo Ya No U Chi）

鳥啼く声す夢覚ませ（鳥啼聲傳來了，從夢中醒來吧，）
見よ明け渡る東を（看那東方日出的明亮天空，）
空色映えて沖つ辺に（映照著天空色彩的遠方海平面，）
帆船群れゐぬ靄の中（有帆船群集於晨間的薄霧之中。）

與原本的《伊呂波歌》相比，這《鳥啼歌》相當具現代感，不過內容確實符合歌曲定義，因此似乎也曾一度用於學校教育中呢。

讓人不自覺地感受到日本味的「諺語」和「習慣」

將人生智慧總結為簡短易懂的話，就成了所謂的「諺語」。例如「知らぬが仏」（無知便是佛、無知就是福）、「急がば回れ」（捷徑常誤人、繞道反而近，欲速則不達）等，至今使用頻率仍相當高，可說都是有助於聰明過人生的「金玉良言」。不過近來卻也出現不少誤解本意，甚至曲解為相反意思的例子，而且還超出了所謂「現在的年輕人……」這種世代差異的範圍。

舉例來說，「情けは人の為ならず」這句諺語本來是指「若能體諒他人，最終自己也可能獲得別人的體諒」，也就是世間風水輪流轉之意，但從昭和30年代起，卻開始有人以其為「體貼對方並不是為他著想」的相反意思來使用。而「袖振り合うも他生の縁」這句表示「人的緣分並非偶然，都是來自前世因果」的諺語，則因被誤寫成「袖振り合うも多少の縁」（譯註：日文的「他生」和「多少」發音相同），於是內容也隨之被誤解。

世界各國都有無數諺語及名言錦句被流傳至今，但在日本留下記錄的最古老諺語是哪句呢？依據岩波書店的《岩波諺語辭典》，就單句而言，最早的是聖德太子所訂定之「十七條憲法」中的第一條──「一曰，以和為貴」，而就整理成冊的來說，最早的是寬弘4（1007）年由源為憲以中國經典古籍為主，挑選出六百三十句匯總而成的《世俗諺文》。可惜的是，這本《世俗諺文》僅留下上卷的二百二十幾句。不過之後就開始出現很多「諺語集」，也包括作者不詳的在內，有些甚至成為人們討論的話題。

雖然在科學上，連以「人工細胞」製造出人體器官都已不再是夢想，但時至今日卻依舊存在著所謂「果報は寝て待て」（福報急不得，只能慢慢等）的諺語。這種諺語不見得全都有明確的出處，不過有相當多是摘自以《今昔物語集》為首，包括《古今和歌集》、《源氏物語》、《平家物語》、《浮世草子》等在內的多部文學作品。

這些諺語不僅影響了日本人的思想，更深植於日本人的生活習慣中。例如「夜、爪を切ると親の死に目に会えない」（晚上剪指甲會見不到父母最後一面）這句，根本毫無科學根據。但在照明不便，天黑後就看不清楚的時代，晚上剪指甲容易剪得太深甚至剪到肉，有時可能會引發感染等問題。為了告誡人們此事，便搬出「父母的最後一面」這麼嚴重的事情，儘管沒根據，也還是可成諺語，爾後就這樣不知不覺地在生活習慣中生了根。像這樣的例子在我們周遭還有不少，而越是父母、祖父母的世代就越多。此外各地區也有屬於自己的獨特諺語存在。

青森縣的下北半島俗稱「鉞半島」，而靈場・恐山就位於此區域的北端。在這個地區的人們，至今都還有「死んだらみんなお山（恐山）さいぐんだ」（人死了都會去恐山）的想法。這並不是因為有什麼特殊的送葬儀式，也不是因為恐山上有墓地。這是對本身也被稱做「神體」的「恐山」長年以來的敬畏及民間信仰，和生活習慣結合的例子之一。

這樣看來，不僅是生活與思想、習慣，日本的諺語更是在受到信仰大幅影響的同時，持續留存至今呢。

人生的指南針——「道歌」的教誨

「道歌」一詞大家應該較少聽到。不過就如其字面意義，它是指以「五・七・五・七・七」

的和歌形式來表達人的生存之道，含有寶貴的人生教訓精髓。若說一般的和歌及短歌追求的是「藝術性」，那麼道歌可說就是教導人生中的辛酸與痛苦、提倡節儉之道、簡單地教導做人道理的「實用派」。

孩子出生後，每個父母都覺得「自己的孩子最可愛」，正所謂「這えば立て 立てば歩めの 親心」（會爬了就期待他會站，會站了就期待他會走，這就是為人父母之心）。但其實還要再加上後半句「我が身に積もる老いを忘れて」（都忘了自己越來越老）才是一首完整的道歌。當孩子終於長大成人，養育自己的父母也已垂垂老矣。於是乎「親孝行 したい時には 親はなし」（想要孝順時父母已不在）。而其實這句後面也還要再加上「墓に布団は 着せられもせず」（替墳墓蓋棉被又有什麼意義）才完整，但令人意外的是兩者的後半段多數人都不知道。精準切中那種明明知道但卻遲遲未能付諸行動的懊悔、苦痛，正是道歌的犀利之處。雖說有不少道

楠木正成所作之道歌。「仁と義と勇にやさしき ものゝふハ 火にさへやけず 水に溺れず」（義仁勇之人不怕火燒也不怕水淹。出自《道歌心之策》）

歌據傳是由以一休宗純為首，包括親鸞、日蓮、道元、西行等知名高僧，還有藤原定家、和泉式部等歌人（即和歌作家），以及曲亭（瀧澤）馬琴、山東京傳、大田南畝（蜀山人）等江戶時代的通俗小說作家所創作的，不過絕大多數都是「作者不詳」。雖然不知道是誰寫的，但內容簡單易懂、一針見血地道出人生妙處這點，才是道歌流傳的關鍵。

其主題種類繁多，從仁義道德及處事方法、與錢有關的訓戒、親子・兄弟・夫婦等的相處之道，到信仰等，範圍甚廣。正因為如此貼近日常生活，所以才被列為「實用派」而非藝術。

「身の上を引きたて情有る人はおや子にまさる友としるべし」（會鼓勵、幫助、體貼你的人，是比親子還珍貴的朋友）

◆這想必適用於所有人。

「あざみ草その身の針を知らずして花とおもいし今日の今まで」（薊草不知自己有刺，一直覺得自己是美麗的花朵）

◆一心以為自己已經相當圓滑，但卻還是在不知不覺中刺傷別人。這聽起來還真是刺耳呢。

「実るほど稲はふすなり人はただ重くなるほどそりかえりる」（稻穗越熟就垂得越低，但人卻是越重頭翹得越高）

◆類似的還有「実るほど頭を垂れる稲穂かな」（稲穗越成熟，越是低著頭）這句。

「よきことをいつもあるかと思うなよ夏暑ければ冬の寒さよ」（別以為好事會一直有，畢竟夏天熱，冬天就會冷啊）

◆人就是這麼自私任性。

「世の中はきょうより外はなかりけり昨日は過ぎつ明日は知られず」（世上除了今日別無其他，昨日已逝，明日未知）

◆明明懂得這個道理，但不知不覺地就是會……。

以上列舉的五首道歌都是「作者不詳」。正因如此，這些詩歌就技巧而言的確有其拙劣之處，又由於道歌並無完整的定義，因此像西行法師所作的著名和歌「なにごとのおはしますかは知らねども 忝なさに 涙こぼるる」（雖不知是什麼在守護著我，但能夠有這樣的感受，就讓我感動得淚眼婆娑），以及藤原定家的《定家集》中的「としつきは昨日ばかりの心地してみなれし友のなきぞ多かる」（過去的歲月還如昨日般歷歷在目，熟悉的友人卻多已不在）等，也都被某些文獻列為道歌。不過毫無疑問地，這些都是將先人的人生智慧及勞苦，寄予簡單易懂的和歌，試圖教導、傳遞給後世的日本傳統之一。同時也都是被人問到你的「座右銘」為何時，或是要在賀年卡上寫「新年新希望」時，可以派上用場的好東西。

各種詞彙的「語源」

身為日本料理代表之一的「天婦羅」，其語源來自葡萄牙文的「Tempura」這件事已在第21頁為各位介紹過。

注意到我們日常所用的詞彙竟源於意外之處這類雞毛蒜皮的小事情，其實也還挺有意思的，除了思考詞彙的演變過程外，也能想像該詞彙誕生當時的時代背景等。

貪婪、被金錢污染的人被稱為「がめつい」（Gametsui，貪得無厭）。這感覺是很久以前就有的詞彙，但它其實源自昭和34（1959）年上演於東京・藝術座（現在的Theatre Creation），由三益愛子（1910～82）主演，在當時創下賣座紀錄的戲劇劇名《がめつい奴》，亦即是由其作者菊田一夫（1908～73）所創造的詞彙。

此外也有一些詞彙是自古即有，意思沒變（發音也沒變）但字的寫法有所改變的，像是「雷」（Kaminari）。屬於自然現象，至今仍會隨午後雷陣雨傳來的雷鳴聲可說是夏季的經典情景，但其實在古代是寫成「神鳴」（Kaminari）。「神」本身並無實體，無法發出聲音。然而基於神明施予人間懲罰，或是當成一種神明現身的信號，故以「神鳴」這樣的字來代表。據說古時在東北地方還曾寫成「神立」，發音為「Kandachi」，在四國地方也曾直接模擬雷聲而稱之為「Dondorosan」。雷在天空中發出聲響的期間叫「雷」，不過一旦打雷，就表示雷神從天而降，這稱做「Amaru」或「Amoru」。兩者都是從「天降る（Amahuru）」轉化而來。這些現在都統一為「雷」、「落雷」（Rakurai，打雷）等詞語，但其實是經過了這樣的一段變遷後才匯聚成了單一的詞彙呢。

另外還有以俚語及所謂「隱語」（即行話、黑話）、特定群體之暗語等為語源的詞彙。據說日文裡以「Dosu」指稱短刀的說法，是從「脅す」（Odosu，脅迫）一詞簡化而來。「出鱈目」（Detarame，胡說八道）則是從擲骰子賭博時任由隨機出現的「出た目」（Detame，擲出的點數）決定輸贏之意，再進一步衍伸為「敷衍隨便」的意思。

壽司店等使用的「御愛想」（Oaisou）及「紫」（Murasaki）等詞彙原本只是同行之間用的行話，後來卻不知不覺地連客人也開始使用。而「御愛想」是結帳之意，「紫」則是指醬油。

「ごねる」（Goneru）一詞是用於表示抱怨、發牢騷之意，至今都還存在有「ごね得」（Gonedoku，會吵的孩子有糖吃）這個說法。但其實「ごねる」本為佛教用語，是從釋迦牟尼圓寂時的所謂「御涅槃」（Gonehan）誤傳而來。約莫自江戶時代到明治時期為止，人們會用「ごねる」來表示「死亡」、「去世」之意，例如「庄屋の奥さんがごねたそうだ」（聽說村長的太太去世了）。如今，抱怨說成「ごてる」（Goteru），看來在這兩個詞彙被混為一談的過程中，是「抱怨、發牢騷」的用法勝過原本的「死亡」之意，榮獲公民權。

一旦追本溯源地研究各種詞彙的來歷，便會發現把外來語轉換成日本詞語、借用漢字製成日本本國詞彙的例子相當多。像剛剛的「天婦羅」便是如此，還有源自梵語的「懺悔」。這就是為何這詞多半用於如宗教等從外國傳入之事物的原因了。

這樣的彈性，不僅在語言上，也充分表現在日本人的宗教觀等方面。正因為具有「神佛混淆」的想法，故能毫不猶疑地說出「神樣佛樣」（神明與佛祖），能夠輕鬆地將兩種本質不同的宗教擺在一起。日本人靈活、包容的民族性，由此可見一斑。

思想

「恥」的觀念

外國人是否有正確理解日本人所具備的「恥」感及概念，這是最讓人有興趣的部分。依據《廣辭苑》的定義，「恥」是指「①羞恥。（因過失或失敗而）丟臉。②名譽被損毀。不光彩。恥辱。侮辱。③懂得可恥之事，知恥。重視名譽。廉恥心。」

如上，只要走出去就會知道，現在的日本人也漸漸拋棄了第③種意思的「恥」文化。當然，並不是說完全沒有「恥」的感覺。或許應該說是具有辭典所沒有記載的其他面向。某個人對自己的私事感到很羞愧，這也是一種「恥」。這是他自己個人的問題。但有時這種感覺甚至會像「做這麼難看的事，拿什麼臉去面對列祖列宗」的說法，延伸至自己素未謀面的祖先。此外當新聞報出某個事件時，也會有人說出「竟然做出這種事，真是日本之恥」之類的話。非擔任公職者之行為，只是一介平民的行動，竟然也能成為代表一億二千萬人的國家之「恥」呢。

既然是一種感覺、概念，當然就會因每個人的理解方式不同而有差異。以時間軸來說，「列祖列宗」的話至少是一百年以上，橫向廣度則有一億二千萬，這差異範圍可說是相當大呢。

「恥」一詞早在《竹取物語》及《源氏物語》中就已出現，因此是超過一千年以前便存在的觀念。隨時代演變，「恥」的感覺及強度想必會不太一樣，而不幸的是在現在這個時代已經變得相當薄弱。

「鞠躬行禮」與「點頭示意」的差別

日本人是格外注重禮節的民族，這點在國外也相當廣為人知。臉上總是帶著柔和的笑容，討論事情時不只是以駁倒對方的論點為目的，強調「保留空間」，有時重視雙方情感甚於理論，故會提出「雙方不分勝負」的結論。

常有人說「日本人的皮笑肉不笑讓人很難揣摩其心思」，而同樣給外國人神秘印象，甚至更難理解的，就屬「鞠躬行禮」與「點頭示意」了。

鞠躬行禮（日文做「御辭儀」）是對長輩或地位較高者打招呼的方式，不過依據和對方的情感及當時的狀況不同，可分成「15度」、「30度」、「45度」、「90度」等多個層次。而點頭示意（日文做「會釋」）則基本上是尊長對於下屬晚輩等的行禮問候，是以輕輕點頭之方式表示知悉、理解的一種行為，不過這並不僅限於上下關係，亦適用於同事或單純的熟人之間。

從外國人的角度看來，這種行為最不可思議的部分在於，日本人竟能在錯身而過的瞬間判斷出對方的鞠躬角度、是否為點頭即可的對象等，都不會出什麼大差錯。而依情況不同，有時也可能會對平常

對下屬晚輩的鞠躬　一般的鞠躬　對尊長的鞠躬

（出自大正15〔1926〕年之《美容與禮法》）

點頭即可的對象來個深深的一鞠躬。

若是婚喪喜慶等正式場合當然不至於搞不清楚，但就連到自家附近買東西時、在公司裡碰到熟人或客戶時，也都能瞬間做出判斷，外國人應是對於這樣的日本人感到不可思議吧。做為日常問候方式之一的鞠躬和點頭，日本人做起來幾乎都是毫不自覺，這真的很難對外國人以理論、邏輯的方式說明清楚。畢竟這並無嚴格規定，只是基於個人「感覺」與「情感」的一種行為罷了。

意外地不可小覷的「迷信」

雖然絕大多數都是不具科學根據或合理性的說法，但時至二十一世紀，口耳相傳的所謂「迷信」、「民俗信仰」依舊存在。其中有些顯然是「近代」才出現的，然而人們卻還是毫不猶疑地輕易相信，有時甚至會付諸行動。

例如「看到靈車時就要把拇指藏起來」。一般的解釋是說，拇指的日文寫做「親指」，代表父母親，為了不要遭遇父母過世這種事所以要把拇指藏起來。這種迷信在明治時代以前是不可能有的，顯然是隨著大正時期汽車日漸普及，當「靈車」被用於喪葬活動時才出現的說法。

又例如「看見白蛇就會發生好事」一說。除了就機率而言白蛇的誕生率很低外，主要應是因為在由印度或中國傳入的「佛教故事」中，白蛇被視為是一種幸運的象徵，但其中毫無科學根據可言。不過，也有不是出自科學根據，但符合經驗法則的例子。「出現晚霞的話明天會放晴，出現朝霞的話則會下雨」這是依據經驗法則所描述之由西而東的日本天氣變化特性，從科學的角度來看也是正確的。晚霞為西邊無雲的狀態，故隔日也為晴天的可能性很高，而朝霞是西邊有雲時的現象，因此之後下雨的機率較高。可見雖說是迷信，但也並非全都不值得相信。

日本人什麼都吸收，就連西歐的迷信也在不知不覺中被劃歸為日本所有。「恰巧為十三號的星期五不吉利」一事與基督徒以外的人根本無關，而「有黑貓經過就會發生壞事」的講法其實也是個舶來品。如此看來，在科學尚未發達的時代，由經驗法則所產生之「迷信」應是我們生活的依據。

在與時代及科學的進步無關的部分，「想要相信某些事物的」心情於宗教及日常生活等諸多情境中都看得到。就如現今每個人心中都存在有自己的「忌諱」一般，根本不需要任何合理、有邏輯的說明。而將之持續地傳承下去想必也是有其意義的。

以寬容靈活為傲的「日本人的宗教觀」

每當陷入危機或是期望獲得幫助時，日本人往往會不由自主地在心中默唸起「神樣佛樣」（神明啊佛祖啊）。認真想想，神屬於神道，佛屬於佛教，對其他國家的人來說，像這樣同時對幾個不同宗教的神祈求的感覺應是令人無法理解的吧。可是日本人卻一點兒也不覺得奇怪。

基督教與日本的宗教有個很大的差異，就如基督教的聖經有「舊約」與「新約」兩種，相對於這種與神在信仰上 有「約定」或「契約」的形式，日本的宗教多半是由人單方面地對神佛提出「請求」，沒有契約那麼嚴格。雖然總是一直被提醒「做壞事會下地獄」，但所感覺到的嚴重程度絕對是不一樣的。此外日本早在六世紀中期佛教傳入之前，就有根源於本土的多神信仰存在，而這些本土宗教隨著佛教的興起與之融合，進而產生出了所謂「神佛習合」或「神佛混淆」這樣複雜同時又具彈性的思考方式。簡言之，佛教的「大日如來」其實就是神道「天照大御神」的化身，也正是所謂佛祖為了拯救人們變成神明現身的「本地垂跡說」，這據說是以出現在八世紀奈良時代的理論為基礎。不過這個觀念後來因明治時代發起的「廢佛毀釋」（請參照第257頁），而被國家推動的神道所取代。

想想這真是非常方便，如此一來就能毫無障礙地將「神樣佛樣」合一了。一如日本原有的「八百萬神」之說，神明就在人們的周遭，在原本的「日本神話」中，神明幾乎存在於日常生活各處——這個觀點早就深植於日本人心中。這主要是因為神道源自本土信仰，不像佛教的釋迦牟尼、基督教的「GOD」那樣，只有唯一一個應奉祀的本尊神明。

為天照大御神之化身的大日如來

基於這個歷史背景，我們便能充分理解日本人的宗教觀是如何隨著時代演變，並在各時期政府意向的左右之下延續至今。江戶時代，基督教徒普遍受到壓迫，而明治時期則是高舉國家意識，以成為「神之國」為目標，在第二次世界大戰中更是全面吹起所謂的「神風」思想。戰敗後，於日本國憲法之下，人們「信教的自由」終於獲得保障。也就是說，日本人已通過數個「在宗教上不得不有彈性的時代轉捩點」。是經歷了這些之後，才有了今日的「神樣佛樣」。擁有這種歷史過程的國家或許不多，而說是隨便沒原則也好，看成是先人智慧所展現的靈活度也罷，各有其討論空間。不過我想，瞭解日本人的宗教觀到底是基於什麼樣的歷史緣由，應是有其必要性的。

對世界文化遺產「富士山」的情感

自從平成25（2013）年被聯合國教科文組織登錄為世界文化遺產後，富士山的人氣不斷攀升，甚至因登山人數過多以致於開始徵收起「入山費」。就環境保護及促進登山者之責任感等層面來說，這也不失為一良策，但其實富士山的廣受歡迎並非始於今日。正如俗諺「不爬的是笨蛋，爬兩次的也是笨蛋」所述，富士山從以前就一直很受歡迎，從國外看來這「Fujiyama」（譯

註：富士山現在的正確發音為 Fujisan，但因早期曾使用的 Fujiyama 發音已傳至國外並刊登於觀光旅遊書籍中，故至今許多外國人仍以此發音稱呼富士山）亦是象徵了日本的事物之一。實際上，日本各地有許多山都因形狀與富士山有幾分相似便被命名為「○○富士」，由此也可看出其人氣之旺。

自古山岳即為一種信仰的對象，而日本人對於日本第一高峰富士山的情感又格外不同。依其山麓之寬闊雄偉、山頂覆雪時期之美，它無疑是「日本第一名山」，而這樣的富士山本身可是「神體」。為登上富士山而結成的「講」（譯註：指以娛樂為主要目的，為前往名山、靈場等朝聖而組成的團體）在江戶時代十分盛行。當時的視野遠比現在好得多，從很遠的地方應該也能看到富士山的英姿。

在古代，富士山曾被寫做「不二山」（發音同為 Fujisan），想必是代表了「獨一無二的山」之意。而這個「Fuji」也與「不死」諧音，此外更擁有「靈峰」這一別名。如此一座好山，別說是藝術了，在文學等其他諸多領域中也都留有其身影。過去在文部省（譯註：相當於台灣的教育部）所編纂的歌本裡便曾有歌曲歌頌著「富士是日本第一的山」，應該就是最好的例子。自古時《萬葉集》中，山部赤人所作的和歌「田子の浦ゆ うち出でてみれば 真白にぞ富士の高嶺に 雪は降りける」（我從田子之浦望去，純白地，在富士山的頂峰處正大雪紛飛）以降，除了江戶時代的浮世繪外，還有近代的橫山大觀（1868～1958）、片岡球子（1905～2008）等以畫富士山聞名的畫家。

在葛飾北齋（1760～1849）所描繪從各地所見之富士山的《富嶽三十六景》中，《甲州石班澤》展現了相當廣闊的富士山身影，這就該地理位置來說是理所當然，不過在歌川廣重（1797～1858）依相同主題，以從江戶各地望見的富士山為中心所繪製的《不二三十六景》中，《東都目黑夕日之岡》、《東都兩國》、《雜司之谷不二見茶屋》、《東都飛鳥山》，或是《名所江戶百景》的《神田紺屋町》等，也都把富士山畫得相當大，儘管有些變形之嫌，由此仍可看出以前從江戶各處都是能夠看到富士山的。今日包括千代田區及中野區在內的東京都內各處都還

從神田紺屋町所望見的富士山（出自歌川廣重《名所江戶百景》的《神田紺屋町》）

留有「富士見」的地名，就是其殘餘痕跡。

傳達神明話語的「巫女」

日本人聽到「巫女」一詞，多半都會想到在神社中的女性，而依時代不同，巫女的狀態及樣貌也有了很大改變。

從古至今，其「侍奉神明」的本質從未改變，不過在咒術、泛靈論（Animism）盛行的古代，傳達神明的話語應是巫女最主要的作用。出現於《魏志倭人傳》的卑彌呼可說是巫女形象的象徵。雖說我們並不清楚在咒術盛行時，卑彌呼所操弄的所謂「鬼道」具體來說到底是什麼樣的行為，但基本上就像基督教裡的「先知」般，她應該算是負責接收神明話語的人。而這痕跡，仍可在今日青森縣恐山一帶的潮來（Itako，一種巫女、靈媒）的「口寄」（即通靈）儀式中看見。

進入日本的中世後，巫女多了一個演藝人員的角色，也就是要在神明面前獻舞並演奏神樂。接著被稱做「渡巫女」或「步巫女」等居無定所的巫女出現，又再進一步增加了「遊女」

（妓女）的性質。這時做為宗教人士的角色和做為演藝人員的角色幾乎各半，甚至出現了更著重後者的例子。其中專以賣春為目的，只是外觀假扮成巫女的應該也相當多。

巫女的最大變化發生在明治6（1873）年，基於明治政府所頒佈的一項通稱「巫女禁斷令」的法律，全面禁止了任何不隸屬於神社的巫女。這使得具備演藝人員性質的巫女在表面上消失了身影。而此舉為明治政府為確立國家神道（譯註：即扶持神道，採取政教合一的統治方式）所採取的一連串動作之一，故此後「巫女」一詞便只用來指稱在神社工作的女性。

如上，巫女這一職業，在漫長的歷史中經歷了很大的變化。雖說宗教人士「命中注定」都必須經歷在打壓與迫害中生存的時代，然而巫女形貌的變遷卻走出了另一種完

巫女的神託（即神諭。出自《觀音靈驗記　秩父巡禮十八番神門山修驗長生院》）

全不同的路線。經過漫長歷史所形成的事物，通常都不只是它現在看起來的樣子而已。巫女便是其中極具象徵性的一個例子。

為了結束而進行的「手締」

依據《廣辭苑》的定義，「手締」（即拍手賀成）是指「為慶祝事情結束而進行的一致拍手動作」。日本人最常參加的手締，就是宣告宴席告一段落時進行的所謂「中締」。進行手締前，帶頭的人會先簡單地致詞，接著說：「請大家把手借給我」，然後就用手拍出「一本締」或「三本締」等。而其標記方式有很多，例如「Yoyoyoi，Yoyoyoi，Yoyoyoi，Yoi」這樣算一輪。其中只拍一輪做結的有時被稱做「一本締」。

在相撲比賽的「土俵入」儀式（譯註：參加相撲比賽的力士們於賽前，在圓形擂臺〔土俵〕上所進行的一種入場儀式）中所看到的動作也算是手締的一種，除了辭典的解釋外，日文的「締」為合起之意，雙手合起與神道拜神時的拍手儀式相通，故這應該也包含了驅邪之意。

此外隨地區不同，手締的種類亦相當豐富多變，雖然最近已不太看得到，不過以往在蓋房子的上棟式（即上樑儀式）時會進行手締，舉辦祭典時也會有祭典的手締。

有一種比較特別的「吉原締」，和先前介紹的「一本締」、「三本締」等方式都不同，誠如其名，它就是一種在吉原區（花街柳巷）為了炒熱氣氛而進行的獨特「手締」。這種吉原締會於「Yoyoyoi，Yoyoyoi，Yoyoyoi，Yoi」之後，再加上兩輪各七次的拍手。儘管現在已無法在實際生活中看到「吉原締」，但在以大正及昭和初期之吉原區為舞台的新派戲劇裡，偶爾仍會出現這種「吉原締」。黑色的藝妓服裝與幫間（譯註：幫間是在宴會酒席中擔任助興表演之工作，並協助藝妓服侍賓客的男性藝

於神田祭所進行的一本手締

者），以及盛裝打扮的遊女們，在那獨特的空間裡，更令人覺得別有一番風味。

「御賽錢」是給誰的？

到神社或寺院參拜時，一定都會看到「賽錢箱」。有些地方在進入其土地範圍之前是會先收「拜觀料」（即參觀費）的，由此可知面對神佛時就是「投不投錢自由隨喜」了。而很多人都會丟一些零錢到賽錢箱內，然後「許願」。這樣說來，所謂「賽錢」是否就是「對神佛許願的費用」呢？然而，才不過丟點零錢，卻許了「家中平安」、「金榜題名」、「交通安全」、「希望能遇見好對象」、「加官進爵」、「健康長壽」、「中樂透」……等好多好多的願望。

現在給的幾乎都是錢，不過在古代是以農作物製成的物品為主，而且不是在「許願」的時候給，而是做為「祈願應驗」的謝禮，另外還有一說則是指基於對神佛的「贖罪」之意，所以提供自己的部分財產。但不知從何時起卻變成了「許願費」，由於日本全國各地的神社佛寺都設置有賽錢箱，因此大家都不太會深究其意義，幾乎都像反射動作般自然地養成了投錢的習慣。這大概是進入江戶時代，庶民生活穩定之後的事。

謝禮也好，許願也罷，在神佛面前丟錢都是十分不禮貌的行為，但對此日本人卻不是很在意，這或許是源自於對神佛特有的親近熟悉感也說不定。

大正 15（1926）年供奉給新潟・淨興寺的賽錢箱

微型化的西方極樂世界──「佛壇」

雖然隨地區及思想不同會有差異，不過在日式住宅眾多的時代，不論大小，很多家庭都設置有祭祀祖先牌位及佛像的「佛壇」。但時至今日，核心家庭化伴隨著生活西化，家中有和室的越來越少，見到佛壇的機率也降低了。而這樣的佛壇，到底是從何時開始出現在住家之中的呢？

戰亂之世終於告一段落，自德川家康（1542～1616）於江戶開設幕府以來，大家一度以為已進入太平時代，但其實在家康消滅豐臣家的慶長19（1614）年・20年的大坂之陣，以及寬永14（1637）年爆發的名為「島原之亂」的反叛活動平息之前，國內依舊飄散著不穩定的氣氛。這反叛主要起因於領主之苛政，但問題是反叛勢力中包含了許多基督教徒。

本來幕府在慶長17年全面禁教，於打壓基督教傳教士（當時稱「伴天連」，為葡萄牙文中表示神父、傳教士之意的「Padre」的日語漢字音譯）的同時，更針對各地居民實施「踏繪」（譯

註：以要求人踩踏基督或聖母瑪利亞肖像的方式，來判斷該人是否為基督徒）等，致力於基督徒的舉發。寬永7年左右，表面上基督徒已被消滅殆盡，而不肯叛教的基督徒只好潛入地下。也就是所謂的「秘密基督徒」。儘管如此，基督徒卻發起了叛亂，這讓幕府非常震驚，於是便更進一步正式祭出禁教政策。幕府於寬永17年設置宗門改役（譯註：專門負責調查民眾的宗教信仰的職務），主導幕府領地及諸藩的基督徒舉發事宜。

另外幕府還建立了寬文4（1664）年的「寺請制度」。這個制度規定所有町或村的居民，都必須成為某個寺院的檀家（譯註：「檀家」是指歸依某寺院、持續提供該寺院經濟援助，並由該寺為自家處理喪禮、法事

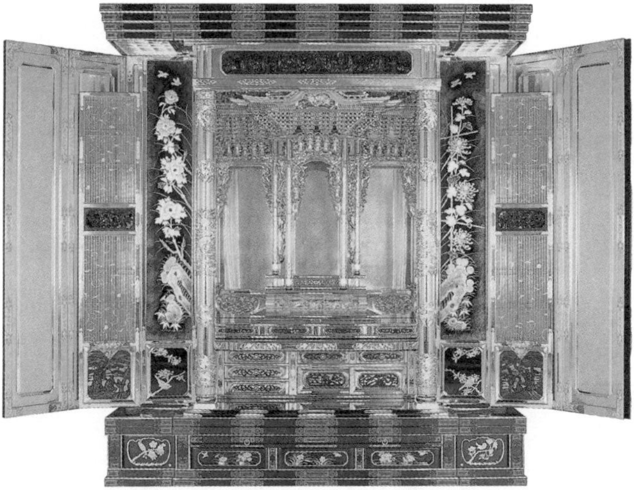

絢麗豪華的金佛壇（由根元泰藏商店有限公司製作）

等的家庭。而所歸依之寺院便稱做「檀那寺」)。藉此,幕府便得以將相當於今日戶政機關的工作交由寺院擔任。寺院掌握了地區居民的「個人資訊」,除了管理因結婚、出生、死亡、至外地工作、侍奉主君等而產生的戶籍變動外,就連出遠門時所需的「通行手形」,也必須向寺院提出核發申請。

似乎就是從這時開始,各住家便有了設置佛壇的習慣。之前,就算是很有錢的人,也都是將祖先牌位寄放在菩提寺(譯註:供家族世代供奉祖先牌位的一種佛寺),而在此之後不久,就變成在家中祭祀祖先、放置牌位了。嚴格說來,佛壇是一種簡化呈現「佛教世界」的東西,中央祭祀著各宗派的佛像。

北陸及上信越地方的古老家族至今都還留有氣派的「佛間」(即放佛壇的房間),而比五斗櫃還豪華大器的佛壇有時還真是令人大吃一驚。或許是因為此區域從中世起就存在有許多淨土宗及淨土真宗(一向宗)的狂熱信徒,所以佛壇才會格外高級又金碧輝煌。而這想必是基於祭祀祖先的重要場所就該加上精細的雕刻及花紋,並盡可能做得舒適宜居,如此才能避免災禍、保佑子孫世代繁榮的觀念吧。

佛壇中寫在「牌位」上的「戒名」為何？

現在很多人的家裡根本就沒有佛壇這玩意兒。就如前一單元所說的，沒有和室的住家相當多，沒地方放佛壇的居住條件及生活方式上的問題，想必也是原因之一。

雖說依宗派不同會有些出入，不過一般來說，供奉在佛壇中央的是該宗派的「主佛」或「南無妙法蓮華經」等「經文」，而其前方則排列著已故者的牌位。牌位是早晚供奉時用來面對死者靈魂的佛具，通常喪禮時用的是在原木木板上以墨水寫字

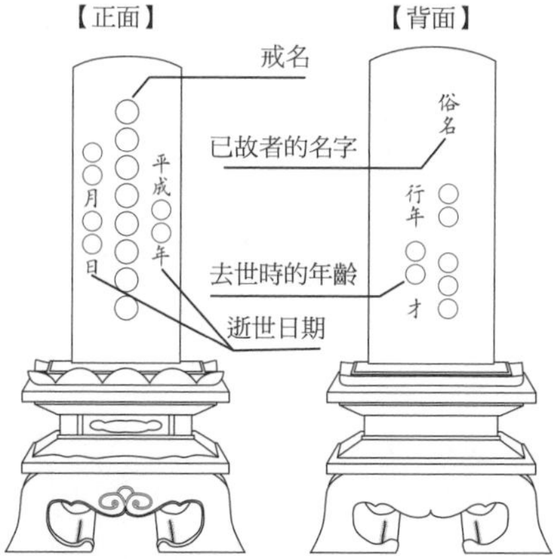

一般的牌位標記方式

的簡單版本，於四十九日的服喪期滿時，才換成塗了漆或貼了金箔的正式版本。正面會寫上「戒名」，背面則寫「歿年」（即去世時的年齡）或「命日」（即忌日）等。牌位是鎌倉時代由禪僧從中國傳入日本的，在室町時代於武家之間被當成「靈代」（即代替神或死者靈魂的物品）來祭祀，到了江戶時代便普及至一般民眾，不過戒名是只有日本才有。

所謂戒名，本來是指進入佛門不斷修行，獲得名為「三歸戒」的僧侶階級後，於「受戒」（譯註：表明接受、服從佛教戒律的一種儀式）時獲贈的「僧名」。依宗派不同，也稱做「法名」、「法號」、「法諱」等。而到江戶時代之後，民間已普遍養成由菩提寺授予已故者戒名的習慣。雖說各宗派之間會有些差異，不過從已故者的名字中取一字可算是戒名命名時的基本慣例。小孩要加上「童子」或「童女」，成年男子使用「信士」、「居士」，或加上院號的「院居士」、「院大居士」、「院殿大居士」等。成年女性則用「信女」、「大姉」、「院大姉」等。若為神道，男性加上「大人命」，女性加上「姬命」。

戒名本應取決於該人物生前的功績，以及對寺院來說有多麼值得讚揚等，但社會地位、戒名費的多寡等其他各種複雜的因素亦會有所影響。儘管如此，一般最高也只到「院大居士」為止，從過去的案例看來，要到江戶時代的大名等級才會在戒名後被加上「院殿大居士」。「冷光院殿前少府朝散大夫吹毛玄利大居士」這麼氣派的戒名之主，是以「赤穗事件」（譯註：發生於江戶時代中期元祿年間，由赤穗藩的四十七名家臣為主君報仇的事件）聞名的淺野內匠頭。連「前少府」的官名都有納入在內。

昭和時擁有六十九連勝記錄的大橫綱——双葉山（1912～68）為「靈山院殿法日定大居士」，而喪禮採國葬規格的戰後總理大臣——吉田茂（1878～1967）的戒名則為「叡光院殿徹譽明德素匯大居士」。

近年來，甚至出現了所謂的「戒名生成軟體」，只要輸入一些已故者的特徵，該軟體便會列出數個合適的戒名選擇。另外也有人在生前就先用自己喜歡的字，在菩提寺的許可下自行準備好戒名。看來和死人有關的事，也已隨著時代徹底改變了呢。

追思故人的「法事」的意義

最近，能夠讓親戚們聚在一起的大概只剩下婚禮和法事（也稱做「法要」）了。而有喪葬禮儀的主角之稱的「葬禮」，也變得以「家族葬」（只由家人、近親參加的葬禮）及「密葬」

（只由近親、好友參加的小型葬禮）居多，象徵了核心家庭化的現象。

佛教於六世紀中期傳入日本，法事的觀念似乎也同樣傳了進來。不過庶民同樣舉辦法事，應是江戶時代中期以後的事了。雖說有些地區至今仍會舉行三十三回忌等追悼相當久以前過世者的法會，但越靠近都市，這樣的習慣似乎就越形淡薄。

在佛教中，所謂的法事是一種悼念死者的儀式。從去世那天（日文稱「祥月命日」）起算的一年後為「一周忌」，再下一年為「三回忌」，然後就是滿六年時的「七回忌」了。「一周忌」是滿一年後，而從「三回忌」之後都採取「虛歲」的算法，所以會變成是一周忌之後接著三回忌。

紀念臨濟宗之祖．榮西死後八百年的「八百年大遠諱法要」（平成 26〔2014〕年 6 月。照片提供：每日新聞社）

接下來是包含三或七的「十三回忌」、「十七回忌」等，要在祥月命日前執行，五十年忌之後便是百年忌，日文稱「弔い上げ」（Tomuraiage），亦即對該死者的慰靈儀式於斯告終。而之所以選「三年」、「七年」間隔舉行，應該是為了靠時間來慢慢撫平失去已故者所造成的哀傷。日蓮宗及淨土宗、淨土真宗等，各佛教宗派有時會分別對其開山祖或留下重大功績的僧侶舉行五百年忌、七百五十年忌等法要，不過這些都是特例中的特例。

另一方面，這種儀式在神道中被稱做「祭」（Matsuri），是於死後五年、十年，以「五年祭」、「十年祭」等來追思故人。而它是以人在死亡的同時靈魂便會昇華為神的觀念為基礎。

現在幾乎沒有什麼人會舉行「五十年忌」的法要了。畢竟要能替父母辦「五十年忌」，除非是很小的時候父母便過世，否則就得要身為子女的人非常長壽才行。早年喪親固然悲痛，但就承其福份而活得健康長久這層意義來說，亦是值得高興之事。

事物的好壞無絕對，一切端看你怎麼想。二十五歲就喪親要說殘酷也確實殘酷，但能在七十五歲時健健康康地辦「五十年忌」，或許也是一件應該要感謝父母的事。雖然近來日本的人們對「祖先」的意識已日漸薄弱，可是有祖先才有我們。認真追溯起來其人數應該相當多，而只要少了其中任一位，就不會有現在的我們。這樣一想，供奉祖先的意義便自然浮現。所謂的法事，其實是對目前存在的自己的一種感恩呢。

開山祖列傳之一　親鸞

回想在學校歷史課學過的「親鸞」，多數人大概只記得他是鎌倉時代創立了淨土宗之佛教徒「法然」的弟子，後來創立了「淨土真宗」。實際上，即使自己家裡信仰的是佛教，很多人應該也不太清楚所信仰的到底是哪一宗。更何況在佛教較大的宗之中，往往還存在一些所謂「○○派」的根源相同但教義不同的「派別」。例如由親鸞所開創的淨土真宗，便可大致分為「東本願寺派」和「西本願寺派」、「大谷派」這三派。鎌倉時代以後，成為佛教一大主要勢力的淨土真宗之開山祖．親鸞，到底是什麼樣的人物呢？

據說他生於承安3（1173）年，死於弘長2（1262）年滿八十九歲時，這就當時而言可是非常長壽的。偉大的宗教人士總會有很多傳說，但有多少真實性則不得而知。其中有一則故事相當有名，那就是最初他雖為了學習天台宗而在比叡山修行，但由於感受到自我的極限，故於二十九歲時離開比叡山，後因於京都六角堂（頂法寺）在夢中獲得啟示，遂決定至淨土宗之開山祖・法然的門下修習。

淨土真宗教導人們「只要拼命地誦唸『南無阿彌陀佛』之稱號，並在心中祈願，死後即可往生極樂淨土」（即所謂「專修念佛」）。任何宗教對於「教義」都會有多種解釋，而這樣不伴隨如禪宗般刻苦修行的輕鬆隨意，抓住了民眾的心。畢竟身為宗教人士的親鸞本身就為愛所困，除了找師父法然商量「身為宗教家的自己可否愛上女人？」的問題外，還娶了老婆，更生了七個小孩。因此像這樣「任何人都辦得到的宗教」便獲得了廣大支持，後來因弟子眾多而成了一大宗派。

可是宗教有時會對政治產生很

親鸞（出自第二代歌川芳宗的《月之百姿》）

大影響，這點從當今世上的狀況看來亦是再明顯不過，所以親鸞才會被禁止專修念佛，並且被流放到寒冷的越後（現在的新潟縣），還被撤銷僧侶資格。信徒們稱此為「法難」。史上留名的宗教家終其一生，或多或少都必定會經歷這樣的打壓、迫害。

對宗教人士而言，最重要的一件事，就是如何能將自己的教導廣泛傳播於世間。在只能靠徒步移動的那個時代，親鸞積極地走訪各地，宣揚自己的教誨。這正是日本全國各地都留有許多宗教家傳說的原因，而傳說是真是假根本不是問題。親鸞尤其致力於在東日本的佈教活動，據說他為了佈教，住在茅草屋長達二十年以上。

從平安時代的佛教開始，由於宗教家往往也是走在最前端的知識份子，因此紛紛留下相當多著作，而親鸞的最大成就，應該就是寫出了堪稱總結淨土真宗之根本教義的《教行信証》。這在淨土真宗裡亦是有如「聖經」般的重要著作。只不過就現代人的宗教觀念來說，其內容應該是難以理解的。

開山祖列傳之二　日蓮

在鎌倉時代所確立的多個佛教宗派中，信眾人數可與淨土真宗並駕齊驅的，就屬「日蓮宗」了。其開山祖・日蓮生於貞應元（1222）年，生涯於弘安5（1282）年六十一歲時劃上句號。其以唸誦日文俗稱「髭題目」（譯註：「題目」是指經文，而「髭」指鬍鬚。由於會將「南無妙法蓮華經」中除「法」以外的字都寫成筆畫朝左右延伸樣子，狀如鬍鬚，因而有此俗稱）的「南無妙法蓮華經」七字來促進對法華經之歸依，好達成極樂往生的觀念，廣為許多民眾所接受。然而一旦出現這麼有群眾魅力的宗教家，不論是哪個時代的政府當權者肯定都不會喜歡他的影響力，因此日蓮也曾被流放至伊豆（現在的靜岡縣）及佐渡（現在的新潟縣），甚至還差點在鎌倉的龍之口被斬首，經歷過許多「法難」。這樣的危機越多，就越容易被神格化。

本來江戶時代以前的宗教家們不是萬中選一的菁英，就是傑出的知識份子，因此日蓮也同樣具有因腦袋太聰明而遭受迫害的一面。文應元（1260）年時，將《立正安國論》一書提交給當時的政權・北條時賴這件事，為他招來了生命危險。該書內容是以問答形式解說自然災害及飢荒、疾病等危機，並由此斷定法然（1133～1212）所創立之淨土宗為「邪宗」。這對當時的執政者來說想必是很令人困擾的一冊，不過日蓮的此番建言，後來竟透過歷史事件「文永之役、弘安之役」，以蒙古襲來的「元寇」形式，一語成讖。日蓮的著作眾多，遺留後世的包括有《開目抄》、《觀心本尊抄》、《撰時抄》、《報恩抄》、《守護國家論》等。這些著作不僅具有很高的文學評價，在日蓮宗裡更是被稱做「御書」的重要典籍。可見日蓮除了是一名宗教家外，同時也具有思想家的一面呢。

日蓮（出自月岡芳年的《あづまにしきゑ》〔Adumanishikie〕）

每個時代都有宗教鬥爭，就連狂言（譯註：狂言為日本四大古典戲劇之一（另三者為能劇、人形淨瑠璃、歌舞伎），和能劇同樣源自猿樂）中也有名為《宗論》的作品。《宗論》描寫的是日蓮宗與淨土宗的僧侶原本各持己見、互不相讓，但在旅途中卻漸漸混同，終至融合的有趣過程，演出的次數還不少。已成佛教一大勢力的日蓮宗與其對抗勢力淨土宗之間的鬥爭，隨時代不斷改變形式，一直延續至今。這可說是任何國家、任何宗教都無法避免的宿命。

昭和20（1945）年8月日本戰敗後，日蓮宗持續分化，出現多個宗派，至今宗派數量遠勝其他的正是日蓮宗。從自稱「本山」、「大本山」、「總本山」的寺院多達四十四間這點也可看出，對其「教義」的認知差異已有了多麼複雜的發展變化。而這些宗派，各個都主張自己是最正確地實踐著開山祖教誨的那一個。

山梨縣的身延山（久遠寺）也以日蓮宗之本山聞名，至今為信仰而前往參拜的人們依舊絡繹不絕。活躍於幕末至明治時期的落語中興之祖．三遊亭圓朝（1839～1900）讓觀眾出題然後當場即興發揮的所謂「三題噺」之名作《鰍澤》，便是以至身延山參拜的旅人故事為骨幹。雖然這不是專為日蓮所量身訂做的，不過宗教確實是會透過與演藝娛樂的緊密結合，試圖達成與大眾共存、傳教等目的。

開山祖列傳之三　道元

道元是禪宗之一的曹洞宗的開山祖，亦有「道元禪師」之稱，而禪宗還另有由榮西所創立的「臨濟宗」。道元據說生於正治2（1200）年，為鎌倉時代初期的僧侶，其代表著作《正法眼藏》甚至影響了德國的海德格（Martin Heidegger，1889～1976）及日本的和辻哲郎（1889～1960）等後世的哲學家。

說起鎌倉時代的佛教，與他同一時代的還有法然（1133～1212）、親鸞（1173～1262）和日蓮（1222～82）等各自都創立了宗派的僧侶，然而禪宗和那些宣稱只要專心念佛便能實現極樂往生的簡易派別不同，它要求嚴酷的修行。也就是要全神貫注地打坐，達到無我，在讓精神清明透徹的過程中尋求醒悟。這樣全心投入打坐的方式稱做「只管打坐」，不過無我之類的境界並非一般凡人所能做到。而且據說就算因持續打坐而有了醒悟，能夠無止盡地繼續這樣的「行」，才是修行的本質。

在日本的宗教之中，如「荒行」、「山行」等具有使用「行」字之信仰型態的，只有禪宗。如此嚴苛地自我逼迫的修行是沒完沒了的。在險惡的山野中一天跑上數十公里，幾乎從不闔眼的所謂「千日回峰行」等，便是象徵了禪宗修行之嚴苛的做法之一。

作家立松和平（1947～2010）於身後留下篇幅長達三冊文庫本的小說《道元禪師》。雖是以作家觀點加上虛構情節而成，但書中對道元的思想及人生做了相當仔細的描述，是一部能看見作家心血的作品。道元從出生起就有很多模糊不清的部分，甚至有一說指稱他是當時的貴族之子。十四歲時於比叡山出家，自稱「道元」，但也曾一度因想法上的差異而受到比叡山的打壓。之後，他搬到越前地方（現在的福井縣）居住，四十六歲時創立了「永平寺」。建長5（1253）年以五十三歲之齡逝世，與其他宗教家相比感覺似乎是

道元禪師像（鎌倉時代，寶慶寺寺藏）

年輕了點，不過成就的大小並不是以年齡論斷啊。

也用於教育的「地獄」與「極樂」

在日本有「天國與地獄」、「地獄與極樂」等說法。其中「天國」就是「天堂」，是來自西洋宗教的詞彙，「極樂」則是日本宗教的詞彙。而說成「地獄與極樂」，將「極樂」放在後面，或許算是一種日本人特有的矜持、客氣的表現。

不論「地獄」還是「極樂」，由於沒有任何去過的人能提供詳細的報告及經驗談，因此這些都只是想像力的產物。但在信仰及宗教上，它們卻與日本人的生活難以區隔地緊密相連。走在街上有所謂的「步行者天國」（即行人徒步區），而從報紙及週刊雜誌的標題至今仍常使用「借金地獄」（即借貸地獄）、「通勤地獄」、「役人天國」（即公務員天堂）等詞彙也沒人會質疑這點，便可看出端倪。儘管接收方對這些詞彙的感受會有細微差異，不過基本上「天國」是開心的，「地獄」是恐怖又痛苦的，在這方面大家的認知差距不至於太大。

「地獄」和「極樂」都是源自佛教的詞彙，生於印度的佛教經由中國大陸傳入日本，在發展為獨特思想的過程中，加入了許多其他觀念。尤其是「地獄」，它包含「因果報應」的觀念，亦即地獄是針對人生前所犯之惡行，而於死後將人送往的恐怖場所，因此為了避免下地獄，人們就必須每天都謹言慎行。這就相當於基督教所說的「最後的審判」。不過判定該「上天國」還是「下地獄」的，是掌管地獄的閻魔大王。雖然至此為止的過程依宗派及教義不同會有些出入，但死者必須渡過此世與彼世之分界「三途川」、渡過時會被一個名為「脫衣婆」的老女人扒光身上所有的東西，還有渡過三途川是要花錢的……等等，許多都傳承至現代的

●缺字

喪葬禮儀之中。甚至還有個相關傳說，說平安時代初期的朝廷官吏・小野篁（802～853）一到晚上，便會從京都・六道珍皇寺的水井下到地獄去幫閻魔大王做事。

「地獄」也有許多不同種類，像是熱得讓人燒焦的「焦熱地獄」及相反的「極寒地獄」、「針山」等，多不勝數。若能在此完成「禊」，就可再次重生，亦即所謂「輪迴轉生」的想法。而「禊」源自神道中淨身除穢之觀念，由此可見日本的神佛習合是如何自然順利地紮根於民眾心中。

另一方面，「極樂」是能解放所有煩惱與痛苦的世界，這在《阿彌陀經》裡有記載。不熱也不冷，到處開滿了色彩繽紛的花朵，飄著不知從何而來的美好香氣，七色的光線照映，還有以瑪瑙及珊瑚等美麗寶石裝飾的雄偉建築，真是極樂。可以無憂無慮地過日子的世界，就是所謂的極樂。

想要前往「極樂」，最重要的就是平日便要累積善行，必須過著信仰虔誠的生活。而人們為此所發揮的巧思，可於江戶時代中期清楚看見。例如7月10日的「四萬六千日」，是指若在炙熱的夏天到寺院參拜，那麼只要去這一次就相當於「四萬六千日的參拜」。雖說要參拜幾次才能去極樂世界並無一個標準數字，但這確實是寺院為了能多聚集一些信眾所下的功夫。

另外，於此同時，許多人也開始透過繪畫作品看見「地獄」與「極樂」。而我想這應該具有某種教育效果，亦即藉由讓孩子看到地獄裡眾鬼的恐怖面貌，好警告他們「不學好就會下地獄喔」。

在此世追求極樂的「平安佛教」

在日本於國中階段學習歷史時，想必有很多人都被教過可用「鳴くよううぐいす平安京」（譯註：「鳴くよ」的發音同794，為Nakuyo，意思是「會鳴叫喔」，「うぐいす」則是一種叫日本樹鶯的鳥，其叫聲「Hohokekyo」與平安京的發音「Heiankyou」有押韻）的說法來記住平安京（譯註：位於現在的京都府京都市中心，是日本從西元794年至1868遷都東京為止的首都）的成立年為794年。都用諧音雙關之類的東西來記歷史年份也是挺辛苦的，更何況這還算是其中比較好記的一個例子。平安時代由此開始，一直到源賴朝於鎌倉建立幕府、展開武士政權的1185年（過去的版本是1192年，諧音「いいくに」〔譯註：發音「Iikuni」，「好國家」之意〕，但現在的日本國中歷史教科書改成1185年，所以用「い

最澄像（國寶。兵庫一乘寺寺藏）

空海像（奈良國立博物館館藏）

いはこ作ろう鎌倉幕府」（譯註：「いいはこ」與１１８５的發音同為「Iihako」，意思是「好盒子」，整句為「做個好盒子吧鎌倉幕府」）幫助記憶）為止，約莫持續了四百年之久。這個時代的佛教也被稱為「平安佛教」，具體來說指的是當時勢力較大的真言宗與天台宗這兩個宗派。

之前在奈良時代的佛教，不僅有天皇的皇位爭奪等政治問題為背景，還有佛教介入政治等問題，很多時候並未真正發揮宗教原本的作用。基於這些因素，桓武天皇（在位781～806）於遷都平安京的同時，便也致力於傳播和以往奈良佛教思想不同的新佛教。而這新佛教指的就是最澄（767～822）在中國唐朝所學到的天台宗，以及由空海（774～835）帶回來的真言宗。

平安佛教與「山岳信仰」（譯註：將山視為神聖的崇拜對象的一種信仰）的連結也相當緊密，最澄在比叡山建立了延曆寺，空海則在高野山建立了金剛峰寺。在與世隔絕的嚴峻自然環境裡，實行以加持祈禱為中心的密宗亦是這兩個宗派的特徵，故真言密宗被稱做「東密」，而天台密宗被稱做「台密」。其實「密宗」這種宗教較偏向於圖取皇室及貴族之現世利益，不像之後的鎌倉佛教是以普渡眾生為中心思想。也就是說，密宗或可說是只讓「特權階級」信仰的宗教。其最具象徵性的建築物之一，是在京都．宇治市的「平等院鳳凰堂」，那身影之優美，也難怪會被說是生來富有的貴族們所重現的世間「極樂」呢。

在最澄、空海之後，還有圓仁（794～864）、良源（912～985）、源信（942～1017）等僧侶於史上留名，此外有阿彌陀聖、市聖之稱的空也（903～972）遊歷諸國並教化庶民，對阿彌陀信仰和念佛的普及有很大貢獻。

不過到了平安時代晚期（十一世紀中葉），武士開始抬頭，後期便出現了法然（1133～1212）的「淨土宗」，而此宗派不只是受武士歡迎，也獲得了廣大庶民的支持。換言之，佛教的流行從貴族轉移到了武士，然後又再擴及庶民。鎌倉佛教於焉誕生。

任何時代，流行的事物往往都是從當權者和有錢階級開始產生，就連佛教這種信仰也不例外。儘管是基於「普渡眾生」之名，以盡力讓所有人都能達成往生極樂為目的的佛教，最初也只限於特權階級。雖說現在的日本憲法保障「信仰的自由」，但就此邏輯而言這還真是再詭異不過的事。反過來說，或許就是因為對「身分差異」的觀念非常嚴格、徹底，所以才會需要有這樣的保障呢。

拼了命地走的「遍路」

所謂的遍路到底是指什麼呢？這部分說法很多，不過據說最早是源自真言宗之開山始祖．空海（774～835）死後，修行的僧侶們便跟隨其足跡至四國修行。自古以來日本的四國地方就一直都是修行之處，年輕時的空海也是在四國修行的。然而並不是一開始就有如今日般的八十八個地點，而是後來加上讓人置身於嚴峻大自然中的足摺岬（高知縣），以及為補陀洛渡海之起點的面海地點等，當整個四國都被視為修行之地後，才固定為八十八這個數字。雖說依路線不同會有些出入，但若是全部朝聖完畢，據說路程可是會超過一千公里，還真是拼上性命的信仰之旅呢。

今日，遍路與觀光旅行之間的界線已變得難以劃分，而其實遍路本應要身著白衣，頭戴寫有「同行二人」（代表總是與弘法大師＝空海一起）字樣的斗笠，拄著杖，從第一號札所開始依序步行朝聖。一旦到達札所，遵照所謂宗派或先驅之導師所教的方式完成參拜後，便可繳交寫有個人資訊的牌卡或手抄的佛經等以做為證明。而札所的人則會在朝聖者所攜帶的納經帳或掛軸（即記錄本或記錄用的捲軸）、白衣上蓋上札番印、寶印、寺號印共三種的紅色印章，並以墨水寫上寺院或主佛之名、代表主佛的梵文之種字（譯註：也稱「種子

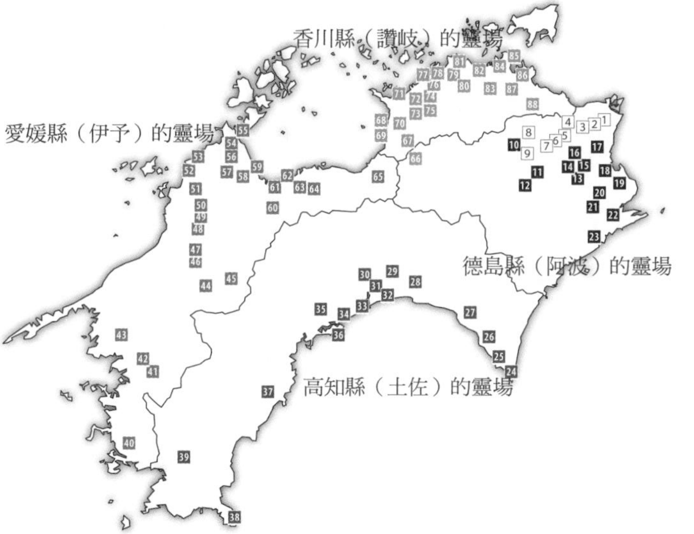

四國八十八箇所的位置。第一號札所是德島縣鳴門市的靈山寺，第八十八號札所是香川縣 岐市的大窪寺。

字」，是指密宗之中代表佛、菩薩等所說之真言的梵文文字）等。即使沒能一次全部走完，只要前後加起來有走完八十八個地點，就叫做「結願」，最後再到和歌山縣的高野山參拜，才終於達成「滿願成就」（實現願望之意）。此外從第一號札所依序走到第八十八號札所稱做「順打」，而倒過來走則叫「逆打」。

雖然今日交通及住宿都已發達，但有的札所之間距離三十公里以上，還有的札所位於險峻的山頂（現在已可坐纜車上去），在種種惡劣的情況下持續行程，對許多患有重病的人來說其實算是一種「死亡之旅」。而相對於此，由當地人們基於善意所提供的「御接待」義工活動也很多，會提供免費的飲食及休息處，有時甚至會讓人免費住宿。不用說，這當然就是因為他們對於非觀光的、賭上了性命的嚴謹信仰有著深切的體悟。

進入江戶時代後，除了四國的八十八箇所外，西國三十三所的觀音靈場及熊野詣、善光寺參拜等的朝聖巡禮亦於民間掀起流行。這類行程急速擴展，包括「坂東三十三箇所」、「秩父三十四箇所」、「三河三十三觀音靈場」、「最上三十三觀音靈場」、「關東三十三觀音靈場」、「中國三十三觀音靈場」、「奧州三十三觀音靈場」、「九州西國三十三箇所」等，範圍廣及日本全國各地。到了一般庶民也能夠便利旅行的江戶晚期，便開始有很多人踏上這種靈場朝聖之旅。

另外，雖然嚴格來說和靈場朝聖意義不同，但還有一種參拜行程也很盛行，那就是於正月時到自己所居住區域或鄰近地方去參拜「七福神」。這明顯和以修行為目的的靈場朝聖不一樣，它比較像是出遊，為的不是自身修行，而是「祈願」。

團蔵（1882～1966）於昭和41（1966）年舉行了就歌舞伎演員來說非常罕見的「引退興行」（即引退前的最後公演），在順利結束表演、退休後，便立刻動身前往四國朝聖。結果在乘船途中跳水，了結了自己的生命。當時他八十四歲。網野菊（1900～78）、戶板康二（1915～93）等人將此事寫成了小說，但事實到底如何至今依舊不明。

「神道」和「佛教」的差異

日本是多神信仰的國家，同時也是多宗教的國家。而且各宗教彼此寬容，因此國內很少發生宗教間的戰爭或衝突。反倒是同一佛教宗派內的爭鬥還比較引人注目。日本人的宗教觀如此具彈性，使得大晦日（即除夕）的晚上至寺院敲「除夜鐘」而隔天早上又到神社「初詣」（即新年初次參拜）的行為完全不會給人矛盾或不恰當的感覺。

那麼同為宗教的「神道」和「佛教」，究竟有何差異呢？

據說澳洲的原住民是沒有宗教的。他們認為神存在於自然之中，而他們自己也是大自然的一部份。日本神道的觀念也與此類似，正如所謂的「八百萬神」，以灶神為首，包括交通安全、家中平安、金榜題名……等等，最近甚至還出現了掌管樂透彩中獎與否的神明呢。追本溯源，基本上日本人本來也就有將山與湖等自然視為「神體」的觀念，認為

聚集在出雲大社的眾神。以大國主為中心所繪製的詼諧作品（出自榮中茂齋的《出雲之大社八百萬神同樂》）

在日本豐富的大自然各處都存在有神明，而自己每天都受到這些神明的保佑。

另一方面，佛教則幾乎都是對所謂開山祖、祖師的「教導」做出各式各樣的解釋，以發揮推廣給民眾的效果。綜觀世界各地的宗教，像「基督教」、「佛教」、「印度教」、「伊斯蘭教」等，都附有「教」字。這代表了這些宗教都存在有唯一的神如「GOD」、「釋迦牟尼」、「阿拉」等，所傳達的是該唯一神的教導。然而神道則沒有代表「神道就是指這個神」的絕對一神存在。雖說有很多像「日本武尊」、「天照大御神」等有名的神，可是並無等級之分，也沒有分級的觀念。反而是對這些統御日本的眾神祈求國家安寧的「巫女」，從古早以前的卑彌呼開始，便做為歷代天皇主持國家祭禮時的重要角色而青史留名。雖然隨時代不同，其作為與作用也不太一樣，不過堪稱日本最強神官的天皇家透過在宮中舉行的節慶儀式，發揮了在神道方面

的重要作用這點的確是不爭的事實。

實際上日本高舉國家意識並強化「神道之國」的傾向，是在進入明治時代，政府決定以「國家神道」之名讓日本用「神之國」的形象發展，導致有眾多寺院於「廢佛毀釋運動」中被毀壞之後的事。但第二次世界大戰戰敗後，以「現人神」之姿為人民所崇拜的昭和天皇提出「人類宣言」，再加上於日本國憲法之下人民「信教的自由」獲得保障，使得日本的神道形式有了很大改變。

至於佛教，自其從中國傳入日本後便產生了各種不同的教義解釋，另外也有不少由日本自己發展出的宗教。即使到了平成時代，仍有所謂的新興宗教誕生，並吸引了相當數量的信徒。

不論以什麼形式，只要能賦予人心平靜、讓人緬懷祖先，且不忘感謝大自然的豐足恩惠，多數宗教便都能和平共存、不相互侵擾，就全世界看來這樣的日本可是很稀有的國家。而這應該也可算是展現了日本人精神的一面吧。

日本民間傳說的原型——「佛教故事」

佛教始祖・釋迦牟尼，以及誕生於日本的許多宗派的開山祖、高僧等的傳說故事，就是所謂的佛教故事（譯註：日文稱「佛教說話」）。這和日文中的「民話」（即民間故事）、「昔話」（即傳說故事）等到底有何不同呢？其實它們之間的分界並不明確。從成書於弘仁13（822）年左右的日本最古老佛教故事集《日本靈異記》開始，接著有平安時代末期的《今昔物語集》、鎌倉時代初期由鴨長明（1155～1216）所編著的《發心集》、弘安6（1283）年成書的《沙石集》等，在古典文學中存在著許多佛教故事集，但這些多半都是以中國的佛教故事集為原型。依據最近的一項研究顯示，《日本靈異記》是基於《冥報記》，而《今昔物語集》是基於《三寶感應要略錄》。

佛教故事的根本是建立在「因果報應」的道理上。

為了將「善有善報」、「惡有惡報」的人生基本理念從小時候就植入人心，所以才透過各種簡單易懂的故事，在寺院中由僧侶講解給大家聽。舉個例子吧，假設有個教導是說，接濟有困難的人最終會為人們帶來巨大財富，但是不可為了發財的邪念而去接濟別人。也就是不把這道理像這樣直接講出來，而是將符合「情けは人のためならず」（若能體諒他人，最終自己也可能獲得別人的體諒之意）這一諺語的行為編造成一個故事。

為芥川龍之介（1892～1927）眾多作品之基礎的《今昔物語集》分成印度、中國、日本共三部分，其中的第12至20卷是由名為「本朝」的日本故事所構成。而這些日本的故事又再

祈願的勝五郎（出自《箱根靈驗躄仇討》）

分為「法華經讀誦之功德」、「法華經之靈驗譚」、「觀世音菩薩之靈驗譚」、「地藏菩薩之靈驗譚」等。這些佛教故事對之後出現的人形淨瑠璃及歌舞伎等表演藝術也造成了很大影響，以不同於口述的形式擴及至民間百姓。

這在歌舞伎中稱為「外題」，或許是因為劇名或出場人物等的屬性問題，在今日未上演的劇碼中，很多都是與佛教故事之靈威有關的作品。例如《箱根靈驗躄仇討》講的是箱根的菩薩顯靈，治好了主角．勝五郎萎縮的腿，內容取材自中世的佛教故事《小栗判官》。為了讓神佛顯靈、施恩，就必須將主角的境遇盡可能設定得很不幸，故事才能成立。畢竟對一切都很滿足、生活毫無煩惱的主角就算遇見了神蹟，也是無法令觀眾感動的。

不論時代、年齡，也不論有無意識，「因果報應」都像是一根貫穿了日本人精神的大柱子呢。

所謂的「廢佛毀釋」到底是發生了什麼事？

就如第215頁所述，日本人原本就具有富彈性的宗教觀。而如此「和平共處」的日子，彷彿某天突然被斧頭劈到般，就這麼硬生生地斷了開來。因明治維新，西方思想蜂擁而入。此時明治政府將「神道」定為國家的宗教（國教），試圖與佛教分離，故於慶應4（1868）年3月以「太政官布告」發出「神佛判然令」（要求清楚區分神道與佛教，即神佛分離之意）。但這卻被部分的國學者擴大解釋，以致於整體轉向至排斥佛教的「廢佛毀釋」運動。

具體來說，就是產生了廢止神佛習合、禁止安置佛像等運動，有許多寺院因此受害。神道因與國家統治結合而擁有莫大力量的時期，是從明治維新到第二次世界大戰戰敗為止的八十年左右，這是由國家推動的「國家神道」時代。若能在戰爭中發揮偉大的統御力，便會被尊崇為「軍神」，雖為人類，卻會被當成神明祭拜。

舉幾個較具代表性的例子吧，像是祭拜甲斐國的戰國大名・武田信玄（1521～73）的「武田神社」、祭拜信玄之對手——越後的上杉謙信（1530～78）的「上杉神社」、祭拜明治維新三傑・西鄉隆盛（1827～77）的「南洲神社」、祭拜身為聯合艦隊司令長官並於日俄戰爭時擊破俄國波羅的海艦隊的東鄉平八郎（1847～1934）的「東鄉神社」，以及祭拜同於日俄戰爭時身為第三軍司令官並攻破俄軍要塞旅順的乃木希典（1849～1912）與其妻靜子的「乃木神社」等。這些神社有個共同特徵，那就是它們都建造於明治至昭和年間。

擁有以優美姿態廣受歡迎的著名國寶「阿修羅像」的奈良・興福寺五重塔，曾在明治初期留下出售記錄。很多若能留存至今肯定都是國寶級的佛教相關物品，在這個時期為了熬過廢佛毀釋的寒冬，都曾傳出由僧侶們流著淚親手燒毀的悲劇故事。另外還有寺院被替換成神社等，為了生存不得不改變初衷的案例也不少。不過這國家性的強制動作也沒能持續太久，到了明治8（1875）年就漸漸平靜下來，只在某些地區仍持續了一段時間。

雖然廢佛毀釋運動遍及日本全國，但熱度各地不同。在淨土真宗信徒眾多的北陸地方相對較早平息，但在伊勢神宮跟前的三重縣則廢佛毀釋得相當徹底，有一百間以上的寺院遭到破壞。而國學盛行的薩摩藩是廢佛毀釋最嚴重的受災地，

興福寺五重塔（國寶）

奈良新聞

金五兩也

興福寺の五重塔

買取り乍ら處分に惱んだ

買主吉川師の昔語

五兩

燒け

與興福寺五重塔之買賣有關的《奈良新聞》報導文章（日期為昭和5〔1930〕年11月11日。奈良縣立圖書情報館館藏）

據說有多達一千六百間以上的寺院被毀損。看來時代的浪潮也能動搖神佛的地位呢。

以山為神體之「山岳信仰」的艱苦嚴厲

像是富士山及奈良的三輪山等，將山本身視為神體的例子在日本全國處處可見。這是「山岳信仰」的原點，嚴格來說並非日本特有，舉凡西藏、印度、中國等與佛教或密宗關係較密切的地區也都看得到。

自古以來山就被視為是一種「信仰」的對象，而在這方面山可分成幾種。一是提供人們生活所需之水源及動物、果實、礦石等的「恩澤之山」。人們認為這樣的山裡會有神坐鎮，故具有供神居住的「磐座」（多半是指自然中的巨大岩石）。另一種被視為是分隔生者與死者之處，或是死者靈魂之回歸處的山。譬如在青森縣的恐山一帶，至今仍流傳著「人死了都會去恐山」的說法，這可不是什麼古代傳說喔，而其他像這樣的山還有山形縣的月山及和歌山縣的熊野三山等。恐山於7月中旬左右至月底會舉辦「大祭」，由潮來（Itako，一種巫女、靈媒）進行讓死者靈魂「附身」的口寄（即通靈）儀式，如此便能聽到死者的話。此外一直持續冒煙、不時反覆噴發的活火山也被視為「火燄山」而成為人們所敬畏的對象。

佛教認為，名為「須彌山」的遠方高山位於世界的中心。而將之具體實現的是空海（774～835）與最澄（767～822）。空海於高野山（和歌山縣），最澄則於比叡山（滋賀縣、京都府）創立宗派，他們都提高了在山中修行的價值。許多掛在寺院正殿前的看板都會寫成像「○○山○○寺」這樣，在寺院名之前加上山名，這叫做「山號寺號」。另外在正殿佛壇中被稱做「須彌壇」的位置，是安置主佛的重要位置，這就等於是將前述的「須彌山」重現於寺院空間裡。

山岳信仰之所以就民俗學而言也很有意義，正是因為除神道、佛

在愛媛縣的石鎚山進行名為「鎖禪定」之修行活動的修行者們。

教外，它也是所謂「修驗者」、「山伏」（即修行者）等修行的地方。斷絕與世俗之聯繫，在嚴酷的自然環境中刻苦修行、逼近人體極限，藉此更接近仙人的所謂「神仙思想」，是源自於道教的觀念。像這樣具備泛靈論之要素，且不論宗教的種類及方法等，全都一律接納的，就是山岳信仰。

這想必是延續自遠在佛教及神道系統化之前，早就深植於人們心中的「自然崇拜」概念，亦即大自然雖可怕、卻也提供了我們大量資源的一個非常簡單的觀念。對於「破壞山地會帶來詛咒」、「山若高興果實便豐碩」等原始想法，現在的我們不僅笑不出來，更必須認真思考才是。

「山伏」所走的「修驗」之道為何？

在日文中不論是「修驗」還是「山伏」，都會給人修行嚴格又危險的印象。這些人應該算是僧侶，但和在寺院裡的一般和尚有何不同？又為何要進行如此嚴厲的修行？令人不解的地方相當多。實際上這兩者本身就還有很多未知的部分，要明確地解釋並不容易，在歷史上的發展、演變也相當複雜。

「修驗道的開山祖師」一般認為是被稱做「役行者」的役小角（發音為Ennooduno或Ennoodunu，生歿年不詳）。這個名字出現在古老文獻《續日本紀》中文武天皇3（699）年的歷史記錄裡，而該處只寫了「他以妖術迷惑世人，故被流放至伊豆」。因此役小角的詳細事蹟可謂不明。

距今超過一千三百年之前其形式就已存在的修驗道，隨時代不斷改變形態而延續，為險峻山脈所包圍的修驗場所散佈於日本各地，自江戶時代晚期開始，一般庶民便會組成一種稱為「講」的信仰團體，一起至修驗場所朝聖、閉關修行。這些修驗場所以橫跨山梨縣和靜岡縣的富士山為首，主要包括跨京都府與滋賀縣的比叡山、和歌山縣的高野山、奈良縣的吉

在山形縣黑羽山的山伏修行，為出羽三山神社之秋季上山修行活動（平成18〔2006〕年8月。照片提供：每日新聞社）

野金峰山、山形縣的羽黑山及湯殿山再加上月山的「出羽三山」、神奈川縣的大山等。嘴裡唸著潔淨自身用的詞語「六根清淨」，同時一手拄杖爬山。「六根」是指眼、耳、鼻、舌、身、意，也就是要斬斷肉體的所有慾望，以潔淨自身。當然，完全以徒步的方式爬山，摔下山崖或在漫長的旅程中喪命的人為數不少，因此要去進行這種修驗的「行」時，通常都會由經驗豐富、被稱為「先達」的人來率領「講」，邊走邊看顧著大家以避免發生意外。這樣的系統在江戶時代便已確立，而參與者們也都會抱著虔誠的態度啟程，直到回家為止都嚴格禁酒。

不過以上說的僅限庶民層次，若是皈依佛法、想要求得修驗之道的人，則必須進行更嚴苛的「行」。例如比叡山的「回峰行」是要先持續七百日巡迴山裡的三個塔，接著往返位於山麓的赤山明神一百日，進行至九百日後，至第一千日為止則是持續大範圍地繞行京都市街。最後還要在道場進行七天的閉關，才算是完成，真的是非常地嚴苛呢。

而山伏給人的印象可能就是穿著一身白色的裝束、吹著法螺，這屬於山岳信仰的一種，藉由在嚴酷的自然環境中進行讓瀑布沖打身體、於夜裡在山中奔跑巡迴等嚴格的修行，以獲取如前述各山岳等所謂靈山具有之靈力。雖說其穿著打扮隨時代不同各異，但基本上頭上都包著頭巾，手裡則拿著錫杖或金剛杖。穿著袈裟的那種正式裝扮算是變形程度相當大的，而這在以歌舞伎十八番（譯註：於天保年間為第七代市川團十郎所選定，做為市川宗家代代相傳、最擅長的十八齣劇碼）聞名的《勸進帳》裡的弁慶身上可看到。在此劇目中，弁慶為了避免被別人發現他是假的山伏，解說了山伏的服裝、隨身物品及其作用，講得非常清楚易懂。只不過《勸進帳》也只是一齣戲罷了，弁慶只是為了讓主君源義經順利通過關所，才突然想到要假扮山伏。舞台上的那種弁慶裝扮，應該是沒辦法在險峻的山野中跋涉的。

無論如何，將自己的身心狀態逼迫到極限以期獲取靈力，確實可算是一種以行動具體實現日本人精神的行為呢。

「繪馬」的原始意義

每到考季，就經常看到寫著「希望能順利考上○○高中」之類殷切期盼的繪馬（譯註：掛在神社或寺院中，以木板製成的祈願用具）。但其實寫在繪馬上的內容，不能只有對神明的「許願」訊息，亦即不能只提出「願望」。原本應該是要寫成像「我為了考上○○高中很認真唸書，請保佑我金榜題名」這樣才對。畢竟再怎麼厲害的神，也無法讓你考上高中。因此「繪馬」應該是要寫上自己面對某事時的心態，這麼想會比較妥當。

其實原本對神明「許願」時，並不是單方面求了神自己就可以躺著不管，是在自己也付出相對努力的同時請神保佑能心想事成，才是正確的。例如去神社實行「御百度參」（譯註：在神社或佛寺內往返一定距離並參拜一百次的做法）、執行於寒冬以冷水淋浴的「水垢離」淨身儀式、進行對自己最愛的食物或茶、酒等忌口的「斷物」等，總之你必須讓神明了解你對自己的願望有多麼認真才行。

自古以來「馬」一直都被視為神聖的動物。御盆（盂蘭盆節）時把茄子做成「馬」的樣子，便是基於讓祖先靈魂騎

由土佐（現在的高知縣）的畫家・金藏（繪金）畫在大塊木板上的繪馬「羅生門圖」

馬返家的用意。此外，古時繪馬的尺寸也和今日的不同，大的寬度可超過一公尺，還會由專業畫家畫上圖案並供奉於神社。而隨時代演進到了江戶時代，小型的繪馬亦普及至庶民階級，與2月的「初午」（譯註：2月的第一個午之日，要祈願五穀豐收及生意興隆。而十二地支中的「午」即代表十二生肖的「馬」）同樣成為生活中的一部份。

因此庶民們也漸漸養成了將「家中平安」及「五穀豐收」等寫在所居住地區的神社繪馬上，然後供奉於神社的習慣。或許是因為人口增加的關係，今日的繪馬有些會連地址都仔細寫上，但其實本來只要寫上自己出生年份的天干地支和性別即可。例如「庚寅　男」這樣。

最後，供奉繪馬後若願望實現了，請別忘了還要再回來行「御禮參」，也就是必須向神報告「託您的福願望實現了」才行喔。

舉行「地鎮祭」的理由

儘管再怎麼理性，在蓋屬於自己的房子，亦即堪稱一輩子最大筆的購物時，應該沒有人會不進行「地鎮祭」就直接動工。

到底地鎮祭是做什麼的？又為什麼神主（即神社的祭司）會是該儀式的主角呢？正如所謂的「八百萬神」，在日本存在有許多的神，人們相信即使是土地，也各自存在有稱為「地神」的神明。即使在法律上已經過正式交易取得了土地的所有權，但還是要對從古時就已存在於該土地的神明表示「我們現在要在此處蓋房子了，請保佑一切平安順利」——代表了此意義的儀式就是所謂的地鎮祭。

神社扮演了守護附近區域的角色，居民們會在初詣及七五三等節日至神社參拜，而住在神社管轄範圍內的人們則稱為「氏子」。因此當氏子的土地要進行建築

警視廳之新廳舍工程的地鎮祭（昭和52〔1977〕年。照片提供：每日新聞社）

工程時，當地神社的神主便要負責擔任主祭的工作。

包括誦讀祝詞、驅邪消災、以酒及鹽淨化四方，另外還要跟該土地之地神打招呼。這就是地鎮祭。儀式完成後，有時會舉辦名為「直會」的餐會，而這想必具有慰勞百忙之中抽空來參加的相關人員及附近鄰居之意。

思想及信仰都是無法以現代科學直接判斷、證明的事物之一，而地鎮祭或許正是一個我們所熟悉，但卻無法用科學解釋的好例子。

何謂「御靈信仰」？

所謂的「御靈信仰」，是一種源自於神道系統的信仰，其概念是將日本歷史中含恨而死或死於非命者的詛咒，和疾病、飢荒、乾旱等天災結合在一起，且為了安撫這些人的靈魂，將他們奉為「神明」，藉此求取國家的平靜安穩。

此信仰於古代至中世特別盛行，而至今日本人有時仍會無意識地將某些事情解釋為「詛咒」這點，應可視為是「御靈信仰」所留下的痕跡。

從歷史性的記述看來，在貞觀5（863）年時，即有因政治因素而死於非命的早良親王（後來被封為「崇道天皇」）、橘逸勢等六人的靈被尊奉為神的記錄。將無法有科學或合理說明的自然變化及災害等，都解釋為神的憤怒與怨靈作怪，在這樣的時代裡，使之升格為神以平息「怨靈」的怒氣，好維持世界平安的這種「信仰觀念」，至今依舊根深蒂固地存在。因為其影響範圍已從《太平記》、《平家物語》等文學作品，擴展至表演藝術，亦即人形淨瑠璃及歌舞伎等。今日以一句「無稽之談」就了結的東西，之所以能繼續生存於藝術表演的血脈之中，就是因為無法以無稽之談了結的國民性，至今依舊以「敬畏之念」殘留於日本人心中。

駕崩於流放地讚岐的崇德天皇的怨靈，被認為是引發動亂、導致社會不安的原因（出自一勇齋國芳的《百人一首之內 崇德院》）

這些怨靈有時也被稱做「祟神」，而祭祀這種神的名剎、古社相當多。像京都的北野天滿宮、東京的神田明神、千葉縣佐倉市的宗吾靈堂等，都屬於此例。民俗學家柳田國男（1875～1962）基於日文裡「御靈」的發音與「五郎」近似，而發展出一套理論，認為祭祀以復仇聞名之曾我五郎、十郎兄弟的「五郎信仰」和御靈信仰具有共通性，不過也有人認為歌舞伎中以曾我兄弟為主角的一系列稱做「曾我物」的作品更具影響力，而這才是它傳遍全國的原因。

以現代的觀念來說，這些幾乎都是被歸類於都市傳說的故事，而我們之所以能放心地這麼說，就是因為背後有「科學根據」。因此對於連「雷」都寫成「神鳴」，大家認真相信那是一種神明發怒現象的時代，我們不能將之與一切科學萬能的現代做單純的比較，然後就笑說以前的人真無知。

佇立在路旁的「道祖神」之意義

旅行時一旦進入山中，偶爾便會在道路的分岔點或路旁看見歷經風霜的道祖神。其日文發音可為「Dousojin」也可為「Dousoshin」，是日本自古以來的一種民間信仰。本來是放在道路分岔點或村落的分界處，具有防止外敵入侵、祈求道路安全之意，而據說同時放置男女兩尊的話，還含有「夫妻和諧」的意義。此外道祖神在關東、甲信越地方的數量遠多於關西，這或許與各地方所產的石頭硬度有關。

佇立在路旁的道祖神

不管怎樣，道祖神的祭拜是從江戶時代以後，當農民及商人等有能力以居住地的守護神之姿拿一些錢出來之後，才開始盛行。

在製作道祖神方面，雖然也有一些所謂的「名匠」，但由於這不是像圓空（1632～95）等人所刻的那種木雕，且基於風吹雨淋會導致損壞速度極快、數量過多來不及修復等理由，很多都隨著時間毀壞殆盡，或是上頭刻的文字都被苔蘚覆蓋而隱沒。不過這看在現代人眼裡，往往也是一種說不出的美麗風情呢。

在甲信越一帶，尤其又以信州的石工最多。著名的「高遠石工」在《新編武藏風土記》中留下了天正18（1590）年建造江戶城石牆的記錄。據說這是其最早的文獻記載。從古代古墳所挖掘出的精細石頭工藝，到戰國時代的城堡石牆等，石工應該在許多領域都很活躍才是，但令人意外地卻並未史上留名。這大概是因為當時他們算是「專業師傅」，不被視為「藝術創作者」的關係。

石工聚集於高遠（現在的長野縣伊那市高遠町）的理由不詳，而這與當時不遠處的諏訪湖一帶為黑曜石一大產地一事或許不無關係。之後，直至江戶末期為止，信州似乎一直都有相當多的石工，據說天保3（1832）年以六十八歲之齡逝世的守屋貞治（1765～1832），便將畢生雕刻的共三三六尊石佛留給了後世。而嘉永3（1850）年於六十一歲時過逝的太郎兵衛，則在以越後六日町為中心的區域，留下了約莫三千件的作品。雖說這兩人的生涯及作品都為鄉土歷史學家們所研究，但除此之外未能為人所知的石工多不勝數，想必是他們受各地庶民之託，四處雕出了眾多道祖神及庚申塚（譯註：立於路旁，為祭祀具退散病魔神力之青面金剛的墳塚）等成為民間信仰基石的作品。

站在路旁的道祖神們，到底看盡了多少來往的人們？又聽到了哪些願望呢？

為天皇之證的「三神器」是哪三個？

「三神器」為天皇之象徵，且被視為繼承皇位的最重要物品。具體來說它們指的是「八咫鏡」、「八尺瓊勾玉」、「天叢雲劍」或稱「草薙劍」，但也有一說認為其實根本沒人真的親眼見過它們。這提高了其做為「神器」的神秘性。不過自《古事記》以來即為各種書籍著作所提及的這三神器，是日本的一項重要傳承。就史實而言，由於在元曆2（1185）年的「壇之浦之戰」中，安德天皇與「天叢雲劍」一同沈入大海，因此現有的是複製品，故亦稱做「草薙劍」。

「三神器」在天皇家是延續天皇統治權的必要物品，有時甚至必須以性命守護。曾擔任第一代厚生大臣（譯註：相當於台灣的衛生福利部長）及內大臣（譯註：在日本舊憲法〔帝國憲法〕下執掌天皇宮中事務的職位）等職務，為昭和天皇身邊備受信賴的候爵木戶幸一（1899～1977，維新三傑之一的木戶孝允為其叔公），在昭和5（1930）年至昭和23年期間曾寫下了一系列「日記」。這些日記後來被公開出版為《木戶幸一日記》，其中鉅細靡遺地記錄了一些昭和天皇在決定結束戰爭前後的發言。

「若有萬一，我只有以性命守護，與之同生共死」（昭和20年7月31日）。

這句是當時昭和天皇認為若美軍登陸而在日本本土決戰，分別被存放於伊勢神宮（三重縣）及熱田神宮（愛知縣）的「三神器」肯定不保時透露的話。而這不過是在接收波茨坦宣言並發出所謂「玉音放送」（譯註：在日文中「玉音」是對天皇聲音的敬稱，「放送」則指廣播。該終戰宣言是透過廣播公開播送，故有此稱呼）的「終戰詔書」之前兩星期的事。

於平成26（2014）年伊勢神宮的式年遷宮儀式（譯註：伊勢神宮原則上每二十年便會重建一次其中的各宮、殿建築，故需搬遷）中，也出現了搬運「神器」的今上天皇（即當今聖上之意，指現任的天皇）的身影，足見這「三神器」可是承載著我們難以想像的重量，為天皇家所傳承著。

戰後，在日本邁向高度經濟成長的過程中，也出現了屬於庶民們的「三神器」。一開始是「黑白電視機」、「洗衣機」、「電冰箱」，這些對現在單身居住的學生來說也還勉強算是「神器」。之後，進入1960年代，迎接「伊奘諾景氣」（譯註：指1965年11月至1970年7月為止連續五十七個月的高度經濟成長期。「伊奘諾」一詞來自建造日本列島之神「伊奘諾尊」，基於神話故事源由，故以此名表示這次的景氣良好程度更勝前兩次）的到來，皆以英文字母「C」開頭的所謂「新三神器」於是登場。它們是「彩色電視機」、「冷氣」和「汽車」。當時的民眾在持續上升的景氣中拼命工作才好不容易買得起的「夢幻」器具就是這「三神器」，但在今日物資如此充裕的時代，這說法早已不合時宜。

與生活密切相關的「道教」及「陰陽道」

佛教、基督教、伊斯蘭教……各個都具有寺院、教堂、清真寺等禮拜堂。「道教」雖同為宗教，但在日本卻不太看得到屬於道教的廟宇。雖然不是完全沒有，但確實相當少見，若要舉個比較廣為人知的例子，應該是橫濱中華街的「關帝廟」了。誠如其名，它祭祀的正是三國志中的英雄「關羽」。

道教原本是著重於古代中國之「神仙思想」及「宇宙觀」的一種本土性宗教，而傳入日本後，便與日本的傳統及民俗混合在一起。就如其名稱所示，它是「道的教導」，以人的生存道理為簡單基礎，深入滲透至日本人的生活之中。所謂「陰陽」及「風水」、「八卦」等占卜術，至今我們有時仍會不知不覺地，或是在不知緣由來歷的情況下使用。「自然萬物是由木、火、土、金、水這五種要素所構成」的所謂「五行思想」，以及「自然界是建立在陰與陽之上」的所謂「陰陽思想」等，現在有些日曆上也還都記載著。

道教很快就被「陰陽師」所主導的「陰陽道」所取代，在舞台上消失了身影，但它並未真的就此絕跡，而是做為一種本土化的宗教，持續存活至今。安倍晴名（921～1005）與源博雅（918～980）、蘆屋道滿（道摩法師，生歿年不詳）等陰陽師以施行咒術和占卜為生，於平安時代中期，亦即藤原道長（966～1027）活躍的攝關政治期之前不久的時代，為朝廷所重用。

驅除惡靈的安倍晴明（出自《泣不動緣起繪卷》）

在電影及電視劇中，陰陽師總會做出一些現代科學所無法解釋的事情，像是操縱被稱為「式神」的靈體，好讓敵人遭遇災禍，或是預言自然災害等，而這在「巫女」，亦即靈媒等所傳達的神諭備受重視的古代，不僅很難評估他們的行動到底具有多少真實性，更不可能判定「這不科學」。

舉例來說，日文裡有個詞彙叫「方違」（即方位禁忌）。假設後天起計畫要前往西方旅行，但卻有人說「當天不適合往西走」，所以就暫且先往另一方向出發，住一晚後再向西前進。用一句「那是迷信」了結固然簡單，然而至今仍很講究方位、方向的人可不少，甚至「鬼門」、「內鬼門」等觀念也依舊存在。這些都是來自「道教」而為陰陽師所運用的概念。就算不顧他人忠告硬要往西走，誰也不知到底會不會發生壞事。但遵照「方違」能令人安心，而若能平安地完成旅行，就宗教的邏輯來說便是「救了他一命」，這是無法否定的。

今日，從科學的觀點看來未來是完全未知的。正因如此，人們才更想知道。而試圖回應古代在政治上、現代則在一般民眾階層的這種要求的，便是「道教」，也是陰陽師所行之「陰陽道」。

藝術表演與演藝之道

妝點了昭和時代的淺草「女劍劇」

最近越來越少看到也很少聽到的所謂女劍劇，就如其名，是指由女性演出主角的劍劇，亦即包含武打或殺陣場面的戲劇。由女性來演長谷川伸（1884～1963）之名作《瞼之母》、《一本刀土俵入》、《鯉名之銀平》，以及行友李風（1877～1959）的《國定忠志》等至今還在上演的股旅物（譯註：以雲遊各地之賭徒、俠客等為主角的戲）、以黑道為主角的情義故事等。在武打場面中，往往能瞄到綁著白布的大腿和胸部。這點大受觀眾歡迎，於是它便以日本最大的娛樂區——淺草為據點，建立起屬於自己的時代。

雖然很難確定女劍劇最早是上演於哪個舞台，不過應該是出生在昭和初期的淺草沒錯。大江美智子（1919～2005）、不二洋子（1912～80）、淺香光代（1928～）、中野弘子（1922～96）等的人氣之高，甚至獲得了「女劍劇四巨星」的稱號。

依據淺香光代本人的說法，拜大眾演劇（即大眾戲劇）演員淺香新八郎為師是她演員生涯的起點。之後擁有自己的劇團，並以淺草為據點掀起熱潮。而贊同她們的戲劇演出的長谷川伸等作家在劇團艱困時，甚至不要求支付演出版稅等，大方地讓她們可免費演出其作品。其中最受好評的《瞼之母》，她說「我沒認真算過所以不確定，不過應該演了有三千場以上」。當時的盛況，由此便可窺見一二。

另外名為大江美智子的女演員其實是第一代，還有第二代存在。身為第一代之弟子的大川惠美子承襲了於昭和14（1939）年公演時猝死的師父名號，成為「第二代大江美智子」。而前述「四巨星」中的大江美智子指的就是這位第二代。

這樣的女劍劇以戰爭為分界，與其他演

淺香光代的鬥劍劇（拍攝於昭和 30〔1955〕年。照片提供：每日新聞社）

藝活動一樣一時緊縮了血脈，不過在戰爭後又掀起了可謂「第二波」的風潮。因為民眾們感受到戰爭結束，開始追求更多的娛樂。雖然女劍劇在劇場界往往有矮人一截的傾向，但唯一生存下來的淺香光代卻以淺草為活動據點，往外發展，成功地揚眉吐氣。

昭和37年於新橋演舞場，她在當時的市川宗家第十一代市川團十郎的許可下演出了《勸進帳》。不過條件是必須拿掉「歌舞伎十八番之一」的招牌。這已是超過五十年前的事了，但由非歌舞伎演員的演員來演，而且還是劍劇，更別說是由女演員來演《勸進帳》，在那個時代還真是連做夢也想不到的事呢。

可惜的是，後來淺草本身失去了其做為娛樂區的地位，在觀光客被其他場所搶走而開始陷入長期低迷的過程中，女劍劇的光環亦逐漸失去亮度。現在只剩淺香光代獨自堅守傳統「女劍劇」的堡壘，持續奮鬥著。在這其中，存在著逐漸消失的表演藝術的虛幻無常與美麗。

誕生於對歌舞伎之反叛的「前進座」

「前進座」劇團，誕生於昭和6（1931）年時東京・芝田村町（現在的西新橋）的「飛行館」。

而其創立它的中心人物——第三代中村翫右衛門（1901～82）和第五代河原崎國太郎（1909～90）等，原本都是歌舞伎的一般演員。但當折磨日本的全球經濟恐慌也波及劇場界時，非明星的演員們便陷入了困境。在那樣的經濟危機氛圍之下，為了打破歌舞伎因門閥制度而形成的封閉性，獲得劇作家村山知義（1901～77）等人支持的劇團「前進座」就此邁開步伐。包括認同其理念的女演員及工作人員等，從總共三十二名成員起家的前進座，雖然在市村座舉行了第一次的公演，但由於沒有明星參與，所以立刻就嚐到了出師不利的虧損滋味。

不過後來他們採納建議，引進

《實錄忠臣藏》中的第四代河原崎長十郎（右）與第五代河原崎國太郎（左）

「明星系統」，積極起用受歡迎的當紅演員，於隔年昭和7年4月時，第一代市川猿翁（1888～1963）的弟子市川笑也襲名為第五代河原崎國太郎，同時與大阪松竹合作，還在道頓堀的浪花座演出等，順利地站穩了腳步。

前進座的幸福，來自長谷川伸、村山知義、坪內逍遙等當時文壇的實力派對於想為劇場界帶來新意之青年們的協助，他們願意犧牲自己作品的演出版稅，免費供這些年輕人演出。此外做為一個演歌舞伎也演時代劇，而且還有女演員的劇團，他們以團體方式演出由山中貞雄所導演之電影《街之入墨者》，曾獲選為《電影旬報》雜誌的十大最佳電影，亦即在其他領域也有人願意伸出援手，讓他們獲得了不少發揮空間。

或許是基於其創團理念，前進座總是以團體行動為宗旨，他們自行打造排練場所與集體住宅，全體成員一起過著「吃大鍋飯」的生活。經歷戰爭結束，除了歌舞伎外也持續演出各種對大眾來說簡單易懂的作品而廣受歡迎，但卻也因為沒對戰爭盡一份力所以被當局打壓，刻意阻撓公演，甚至遭遇其中心人物中村翫右衛門被通緝，多達五位成員入監服刑的牢獄之災。

在此背景下，昭和43年身為團長的第四代河原崎長十郎（1902～81）的剛愎自用引發爭議，於是被劇團除名，進而動搖了劇團本身，以致於有好一段時間他們都一直在摸索新的方向。此事件對劇團的衝擊甚大，為了維持全體團員的生活安定，他們罕見地引進了「退休制度」。

昭和55年，於創立五十週年慶之際，前進座終於如願以償地在歌舞伎座演出，而昭和57年更靠著觀眾及贊助商的捐款，於吉祥寺蓋了一棟屬於自己的「前進座劇場」。只可惜創團成員之一的中村翫右衛門還沒能親眼看到劇場的完成，便離開了人世。之後，成為前進座之代表的河原崎國太郎以歌舞伎女形之姿，主攻世話物（譯註：以江戶時代庶民的人情、義理、戀愛等種種糾葛為主題的戲碼），藉由古典風韻和淵博的知識持續活躍，然而平成2（1990）年，最後一位創團成員仍以八十歲之齡劃下了生涯的句點。

不過創團成員們的兒子，第四代中村梅之助（1930～）、第六代嵐芳三郎（1935～96）、嵐圭史（1940～）等「第二世代」廣泛活躍於各個領域，再加上於平成10年繼承祖父、襲名為第六代河原崎國太郎的第五代國太郎之孫嵐市太郎（1962～）及中村翫右衛門之孫中村梅雀（1955～，平成19〔2007〕年退團）等「第三世代」延續歷史，於是在平成23年迎接了創團八十年週年慶。

而另一方面，為雷曼兄弟事件後的經濟不景氣所苦，他們於平成25年賣掉前進座劇場，也面臨了新的困境。

話雖如此，但以反抗歌舞伎之封建制度為起點，由一堆沒沒無名的演員所成立的這樣一個劇團，竟能在日本的戲劇史上刻畫出八十年以上的記錄，除此一團別無他例。更何況除了歌舞伎外，他們還拓展了劇目範圍，包括超越世代演出了八百場以上的山本周五郎的《SABU》、水上勉的作品、原創音樂劇等，其巡迴全國演出不同劇目的方式甚至獲得了「劇場百貨」之別稱。擁有如此獨特經歷的劇團，今後將在日本的戲劇史上留下怎樣的足跡呢？這也將由觀眾們親眼見證。

大正時代開了花卻沒能結出果的「淺草歌劇」

從明治、大正至昭和初期的「淺草」，是日本第一的娛樂區。光是戲劇部分，除了有「小芝居」（譯註：指在小規模的劇場演出之歌舞伎，也指江戶時代在非官方認可之處演出的歌舞伎。日文中的「芝居」即是戲劇之意）之稱的歌舞伎外，還有女劍劇、新國劇、新派等各種類型，許多電影院及名為「寄席」的表演廳林立。不論是一個人、一對夫妻情侶還是一家子，在這兒都能玩上一整天。其中冠上了地名的「淺草歌劇」在大正期非常流行，風靡一時。雖說是「歌劇」，但它其實和正統的歌劇不同，算是一種故事與演出時間都縮減，並加入了喜劇元素好讓人能輕鬆觀賞的「輕歌劇」。

日本的第一部創作歌劇於明治38（1905）年上演，作品名為《露營之夢》，是在歌舞伎座由歌舞伎演員第七代松本幸四郎（1870～1949）演出。後來大正元（1912）年，歌劇及芭蕾導演羅西（Giovanni Vittorio Rossi）從義大利來到日本，由他所指導的《托斯卡》、《天堂與地獄》等都在日本演出，不過是在帝國劇場。此後，帝國劇場便成立了「洋樂部」，於大正4年演出以《愛是溫柔原野的花啊》一曲聞名的《薄伽丘》，結果大受歡迎。但隔年，帝國劇場的洋樂部即解散，於是羅西集合自己的學生組了一個喜歌劇劇團，以在赤坂皇家館演出《天堂與地獄》為開端，接二連三地演出許多喜歌劇，逐漸聚集了不少人氣。可是該皇家館也在大正7年解散，原隸屬於該

演出薄伽丘一角的田谷力三（當時二十三歲）

館的原信子（1893～1979）等人便轉移陣地至淺草觀音劇場推出「原信子歌劇團」的第一次公演，淺草歌劇的歷史於焉展開。

而此時誕生了一位名為田谷力三（1899～1988）的英俊小生，人氣非比尋常。假日的劇場總是因他而擠滿觀眾，「田谷！」、「小力！」等呼喊聲不絕於耳，甚至出現熱情的追星團體「ペラゴロ」（發音Peragoro，為「オペラ」〔歌劇〕和「ゴロツキ」〔居無定所到處亂晃的人〕的組合詞），一度成為一種社會現象。

為現今藤原歌劇團創立者的世界級男高音藤原義江（1898～1976），也是因崇拜田谷力三所以退出原本所屬的新國劇，不再當演員，而改往歌劇歌手的方向發展。《海盜迪亞波羅之歌》、《貝雅特麗姐姐》、《愛是溫柔原野的花啊》等傳唱於街頭巷尾，很多人都琅琅上口。

但就在全盛的最火紅顛峰時，「淺草歌劇」卻突然毫無預警地走向衰敗。大正12年9月1日發生的「關東大地震」摧毀了淺草。那時，以「十二階」（即十二樓）的暱稱而為人們所熟知的木造建築，亦即日本第一棟具有電梯的建築物「凌雲閣」也被震倒。許多劇場及電影院毀壞，雖然事後陸續重建，可是「凌雲閣」與「淺草歌劇」都隨著關東大地震一同消失了身影。

不過田谷力三之後仍以「日本的男高音」之姿繼續和大家分享他流暢甜美的高音，直至昭和63（1988）年八十九歲逝世的兩週前，都還在用他美麗的歌聲迷倒聽眾。地震後，長達六十五年，他持續守護著「淺草歌劇」，直到他在崗位上辭世為止，「淺草歌劇」才真正完全熄燈。

華麗的「歌舞秀」

由美麗的女性們，時而穿著華麗的服飾唱歌跳舞的「歌舞秀」（Revue）當然不是發源於日本的表演藝術。然而依據於平成26（2014）年慶祝創立百年的「寶塚歌劇團」（最初名為「寶塚少女歌劇團」）的歷史及其源起看來，它應該也可算得上是一種日本的傳統藝術表演才是。上演於昭和2（1927）年的《夢巴黎》加入了許多當時日本人所嚮往之地——法國的歌曲，因而非常成功，之後便確立為一種平民表演藝術，許多歌劇團都以東京的娛樂聖地——淺草為中心，舉行各種歌舞秀公演。

相對於東寶的「寶塚歌劇團」，還有松竹的「松竹歌劇團」（SKD）、「大阪松竹歌劇團」（OSK）等，除了這些於大劇場進行的大型公演外，同時也有其他各種不同規模的公演，而巧妙結合了良好節奏與流行於昭和初期的「輕音樂」表演結構，再加上終場時舞者們還會一字排開隨著奧芬巴哈（Jacques Offenbach）的《天堂與地獄》序曲跳起「法國康康舞」等橋段，都使得歌舞秀大受民眾歡迎。

關於「寶塚歌劇團」我在第298頁會做較詳細的介紹，至於另外兩個，首先「松竹歌劇團」（SKD）是成立於昭和3年，以位於淺草約可容納四千名觀眾的「國際劇場」（於昭和57年關閉）為據點舉辦公演。但在娛樂多元化及劇場關閉等多重因素的影響下，終於在平成8（1996）年為其六十八年的歷史畫下休止符。松竹歌劇團的全盛時期除了有綽號「Takki」的水之江瀧

松竹歌劇團（SKD）整齊劃一的傲人排舞（照片提供：共同通信社）

子（1915～2004）的男扮女裝帶來超高人氣外，還有剛出道的美空雲雀（1937～89）、草笛光子（1933～）、倍賞千惠子（1941～）與倍賞美津子（1946～）姊妹等，優秀成員輩出。

而「大阪松竹歌劇團」（OSK）的歷史比在東京的松竹歌劇團更久遠，它是於大正11（1922）年以「松竹樂劇部」之名創立，在關西擁有與寶塚分庭抗禮的極高人氣。後來歷經母公司變成近鐵（近畿日本鐵道公司）等苦難過程，最終於平成14年降下其長達八十年的歷史之幕。且以京町子（京マチ子，1924～）為首，包含笠置志津子（笠置シヅ子，1914～85）等在內，此歌劇團也同樣是明星輩出。

歌舞秀的不幸除了來自如OSK那般的母公司變更外，被戰時至戰後大為流行的「脫衣舞」搶走地位亦是一大主因。寶塚歌劇團一開始就以「清新、端正、優美」為口號和性感路線劃清界線。而OSK和SKD雖然也有同樣想法，但畢竟是晚了人家一步的「後進」，免不了會有無法與寶塚明顯區隔，或是無法徹底做出獨特性的問題。不過將西方的歌舞秀日本化並根植於觀眾心中是很有意義的，正因為有這三大歌劇團費盡心思爭奪第一，寶塚才能夠累積出百年的歷史。就歌舞秀而言，並非存者為勝，逝者為負。做為建立起一個時代的「藝術表演」，留在觀眾心中的才是最重要的。

非歌舞伎的時代劇——「新國劇」

所謂的「新國劇」，除了是曾號稱「演得讓男人也哭泣」而風靡一時的劇團團名外，也是一種戲劇的類型。明治維新以後，在大量傳入日本的新思想之中，基於「傳統的歌舞伎已過時，從現在起應該要創造令日本引以為傲的全新國劇」之概念，於是由完整翻譯了莎士比亞作品而聞名的文學家．坪內逍遙（1859～1935）為其命名，此劇團便在大正6（1917）年誕生。擔任團長的澤田正二郎（1892～1929）以暱稱「澤正」廣受喜愛，所演出之《國定忠治》、《月形半平太》、《關之彌太ppe》等戲碼描述了俠義世界及男人間的友情，讓他在當時的一大娛樂據點淺草恣意獨佔著巨星名號。在「戲劇是女人和小孩看的玩意兒」的社會氛圍中，為熱血男兒的俠義之心落淚這點，深深抓住了大正時期一般都會居民的心。

有人說演藝人員若出現「綽號」或「簡稱」就是一流，而我覺得這說法未必毫無道理。像一肩擔起淺草輕演劇（譯註：以娛樂為目的之輕鬆短劇、喜劇）的榎本健一（1904～70）被暱稱為「榎健」，以電影《座頭市》系列紅極一時的勝新太郎（1931～97）被稱為「勝新」等，都是很好的例子。「澤正」亦是如此受歡迎的一位演員，而坊間也確實存在很符合其新國劇團長形象的傳聞軼事。

大正12年9月1日接近正午時分，發生了「關東大地震」。這午間的地震帶來一場大災難，市區一帶有如大火燎原，死亡人數多達十萬以上。半個月後，為了鼓舞市民，澤正還在日比谷公園演出《勸進帳》。在那個時代，要由非歌舞伎演員演出須先取得市川宗家許可的歌舞伎十八番劇目《勸進帳》，根本是無法想像的事。不過此次情況特殊，新國劇總之是獲得了授權，據說所演出的《勸進帳》吸引了多達六萬名觀眾。還真是一則讓「男人・澤正」栩栩如生地躍然於人們眼前的軼事呢。

只可惜這位大明星在昭和4（1929）年僅

由新國劇的創立者・澤田正二郎所演出的月形半平太（照片提供：每日新聞社）

三十七歲時便離世。失去了招牌的劇團一時不知如何是好，而被指名為繼任者的是年輕的島田正吾（1905～2004）與辰巳柳太郎（1905～89）兩人。年僅24歲的他們獲得如此拔擢，壓力可是非比尋常，辰巳後來便吐露了當時的心聲說「那壓力之大令人難以承受，甚至讓我一度想在澤田老師的墓前自盡」。幸好此一清新又具對比風格的組合很受歡迎，讓許多對失去年輕首領的新國劇有好感的作家們，願意提供各種作品給他們演出。

於是這兩人除充分發揮所謂「動有辰巳，靜有島田」特色的作品外，也均衡地繼承了澤田所遺留之作，以男性觀眾為主，蓬勃發展。而之後雖也誕生出緒形拳（1937～2008）及若林豪（1939～）等明星，但他們後來都退團並另謀發展。過程中，儘管辰巳、島田這對知名組合拼命地守護老師所留下的劇團，但基於經濟問題，在昭和62年創立七十週年紀念公演成功結束後，該劇團還是走入了歷史。如此高潔清新，真正是名符其實的「男人的劇團」呢。

「大眾演劇」所指為何？

女形、舞蹈、眼神秋波……。雖能想像，但卻無法有明確的定義指出「這樣的東西就是大眾演劇」。說得極端點，明治以後，戲劇都是「大眾」的，因為不管是翻譯劇、歌舞伎，還是音樂劇，高度都一致。不過，在非正式劇場的「演藝場」、「健康中心」、「養生中心」等地方邊看邊吃些零食並且喝上一杯的被稱為「大眾演劇」，除此之外則稱為「戲劇」——這樣的異類共存感，不論有無意識，毫無疑問確實存在於觀眾心中。

回溯歷史，大眾演劇有兩股源流，由兩者匯流為一後，便成了現今的樣貌。江戶時代，歌舞伎若未獲得幕府許可，就無法以正式形式於劇場公演。但這樣的東西費用高，並非人人都能輕鬆入場觀賞。於是便漸漸有人開始利用神社或寺院的土地、廣場等，以類似今日所謂「二流」或「三流」的概念，由沒沒無名的演員們來

「大眾演劇祭」的海報（平成25〔2013〕年10月）

演出戲劇，像這樣的例子多不勝數。相對於獲得正式許可的歌舞伎，這些被稱做「宮地芝居」、「小芝居」，被視為是低一等的戲劇。他們從江戶、大坂、京都等三都至山村、漁村，組成劇團四處巡迴演出。也就是所謂的「Dosa mawari」（ドサ回り）、「旅芝居」。這些的觀賞費當然就很便宜，大家都能輕鬆看戲。甚至有些村子會提供固定的住宿給熟悉的巡演劇團，以之為農閒期的農村娛樂。而觀眾與演員的距離也很近，演完了還會坐在一起喝酒，真是不折不扣與大眾同在的戲劇呢。

大眾演劇的另一大源流始於大正時代。就如第292頁也有提到的，大正6（1917）年，澤田正二郎（1892～1929）以「與大眾一同半步半步前進的戲劇」為目標，提出所謂「半步前進主義」的明確想法，組成了名為「新國劇」的劇團。以人情物（譯註：以人情義理為主題的戲碼）及股旅物紅極一時的長谷川伸（1884～1963）的《瞼之母》、《一本刀土俵入》，還有行友李風（1877～1959）的《國定忠治》和《月形半平太》等作品都大為賣座，甚至衍生出如「女劍劇」等戲劇類型，大大擴展了領域。

這兩股源流的匯合時間雖無法明確界定，但基本上戰後歌舞伎曾一度因佔領軍的控制而無法演出，所以這肯定是在昭和20年代後期，大多數戲劇都可不受限制、自由演出的時代到來之後的事。在那之前，歌舞伎也經常拿長谷川伸的作品來演，但到了此時，同樣的作品卻因表演者而被明確劃分為不同類型。

在那之後，彷彿與歌舞伎的戲劇地位提昇成反比般，大眾演劇已被視為是較低等級的東西。但實際上，儘管歷經數度波折，至今仍有一百個以上的大眾演劇劇團在日本各地活動，尤其是九州地方，據說光是在九州巡演就夠你演上一輩子，足見其需求之多。

而大眾演劇被鄙視的理由有幾個。由於並非大成本的演出，在音樂的使用方面未經正式的權利關係處理便擅自亂用的劇團不在少數。而沒付演出版稅即擅自演出各戲劇作品的案例更是接連不斷。甚至還會應觀眾要求自行修改劇本，或是把兩個劇本結合起來即興演出。另外，雖與演出無直接關係，但演員與忠實觀眾關係越界的例子也相當多，有些會要求觀眾提供服裝或金錢。無法否認地，如此「馬虎隨便」的戲劇經營方式，正是它被鄙視、被說成「大眾演劇這種東西就是……」的主要原因。

不過換個角度想，在當今的戲劇表演中，最接近表演藝術之原始狀態的，就是大眾演劇了。在提及戲劇除歌舞伎外別無其他的江戶時代，不存在所謂的著作權，不論抄襲還是擅自演出都不會受到責難。而演員和忠實觀眾之間的醜聞也不是今天才有。因此就某個觀點而言，這也可以被視為江戶時代歌舞伎的部分樣貌殘存在今日的大眾演劇之中呢。

清新、端正、優美的百年「寶塚」

以「清新、端正、優美」的口號廣受喜愛的「寶塚歌劇團」，於平成26（2014）年迎接了自成立以來的第一百週年，它是生於日本的傲人表演藝術，總是吸引了大批粉絲。

而寶塚歌劇團的誕生，可追溯至大正2（1913）年於兵庫縣寶塚市開設度假設施、為阪急電鐵及今日的阪急阪神控股公司奠定了基礎的絕世製作人小林一三（1873～1957）所組織的「寶塚歌唱隊」。和當時由三越百貨負責經營的「三越少年音樂隊」（成為淺草歌劇大明星的田谷力三便曾隸屬於此團體）等類似，可算是一種企業「公益活動」的先驅。

由美少女們唱歌、跳舞的舞台很快就大受歡迎，於是成為關西地區一日遊的絕佳觀光景點。再加上附近有知名的有馬溫泉，透過鐵路運輸的有效利用，瞬間就吸引了大量觀眾。小林這個構想的厲害之處不僅在於反映時代潮流、演出歌劇，更在於設立其培訓機構「寶塚音樂學校」，除了紮實地打下演技及歌唱基礎外，還實施了讓女性能獨立自主的教育。在戰爭期間他也曾一度計畫要設立「寶塚歌劇團男子部」，但在過世前都沒能真正實現，於是此團便徹徹底底地成了「女之園」。她們分成幾個不同的「組」，以第一男角為頂點，接著是與之搭配的第一女角，有著極為嚴謹的等級順序。也正因如此，在演出時的舞蹈場景中才能看見井然有序的完美舞姿。

現在是由「月」、「雪」、「花」、「星」、「宙」共五組，以及不隸屬於任一組的寶塚歌劇團「專科」成員們，在華麗輝煌的舞台上為觀眾們散發魅力。她們的藝名多半都惹人憐愛，或者具有獨特音調，過去曾有過從《百人一首》和歌集的文字中挑選藝名的習慣。天津

寶塚歌劇團・月組公演《你好巴黎》的最後一幕
（昭和 30〔1955〕年 12 月。照片提供：每日新聞社）

乙女、淡路惠子、淡島千景、淀香步流（淀かほる）……等等都是以往寶塚的大名星，而這些藝名皆出自連取個名字都很講究、對明星形象有過徹底研究的小林一三之手。

寶塚的OG（Old Girl，即已離開寶塚的「學姐」）們有相當多都成了日本電影、戲劇等演藝界的優秀女演員，說是形成了一大脈絡也不為過。越路吹雪、新珠三千代、八千草薰、乙羽信子、濱木綿子、朝丘雪路、甲錦（甲にしき）、上月晃、安奈淳、鳳蘭、大地真央、黑木瞳、一路真輝、小玉愛（こだま愛）、真矢美樹（真矢みき）、天海祐希、和央陽佳（和央ようか）……等等，出眾者接連不斷。

長達百年的歷史並非總是一帆風順，除戰爭帶來的損害外，戰後東京寶塚劇場也曾經歷不自由的時代，為美軍所接收並改名為「厄尼派爾劇場」（Ernie Pyle Theatre），一度成為日本人無法踏入的劇院。此外昭和40年代亦有過一段低迷時期，不過就在這時，昭和時代的美男子代表——長谷川一夫（1908～84）為寶塚歌劇團執導人氣漫畫《凡爾賽玫瑰》舞台版一事掀起話題，形成一大熱潮。之後，《凡爾賽玫瑰》便成為寶塚的經典劇目，持續不斷地一再上演。

寶塚的戲演完後總會接著一段精心設計的秀，表演排舞或各國舞蹈，有時也會出現豔麗的日式服裝，而最後的壓軸莫過於寶塚最著名的「大樓梯」舞台裝置，在首席明星的帶領之下，大批美女一字排開的場面，真是華麗又氣勢非凡。基於此形式已持續一世紀之久，因此也應該稱得上是擁有足以與其他古典表演藝術匹敵的傳統。「古典表演藝術」聽來老調，不過最近去看寶塚公演的男性觀眾大幅增加，有些是特定女星的粉絲，但也有一些人是著迷於舞台的優美華麗。就日本娛樂領域的擴展而言，寶塚歌劇也是個美麗的文化呢。

始於明治時代的大阪家庭劇「曾我廼家劇」

關西地方的人似乎對搞笑特別感興趣。在電視節目的街頭訪問裡，關西人的回應有趣到超越一般的比例遠高於關東。詭異的是，「悲劇」在關東、關西沒什麼差別，但「喜劇」的差異卻很大。關東喜歡清爽單純的笑點，關西則偏好加碼再加碼的濃烈搞笑方式。而成為其根基之一的，就是單獨源起於關西的「曾我廼家劇」。此劇孕育出了昭和喜劇之王——藤山寬美（1929～90），且經過反覆多次的解散再整合，為延續至今的「松竹新喜劇」之起源。

明治37（1904）年，由曾我廼家五郎（1877～1948）與曾我廼家十郎（1869～1925）在大阪．道頓堀的浪花座揭竿，從演出以當時日俄戰爭為背景而由曾我廼家五郎自行創作的《無筆之號外》等戲碼開始。曾我廼家五郎、十郎這兩人本是歌舞伎的一般演員。由於一直沒找到合適的角色，完全紅不起來，在又急又氣的情況下，五郎便找了已先辭去演員工作的十郎搭檔，以「令人捧腹大笑的戲劇」為目標，創立了「新喜劇」劇團。而此團大受好評，隔年便初次上京，至東京的新富座演出。

雖說「曾我廼家」這樣的姓氏即使就藝名而言也仍屬罕見，不過由五郎、十郎的名字可知，這是借用自以日本三大復仇事件聞名之曾我兄弟的曾我五郎、曾我十郎。而就創造了延續至今的喜劇血脈這點來說，我想應該算是不負其名吧。昭和23（1948）年，曾我廼家五郎以七十二歲之齡辭世，承接其

大正 7（1918）年時的曾我廼家劇團成員。最前排中央為曾我廼家五郎

後的曾我廼家十吾（1891～1974）與第二代澀谷天外（1906～83）等人組成「松竹新喜劇」，於同樣位在道頓堀的中座揭竿公演，有了新的開始。

任何歷史悠久的劇團都擺脫不了反覆分裂、成員退出的命運。主要原因不外乎對劇團中所產生之明星演員的反彈、年輕團員對領導者政策的反對、經營上的問題、戲劇的方向性問題等。曾我廼家劇也不例外，女形演員的退出、成為「松竹新喜劇」後藤山寬美破天荒的超高人氣，以及為維持該人氣連續公演二四〇個月而導致許多團員筋疲力竭等，都是使之反覆分裂多次的因素。

而現在，以「新生松竹新喜劇」之姿，累積超過百年歷史的「大阪的喜劇」仍持續為許多觀眾帶來歡樂。

於明治時代首演的「日本歌劇」

如今，德國及義大利等的正宗歌劇會跨海來日演出，而日本的觀眾可選擇自己想看的劇目。雖然票價貴者動輒超過五萬日圓，不過考慮到飛去歌劇原產地歐洲要花的時間和力氣，這還是便宜得多。比起其他的舞台藝術如音樂劇或歌舞伎等，歌劇的觀劇人口或許較少，但與三十年前相比也還是增加了很多。

日本的第一部創作歌劇上演於距今超過一百年前的明治38（1905）年的歌舞伎座，而主演的是當時自稱市川高麗藏的第七代松本幸四郎（1870～1949）。該次演出的作品為《露營之夢》，還留下了口碑不是太好的記錄，我想日本觀眾還未培養出可輕鬆接納歌劇的基礎應是其一大主因。而之所以選擇由歌舞伎演員演出歌劇，就方法論來說或許是錯了，但這想必是著眼於他們已懂得舞台的發聲方式，以及身為專業演員的即戰力。

在《露營之夢》中飾演軍曹．倭勇夫的第七代松本幸四郎

接著十三年後，大正7（1918）年，在當時的娛樂中心淺草，「原信子歌劇團」以田谷力三（1899～1988）等人為核心舉行了第一次公演，算起來這「淺草歌劇」的盛行時機似乎還

挺早的。不過第一部創作歌劇由歌舞伎演員來演這件事，確實令人驚訝。之後，雖然國外作品不斷輸入，但昭和4（1929）年在歌舞伎座還是有坪內逍遙所創作的歌劇《墮天女》採用山田耕筰的作曲，並由四家文子（1906～81）、奧田良三（1903～93）等聲樂家演出。就來自純粹音樂家的歌劇這層意義而言，此作品可能比明治時期的《露營之夢》更正統，但《露營之夢》的價值在於早在二十五年前就已有相同構想。後來到了昭和9年，由「世紀男高音」藤原義江（1898～1976）創立的「藤原歌劇團」於日比谷公會堂舉行首度公演，演出的是國外的作品《波希米亞人》。

隨時代演進，接著陸續誕生出一些「日本產」的歌劇作品，有些甚至也到國外演出。平成9（1997）年，新國立劇場落成於東京．初台，除了戲劇用的劇場外，還蓋了一個「歌劇院」。而此時距離《露營之夢》的演出，已過了九十五個年頭。

過了百年也還是「新劇」

直到江戶時代為止，「戲劇」就是指歌舞伎，因為根本沒有其他類型的戲劇存在，不過到了明治時期，當西方思想湧入，西化的浪潮也席捲了劇場界。

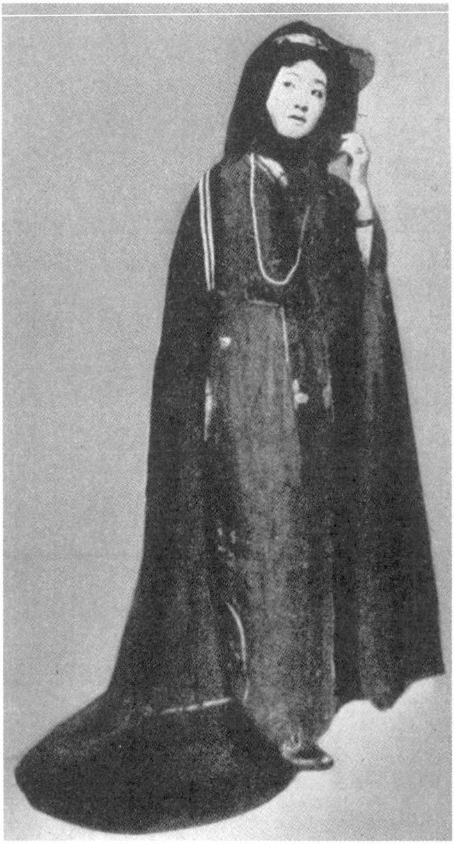

在文藝協會第三次公演（明治45〔1912〕年5月，有樂座）中扮演瑪格達的松井須磨子

明治21（1888）年12月，自由黨壯士——角藤定憲（1867～1907）在大阪以「大日本壯士改良演劇會」之名，展開訴說當時「不平士族」（反對明治政府的前武士們）之困境的「壯士劇」。相對於自江戶時代以來的傳統歌舞伎為「舊派」，這樣的戲劇被稱做「新派」，接著三年後的明治24年，又有川上音二郎（1864～1911）以戲劇改革為目標所發展的「書生劇」，然後一路經過反覆多次的解散再整合，做為現代劇團新派的

戲劇延續至今。由於以當時流行小說為基礎的德富蘆花的《不如歸》和泉鏡花的《婦系圖》等爆紅，於是新派開始以藝妓及花街柳巷為題材，專演描述男女情愛、人情義理的戲劇作品，昭和時有川口松太郎提供《明治一代女》、《鶴八鶴次郎》等名作，而這樣的路線至今依舊沒變。

明治時，歌舞伎界也曾一度有過因「過去的古板戲劇已行不通」故發起追求寫實主義的「演劇改良運動」，結果卻不受觀眾好評的時期。在這樣的過程中，上演西方戲劇的想法逐漸萌芽，開始有人演出今日仍稱做「新劇」的翻譯劇、話劇等。

詩人．島村抱月（1871～1918）創立「文藝協會」，然後在東京的本鄉座演出由坪內逍遙所譯之《哈姆雷特》是明治40年時的事。這應可視為是外國戲劇正式在日本上演的開端。但這並不表示之前都不曾上演過國外的戲劇作品。以莎士比亞的作品來說，《威尼斯商人》於明治15年在大阪的戎座演出那次是在日本的首演。不過在那次和之後的演出中，所有出場角色都是日本人，亦即是將原作「改編」成以日本為背景的故事（依據原作，維持基本架構不變，只將出場角色改成日本人的做法），並非原作之翻譯演出。

明治41年，第二代市川左團次（1880～1940）在明治座演出了《威尼斯商人》。這次演的雖然是外國戲劇，但演出人員以第二代市川左團次為首，包括市川翠扇等，全都是與歌舞伎有關的人。當時在其他領域的「演員」還沒有什麼成長，而左團次是個有創新思維的人，他到國外考察表演戲劇後大受刺激是促成此次演出的一大主因。

之後伊庭孝（1887～1937）與上山草人（1884～1954）等創立近代劇協會，島村抱月與松井須磨子（1886～1919）等組成藝術座，接二連三地誕生出許多以上演近代劇為目的之戲劇團體及劇團。這些便是所謂「新劇」的先驅。而至今仍為近代戲劇演出基地的，是大正13（1924）年由小山內薰（1881～1928）及土方与志（1898～1959）等做為同好團體所發展出的「築地小劇場」。此後，有無數多的劇團創立又湮滅，重複著聚散離合，直至現代仍以「新劇」之名持續活動。

距離《哈姆雷特》的第一次演出已有近一百三十年，在戲劇界人士之中也經常傳出「現在應該已經不能算是新劇了吧」這類意見，但或許是因為沒有其他更合適的名稱可替代，所以就這樣一直沿用至今了。而現在被稱做「新劇三大劇團」的文學座創立於昭和12（1937）年，俳優座是昭和19年，劇團民藝則是昭和22年，都已是擁有六十年以上歷史的劇團。另外還有昭和17年創立的文化座，以及從歌舞伎分出且非專演新劇的劇團前進座創立於昭和6年等，這些歷史悠久的劇團今日都仍在持續活動。

經歷第二次世界大戰後，「新劇」所處的環境有了很大變化。受到美軍進駐的影響，歐美新作的上演變得更為容易。再加上既有劇團的明星系統色彩益發濃厚，由明星演出舊作或名作的頻率增加，其方向已與原本「創造新戲劇」之目標不同。

對既有劇團的反抗與排斥也開始產生。昭和42年有唐十郎（1940～）在新宿的花園神社搭起紅帳棚，演出《腰卷御仙——義理人情伊呂波耳本部止篇》，而昭和44年則有寺山修司（1935～83）組織起「天井棧敷」等，所謂「地下的」戲劇運動一邊與日美安保抗爭及學生運動相互關連，一邊展現出新的趨勢。之後更有齋藤憐（1940～2011）、塚公平（つかこうへい，1948～2010）、野田秀樹（1955～）等新的青年俊陸續出現，獲得年輕人的支持，進一步擴大了戲劇的範疇。

而時代從昭和變遷至平成，雖然不論是做戲的還是看戲的，「新劇」的感覺都已然淡薄，但追求「符合時代的戲劇」之精神則是十分活躍。姑且不論名稱如何，摸索與挑戰確實仍在繼續。

也曾存在於歌舞伎中的「女優」

若從教科書的角度來思考日本的女優（即女演員）的歷史，應該就會追溯到被稱為「歌舞伎始祖」的出雲阿國吧。但由女性演出歌舞伎的「遊女歌舞伎」在江戶時代的寬永年間（1624～44）被禁，之後歌舞伎都是由女形（即男扮女裝反串演出者）來飾演女性角色。

很久以後，明治32（1899）年，川上音二郎的劇團到美國舊金山公演時，曾為日本橋芳町藝妓的其妻貞奴（1871～1946）因女形演員生病而上台代打並成功完成演出，就此成了「第一號女優」。但據說實情是，代打上場是真的，不過原因不在於女形生病，而是因為在舊金山「男人穿女裝演戲不被接受」，所以才出此下策。不管怎樣，日本的女優以「代演」身分踏出第一步的記錄確實存在。

刊載於法國漫畫雜誌《Le Rire》上的川上貞奴（1900年9月13日號）

另一方面，明治21年，也曾有位女性（1883～1905）以坂東喜美江之名，並以童星之姿，站上由第九代市川團十郎擔任團長之東京・新富座的舞台，後來還襲名為第三代坂東玉三郎。

算起來這位女性其實是比貞奴更早站上舞台的歌舞伎女優呢。第三代的玉三郎在明治37年，也曾為了美國的萬國博覽會赴美，但卻以二十二歲的青春之齡病死於美國。不可思議的是，美國的萬國博覽會竟與近代日本女優的誕生有所關連。大概是因為歌舞伎，或者藝妓的嬌豔風姿及日本舞蹈在國外受到矚目的關係吧。

而此時期在日本國內，也有被稱做「女役者」（即女演員）的女性演出歌舞伎。最有名的就是「市川九女八」（也寫做「市川粂八」。1846～1913），第一代以第九代團十郎的表演風格為賣點，故亦有「女團洲」之稱。所謂「團洲」，是團十郎的別名。明治26年她四十七歲，當上位於東京神田之三崎座的女性劇團團長，而直至大正2（1913）年於舞台演出中以七十八歲之齡猝死為止，她一輩子都過著女演員的生活。晚年曾於川上音二郎、貞奴夫妻所開設的女演員培訓班擔任講師，和貞奴並非毫無關連。甚至，就貞奴被認同為女優前她就已確立其「女役者」地位這點而言，九女八才是前輩。但不知為何卻沒被列在教科書上。

一直到昭和初期左右，「女優」都被認為是低賤的職業。就拿第一代水谷八重子（1905～79）為例，她不僅是劇團新派的中流砥柱，還與杉村春子（1906～97）、山田五十鈴（1917～2012）一同被稱做昭和三大舞台女優。大正10年，於十六歲時參與了電影《寒椿》的演出，但當時她所念的高中卻為了公開姓名一事對她施壓，結果後來用的「覆面令嬢」（蒙面千金之意）名稱反而更引起話題。在藝妓和女優還被混為一談的時代，什麼良家婦女去演電影、戲劇這種事，根本是無法想像的。之後，大正13年，約莫在小山內薰等人創立做為日本新劇發源地的「築地小劇場」時，後來成為日本著名女優的山本安英（1902～93）、東山千榮子（1890～1980）、杉村春子等班底便開始嶄露頭角。而這些女優的出現，也正是在她們被視為職業婦女先驅的時期。

不過鄙視女優的時代尚未結束。昭和25（1950）年，以電影《直到再見面的那一天》裡一幕透過玻璃的吻戲大大掀起話題的女演員久我美子（1931～）本是名門貴族，是一位從族譜可追溯至村上天皇的高貴侯爵家千金。明明貴族制度已經崩解，為了生活成為女演員時，卻仍因「貴族千金竟成女優！」而成了社會上的一大話題。這可不是明治、大正時期的事，這可是昭和年間的事呢。女優及女偶像等能夠為人們所熟悉並自由散發光彩，已是戰爭結束後好一陣子的事，就此意義而言，「女優」其實只有六、七十年左右的歷史。而在那之前曾有過的，是前輩們努力克服所遭受之輕蔑與歧視、困苦的過程。

明治時代的「演劇改良運動」

在日本試圖一舉西化的過程中，發生了一件大事。明治5（1872）年，狂言作者・河竹默阿彌（1816～93）與守田座的老闆・第十二代守田勘彌（1846～97）等被叫去當時的東京府，受到指示說「別老是演一些荒謬愚蠢的戲，要改以『勸善懲惡』的內容為主」。亦即要放棄「虛假的戲」，轉而演出更貼近現實的戲，若能同時具教育性那就更好了。

而以此為契機，「應忠於歷史考據」的寫實主義思想也擴及至歌舞伎領域，結果便興起了從明治15年延續到20幾年的「演劇改良運動」。

像第九代市川團十郎（1838～1903）就鼓吹所謂「用戲劇呈現活生生的歷史」之意的「活歷」，將出場角色改為真名，服裝及化妝等也都盡可能貼近史實，試圖演出不受歌舞伎傳統慣例束縛的作品。雖然當時也有許多有識之士提供作品讓他演出，但看慣了江戶時代傳統歌舞伎的觀眾們都覺得「無聊」，因此口碑不佳。不過此時由團十郎等人所企圖實現的寫實主義，換了個形式，其精神還是傳承到了現代的歌舞伎之中，嚴格說來並非真的一無是處。

「演劇改良運動」的顛峰，應是在外務大臣（譯註：相當於台灣的外交部長）井上馨之官邸演出「天覽歌舞伎」的時候。正因為有此運動，由江戶時代被鄙視為「河原乞食」（譯註：基於歌舞伎源自京都的四條河原地區，而乞食即乞丐之意，故「河原乞食」就是對歌舞伎演員的一種輕蔑稱呼）的人們所演出的戲劇，才得以供天皇陛下觀賞。只可惜它並未留下太多表面上看得見的明顯成果，不過就如前述，其精神換了個形式，仍為今日之歌舞伎所承襲。

明治時代最具代表性的歌舞伎演員・第九代市川團十郎

第九代團十郎等演員們為了創造符合時代潮流的歌舞伎，而以歌舞伎界之外的有識之士為顧問，參考了各種意見，才成功為著重「荒唐無稽」的江戶時代歌舞伎注入了現代人也能理解或產生共鳴的「心理描述」。儘管在當時未受好評，但若沒有這次的運動，今日的歌舞伎很可能會變得更難理解。

現在的「角色內心」，亦即歌舞伎所謂的「根性」或「肚」的概念，也是在這個時候開始變得更為顯著、更受重視。這就是任何表演藝術再怎麼歷史悠久，都不得不隨時代變化調整樣貌的一個最好例子。

因對抗歌舞伎而形成的「新派」

約莫從明治時代開始，劇場界就已有不少人覺得「歌舞伎很迂腐、老調」。而追求歌舞伎現實化的「演劇改良運動」及西方戲劇的傳入，應該是他們浮上台面的主要原因。此外就如第306頁所述，當時被稱做「壯士」的年輕思想家們將歌舞伎視為「舊派」，發起了運動，要創造可與之對抗的新戲劇。明治21（1888）年在大阪的新町座，由角藤定憲（1867～1907）等人創立「壯士劇」，演出了《勤王美談上野曙》等戲碼。這就是延續至今的「新派劇」

之開端。

接著三年後，在東京的中村座，由川上音二郎（1864～1911）所帶領的劇團演出了《經國美談》、《板垣君遭難實記》，並演唱 Oppekepe-bushi（オッペケペー節），結果大受歡迎。像這樣反映社會狀況、煽動盛行於當時的「自由民權運動」等行為，對一般民眾來說十分新鮮，也獲得了許多支持。由於這類戲劇又被稱做「書生劇」，可見這些人都沒有什麼深厚的演戲經驗，但想必是他們具新時代氣息的能量，讓觀眾們感受到了對未來的光明期望。之後，這樣的劇團相繼創立，反覆經過多次的解散再整合，直到今天，「新派劇」已有一百二十年以上的歷史。

在《假名屋小梅》中飾演小梅的花柳章太郎（右），與飾演一重的喜多村綠郎（昭和28〔1953〕年3月．新橋演舞場）

明治28年在淺草座，當時炙手可熱的作家泉鏡花的小說《義血俠血》被改編成《瀧之白系》，由川上音二郎、藤澤淺二郎（1866～1917）等人演出，而這可說是新派戲劇第一次的重大方向轉換。隨後於明治31年，大約從尾崎紅葉的小說《金色夜叉》上演開始，新派劇便改以男女錯身而過的悲劇、因貧富差距而分離等為中心主題，快速成長為廣受女性喜愛的戲劇類型之一。由喜多村綠郎（1871～1961）及河合武雄（1877～1942）所演出的《己之罪》於大阪朝日座大賣座一事奠定了此一評價。而德富蘆花的小說《不如歸》、菊池幽芳的小說《乳姊妹》等暢銷作品的接連推出以致於誕生「新派大悲劇」一詞，也是明治末期的事。其中最具決定性的，應可說是明治41年以伊井蓉峰（1871～1932）所演的早瀨主稅、喜多村綠郎所演的阿蔦為主角的泉鏡花之《婦系圖》的上演。這齣戲添加了原作小說所沒有的「湯島境內」一幕，而其中的「分手吧、斷了吧是做藝妓時說的話啊」這句台詞可是紅到讓模仿藝人大賺一筆的程度。

勢不可擋的新派在年輕貌美的女形．花柳章太郎（1894～1965）、新人女演員．水谷八重子（1905～1979）的加入之下，呈現絕佳狀況，堪稱所向無敵，一度人氣凌駕歌舞伎。但任何劇團只要時間久了，就一定會因內部權力鬥爭、對劇目或劇團營運方式意見相左等而反覆發生主要成員退出或再次加入、分裂等事情。新派當然也不例外，昭和40（1965）年花柳章太郎於正月公演時過世，接著昭和54年為新派支柱的女演員水谷八重子也離世。之後從歌舞伎及商業戲劇等邀來演員持續公演，昭和62年在新橋演舞場從東寶迎來山田五十鈴（1917～

2012），盛大舉行了「創立一百年記念公演」。

雖然好像一時失去了光環，但川口松太郎、北條秀司、中野實等代表了昭和的劇作家為新派所留下的經典劇目依舊健在，於持續演出《明治一代女》、《鶴八鶴次郎》、《太夫桑》、《明日的幸福》等戲的同時，他們努力將演技傳承給年輕一輩。「越是新穎就過時得越快」這一宿命，適用於所有事物。走在時代尖端的表演藝術累積了一個世紀以上的歷史，已可算得上是「古典」。更何況明治及大正的生活與倫理對現代觀眾而言很多也都已不再通用。此時到底該摸索出什麼樣的道路？又該如何一邊貼近時代一邊將當初誕生出新潮流的思想反映於舞台？新派所面臨的課題雖沈重，但所有其他表演藝術也都是如此。

從江戶到明治的「劇場」的變遷

日本第一個固定式的劇場出現在寬永元（1624）年，是由第一代中村勘三郎（1598～1658）獲得幕府許可後開設於江戶・日本橋的「猿若座」（後來改稱「中村座」）。但這時的劇場還只是在舞台和名為「棧敷席」的觀賞座位上方加個屋頂而已，似乎是靠自然光來上演歌舞伎。劇場變成如今日的「建築物」形式，約莫是在那之後一百年的享保8（1723）年時的事。在為火災所苦的幕府指導下，此時的劇場是「以屋瓦為頂，且牆壁上有塗料」的建築，防火性提升不少。大約從這個時候開始，劇場便增加了蠟燭等室內照明，也開始設置有「花道」（譯註：在歌舞伎劇場中專供演員上下場用，穿越觀眾席並連接舞台的通道）。不過從當時的錦繪（譯註：一種彩色的浮世繪版畫）看來，那時的花道不像現在都是靠近舞台下手（即舞台左側）處，也有從中央突出的設計。此外還會建造名為「羅漢台」的設備，好在客滿時供觀眾登上舞台從演員後方觀賞演出。

香川縣琴平町有個從江戶時代留存至今的「金丸座」，每年會上演一次「金比羅歌舞伎」。此劇場建造於天保6（1835）年，內部被分隔成許多長方形的「升席」（一人一格的觀眾席），而觀眾和負責遞送便當或糕點零食等被稱做「御茶子」的女性，都是走在這些分隔席位的板子上。此光景至今未變。

在歌舞伎座等劇場裡，於一樓、二樓觀眾席的左右兩側（稱為「東西」兩側）都設有稱為棧敷席、如掘炬（即凹槽式日式暖桌）般的座位。本來像這樣的劇場，或者應該說是小戲館，就算舞台上正在演出戲碼，觀眾也可自由飲食，而據說待在舞台側邊負責敲打拍子木以製造巨大音效的「Tsuke」（ツケ），正是為了讓忙著聊天、吃東西而沒在看戲的觀眾能好好把視線集中於舞台所安排的。

如今日般坐在椅子上看戲的劇場形式，是從明治維新後西洋文化迅速傳入後才有。以明治5（1872）年原在淺草・猿若町的守田座遷移至新富町，並於落成時設置了椅子觀眾席為其開端。之後西式的劇場便越來越多，而可讓人追思過往風貌的，就只剩下熊本縣山鹿市的八千代座及愛媛縣內子町的內子座等位於地方的老式劇

客滿的中村座（出自歌川豐國的《三芝居之圖》）

場，還有少數留存在東京都內的幾個「演藝場」而已。

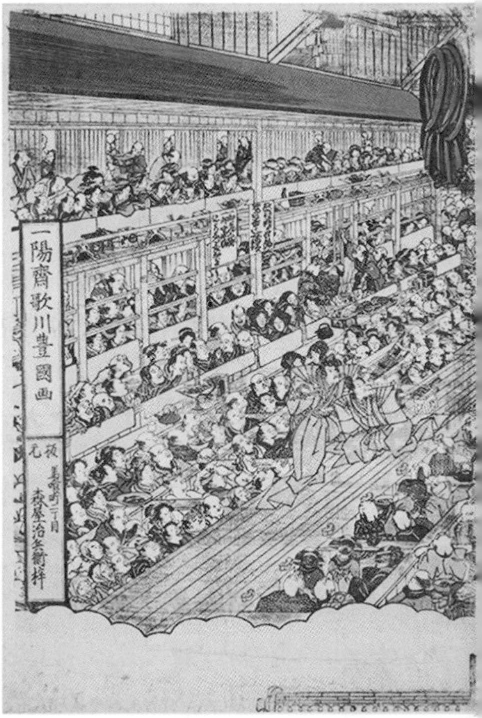

什麼是「歌舞伎」？

「歌舞伎」是日本引以為傲的世界級古典表演藝術。雖然仍有很多人覺得它門檻高，不過研究歌舞伎的外國學者可是增加了不少。那麼，這「歌舞伎」到底該怎麼說明才好呢？從字面上看來為「歌」、「舞」和「伎」，所以讓人忍不住朝向「有歌、有舞、有演伎」（譯註：「伎」通「技」字）推論，但其實這些字都是後來借用的同音別字。所謂的「歌舞伎」（Kabuki），是從「傾く」（Kabuku）這個動詞名詞化成「かぶき」（Kabuki）而來。那「傾く」又是什麼呢？

被認為是歌舞伎始祖的出雲阿國

用現代的說法就是「怪異的外觀舉止」，亦即以誇張華麗的打扮做出古怪的行為。從描繪了教科書版本的「歌舞伎始祖」——出雲阿國（生歿年不詳）的《阿國歌舞伎圖屏風》看來，她脖子上掛著仿照十字架的項鍊，並以男裝打扮跳著念佛舞蹈。而且據說阿國是出雲大社的巫女。侍奉神明的女性竟跳起佛教舞蹈，還穿著如基督教徒般的服裝。依據各種資料顯示，當初的歌舞伎或許是類似歌舞秀的產物。觀眾當然以男性為主，而且一旦看到喜歡的舞者，便可去交涉以決定當晚是否一起共度。像這樣的舞團不只有出雲的阿國，在京都鴨川的河原也有好幾個。但這是一種非正式、未經許可的賣春，不方便明目張膽地舉行，當然也就被官府禁止了。不過後來又有人聚集了一堆美少年，開始做同樣的事。當時同性戀相當盛行，比今日更普遍為人們所接受，而改以十四、十五歲的美少年為對象，主要目的不變的做法，終究也還是被禁了。後來官府便發佈命令說這種活動「只能由已完成成年禮的成年男性進行」。於是費了好一番功夫的結果，便是由男性演出女性角色的女形登場，並將較領先的表演藝術「人形淨瑠璃」的劇目也拿來給歌舞伎演出，就這樣延續至今。

可是，「歌舞伎到底是怎樣的戲劇呢？」要清楚回答這問題可是相當困難。有人說歌舞伎就是「日本版的音樂劇」，但這並不正確。歌舞伎的音樂最多只能算是伴奏，並不追求歌曲及音樂本身的戲劇性與訊息性。若是牽強地說成「時代劇」，又會有人說「那《水戶黃門》、《大岡越前》也都是歌舞伎囉？」而就算說是「有女形演出的戲劇」，但現在也有很多除歌舞伎演員以外的女形存在。由於江戶時代庶民能看的戲劇就只有歌舞伎，因此「戲劇＝歌舞伎」的邏輯不會有任何問題，可是到了明治時代以後幾乎是什麼都出現了、什麼都有，於是就變得無法準確分類，甚至讓人覺得分類也沒什麼意義。

歌舞伎就是「在隨時代改變樣貌的同時，將所處的時代搬上舞台，且以日本傳統音樂與女形為必須的一種戲劇」——我們或許可以這樣定義。近松門左衛門（1653～1724）在遊女與手代（即夥計、員工）的殉情事件發生三週後，便將之搬上人形淨瑠璃的舞台。以沒電視、沒廣播，更沒網路等的時代而言，這樣的速度是非常快的。赤穗浪士的襲擊事件也是在完成義舉的十二天後即成為戲劇，只不過三天後就因「對上不敬」的理由被迫停演……。對江戶時代的人們來說，今日被稱做「世話物」的庶民故事相當於他們的現代劇，而「時代物」就是時代劇。因此適度加上嘲諷與怒罵的辛香料，在舞台上吶喊出庶民心聲的，應該就是歌舞伎的本質。

當然，歌舞伎的要素並不只有這些。包含各種細節在內，正因有前人們在超過四百年的歷史中不斷累積，歌舞伎才能在今日以古典表演藝術之姿獲得好評。

「人形淨瑠璃」與「歌舞伎」的差異

「人形淨瑠璃」與「歌舞伎」之間到底存在有什麼樣的關係呢？人形淨瑠璃也稱做「文樂」，而這是因為第三代的植村文樂軒於明治5（1872）年，在大阪建造了人形淨瑠璃的專用劇場「文樂座」結果大受歡迎，因此之後「文樂」便成了人形淨瑠璃的代名詞。就此意義而言，「文樂」可算是新詞彙。

從歷史的角度來看，最早出現的是屬於說唱藝術的「淨瑠璃」。一開始的並不是三味線音樂，而是由琵琶法師所口述的一種叫「平曲」的東西。十六世紀時，由於描述牛若丸與淨瑠璃御前之戀的《淨瑠璃御前物語》（也被稱做《十二段草紙》）廣受喜愛，於是便有人開始以同一調子來講述其他故事，而這些故事就都被統稱為「淨瑠璃」。

慶長年間（1596～1615），以之前經由琉球傳入大坂的三味線演奏之淨瑠璃與人形（即人偶）的動作結合，「人形淨瑠璃」的歷史便從此展開。

於十七世紀末的貞享元年（1684），在大坂．道頓堀，竹本義太夫（1651～1714）創立了竹本座，以近松門左衛門（1653～

《曾根崎心中》裡的一幕

1724）所寫的腳本搭配竹本義太夫的三味線，並由操偶師辰松八郎兵衛（？～1734）等人操縱人偶，亦即用「三味線」伴奏，配合「義太夫的調子」來操縱「人偶」的「三點組合」成立，形成了「人形淨瑠璃」的原形。

此後隨著《曾根崎心中》、《心中天網島》等近松作品大受歡迎，這人形淨瑠璃便成為江戶時代的一大表演藝術。當時，追求故事性的歌舞伎想到將人形淨瑠璃的熱門作品轉移為歌舞伎演出，之後兩者就互為競爭對手，在歷史上重複著你消我長的過程。

原本由人偶演的作品改成由真人來演，既然尺寸不同，劇場的大小規格及結構也就不一樣，這除了促進日本的劇場發展外，有些以人偶無法表現的，透過歌舞伎就可以表現出來。舉個例子，在人形淨瑠璃中，角色的台詞是由稱做「太夫」的說話者負責，通常由一人，至多也不過三人來負責講述所有角色的台詞。但在歌舞伎裡，所有出場角色都可用真人的自然嗓音講述台詞。另外隨著人偶技術的進步，人偶的操作不再只是一人操作一尊，由三人操作一尊的「三人遣」於十八世紀前半成熟後，依設計不同，操偶師們可瞬間變換人偶的表情，能夠充分利用機械裝置做出特殊效果。但歌舞伎主要是靠化妝，所以很難瞬間改變表情。像這些差異都不是它們本身的優劣問題，而是做為一種藝術表演之所以能成立的基礎。

就這樣，許多作品都在人形淨瑠璃與歌舞伎之間往返交流。從人形淨瑠璃轉移至歌舞伎的通常稱做「義太夫狂言」或「丸本物」，現行之歌舞伎演出作品有百分之八十左右都來自人形淨瑠璃。而俗稱「時代物」的《假名手本忠臣蔵》、《菅原傳授手習鑑》、《義經千本櫻》、《妹背山婦女庭訓》、《伊賀越道中双六》、《平假名盛衰記》等名作很多也都是如此。不過除此之外亦有所謂的「純歌舞伎」，亦即專為歌舞伎創作出來的作品。以第四代鶴屋南北（1755～1829）的《東海道四谷怪談》、《櫻姫東文章》為首，包括歌舞伎十八番的《勸進帳》、《助六由緣江戶櫻》、《鳴神》等，還有河竹默阿彌（1816～93）的《青砥稿花紅彩畫》（俗稱《弁天小僧》）及《与話情浮名横櫛》（俗稱《刀疤与三》）等。

從江戶晚期至幕末，鶴屋南北與河竹默阿彌等狂言作者登場，他們所創作的不再是以歷史事件或人物為題材編織出的「時代物」，而是生動地描寫了住在江戶市街之庶民生活的當時的現代劇「世話物」，而這樣的內容為之後的歌舞伎界開創了一大主要路線。這一系列的世話物幾乎都算是純歌舞伎。在當時的話語輕鬆幽默地一來一往的過程中描寫出細微人性及男女情愛的這種戲劇，與沈重的義太夫調子不合，相對於義太夫狂言盛行於「上方」（譯註：指京都、大阪一帶。古時以天皇所居住的首都為「上」，故稱該地區為「上方」），可說是充分汲取了以新興都市之姿抬頭而獲得力量的江戶的獨特氣息。

今日，這兩者都不只有古典作品，在新作品的創作方面也一直都投入了不少力氣，畢竟被盛讚為名作的古典作品，在首演時也都是新作。雖說無法否認地，大部分作品都誕生於江戶至明治時期，不過平成之後也還是有新作品出現，而且很有可能成為古典而流傳於後世。儘管人形淨瑠璃與歌舞伎互為競爭對手，但它們支撐著日本古典表演藝術的結構依舊不變。而「世界無形遺產」的價值固然是有，但若不重視與庶民同在的藝術表演特性，便會立刻失去魅力。人形淨瑠璃也好，歌舞伎也罷，都同樣懷抱著如此風險呢。

「江戶歌舞伎」與「上方歌舞伎」的差異

或許有人會懷疑，真有需要刻意區分「江戶歌舞伎」與「上方歌舞伎」嗎?在東京・東銀座之歌舞伎座演出的歌舞伎，和在大阪・道頓堀的松竹座演出的歌舞伎，有何不同呢?其實現在幾乎已經沒什麼差異了。但嚴格來說，在約莫五十年前，「上方歌舞伎」曾一度絕跡。畢竟不是建築物之類具體的東西，故無法確定日期，不過若是硬要指出一個時間，那應該就是在昭和42（1967）年6月，第十三代片岡仁左衛門（1903～94）一系列自主公演的「第五回 仁左衛門歌舞伎」落幕的瞬間。

昭和30年代後半，儘管東京的歌舞伎界因第十一代市川團十郎（1909～65）的襲名而振奮，關西的歌舞伎卻是面臨著嚴重衰退。其中以「上方歌舞伎的燈不能滅」為職志的仁左衛門及第二代中村鴈治郎（1902～83）等人為中心，於昭和33年組成「七人之會」來舉行歌舞伎公演，但只演了三次。這進一步促成了昭和37年「仁左衛門歌舞伎」的誕生。而鴈治郎則在這個時期以專屬演員的身份離開了松竹，改以電影演員之姿留下多部傑作。曾於昭和33年演出由市川昆（1915～2008）所導演的《炎上》，以及由成瀨巳喜男（1905～69）所導演的《鰯雲》，

道頓堀・角座的熱鬧喧囂。於右側可見《双蝶蝶曲輪日記》的看板（出自《攝津名所圖會》第四卷）

榮獲藍絲帶最佳男配角獎等共七個電影獎項，就電影演員而言也獲得了很高的評價。

就這樣像梳子的齒逐一斷落般，在關西的演員們一個個離開的過程中，「就算把自家房子賣了也要演歌舞伎」的滿腔熱血促成了名為「仁左衛門歌舞伎」的自主演出。然而再怎麼有熱忱，這還是僅限於一個人的力量範圍，只要影視娛樂公司松竹沒有意願，就起不了什麼作用。昭和54年，第二代澤村藤十郎（1943～）以「關西的歌舞伎培育會」為名，在道頓堀的朝日座舉行自主演出，而這時松竹終於也認知到歌舞伎在關西地區的重要性，於是得以從平成4（1992）年起以「關西歌舞伎愛好會」的形式存續至今。

這裡所說的「上方歌舞伎」，是指「住在關西的演員，於關西的劇場公開演出上方歌舞伎的劇目」。現在雖有片岡愛之助（1972～）及其父．片岡秀太郎（1941～）等將據點設在關西，以上方演員的身份活躍在歌舞伎界，但從歌舞伎演員的總數看來其比例是非常低的。

歌舞伎的入門書通常都會寫說「江戶歌舞伎以荒事（即武打戲）為特色，上方歌舞伎則以和事（即戀愛戲）為特色」但其實事情並沒有那麼單純。「荒事」是以超級英雄的活動為中心，以臉上化了稱做「隈取」之華麗妝容的演員登場演出的《暫》等劇目為代表，而「和事」則以《吉田屋》中的伊左衛門那種專事玩樂的上方大少爺等為象徵，不過這只是其中的一個面向，並不是可明確區隔上方與江戶的一條界線。

「歌舞伎誕生於江戶」是人們對歌舞伎最大的誤解之一。就歷史而言，歌舞伎始於上方發源之相關表演藝術・人形淨瑠璃，其劇目為歌舞伎所用，而後由真人演出的歌舞伎大受歡迎，成了歌舞伎的開端。在歌舞伎歷史的早期階段，上方的興盛程度遠非江戶可比，多數既優雅又細緻。當時誕生了許多以義太夫調子為伴奏的所謂「義太夫狂言」劇目，並獲得了熱情支持。在這樣的環境中，有近松門左衛門（1653～1724）創作出多部名作，包括元祿16（1703）年的《曾根崎心中》，以及《心中天網島》、《國性爺合戰》等，此外延享3（1746）年、4年、5年連續三年還因為第二代竹田出雲（1691～1756）、三好松洛（1695～1771？）、並木千柳（宗輔。1695～1751）這三人組的聯手創作，而得以連續上演《假名手本忠臣藏》、《義經千本櫻》、《菅原傳授手習鑑》這三大名作。寶曆8（1758）年更有上方的狂言作者・並木正三（1730～73）發明出「旋轉舞台」等，那時歌舞伎的中心可是在上方呢。在道頓堀有被稱做「道頓堀五座」的中座、角座、浪花座、朝日座、弁天座等劇場並立（現在都已關閉），顯得一片欣欣向榮。

儘管與江戶的歌舞伎也有所交流，不過江戶歌舞伎的戲劇性大幅提高是在以《東海道四谷怪談》及《櫻姫東文章》等作品聞名的第四代鶴屋南北（1755～1829）登場之後的事。更何況鶴屋南北還是在其四十六歲，於享和元（1801）年創作《天竺德兵衛韓噺》時，才成為能夠撰寫戲劇核心部分的所謂「立作者」，這時已進入十九世紀。接著河竹默阿彌（1816～93）的登場，讓江戶的歌舞伎突然獲得一股巨大力量。

這兩人所留下的作品都被稱做「世話物」，內容生動地描寫了江戶居民們的生活樣貌，而比起義太夫，這和強調三味線音樂的長唄（譯註：三味線音樂的一種，正式名稱為「江戶長唄」）與清元（譯註：三味線音樂的一種，主要做為歌舞伎的伴奏音樂使用）等都更貼近江戶人的喜好。

上方歌舞伎與江戶歌舞伎就像一根繩子般，隨時間不斷相互交纏，並揉合為一體。依時期不同，當一方勝出時，另一方便吸收其養分進而創新，就這樣一直延續至今。

「女形」出現的原因

說到歌舞伎，就不能不提到以美形為傲、足以讓人誤認為女人的「女形」。「明明是男人，卻比女人還像女人」——這是談論女形時常用的一種說法。那麼這個「女形」，到底是基於什麼樣的緣由出現在歌舞伎之中的呢?就如第322頁也曾提過的，回頭翻閱歷史教科書可知，歌舞伎最早的起源被認為是在京都鴨川之河原，由「出雲的阿國」這位女性所跳的「Kabuki踊」。

最初的歌舞伎也被稱做「遊女歌舞伎」，以現在的話來說，就是類似脫衣舞或歌舞秀等包含大量情色元素的表演。當然，觀眾期待的是「後續」，只要有美麗的舞者，免不了就會扯上賣春，這道理可說是再簡單不過。雖然官方一開始採取默許的態度，可是一旦變得太明目張膽，當然就會予以禁止。不過古時的劇團老闆可不是省油的燈，基於「女人不行就用美少年」的想法，他們找來許多十四歲左右尚未成年的俊俏少年，以同樣方式開始了「若眾歌舞伎」。當時正值所謂「男色」，亦

遊女・揚卷（出自歌川豐國的《三浦屋揚卷》）

稱「眾道」的男同性戀盛行時期，這被視為是一種「很酷的玩法」。既然如此，其結局當然也就和遊女歌舞伎一樣，為官方所禁止。終於，官府發佈了「歌舞伎僅限於成年男子」的命令。這叫「野郎歌舞伎」，從名稱看來就不太吸引人。戲劇終究還是需要點情色魅力，於是就出現了以男扮女裝方式演出女性角色的「女形」。而歌舞伎發展至此，大約過了五十年左右。

但只由男性演出，就算有女性角色，光靠至此為止的熱鬧舞蹈也吸引不了觀眾。因此便有人打著「模仿狂言」的招牌，開始讓內容有故事性或戲劇性，漸漸地便發展出了戲劇的形式。這樣一來，「女形」的角色也變得越來越重要。要自然地流露出女人味可是需要許多功夫與巧思的呢。元祿時期（1688～1704），活躍於京都、大坂的女形代表——芳澤菖蒲（芳澤あやめ。1673～1729）留下了一本名為《菖蒲草》的女形心得著作，其中的很多技巧至今都還持續存在於歌舞伎的女形之中。

而芳澤菖蒲有著這樣的一個小故事。有一次演員同伴們相邀聚餐，在店家端上的菜餚裡有一道「山藥泥」，但芳澤菖蒲完全不碰那道菜。有人問他是不是不愛吃，但他卻回答「女形呼嚕嚕地吸著山藥泥的樣子很難看，這不是可以在別人面前做的事」，真是令人非常佩服。

雖說都是女形，但還是有分武士的夫人、商人的老婆、花街柳巷的女子、遊女、農村裡的老太婆等多種不同角色。「歌舞伎十八番」中《助六由緣江戶櫻》的女主角——遊女·揚卷，她頭戴名為「立兵庫」的大假髮，上面插了一堆髮簪，身上穿的是厚厚的長罩衫，再束上有著金線刺繡的俎板帶（譯註：用於花魁禮服的一種豪華腰帶），腳踩高度超過二十公分的黑色木屐，出現在名為「花魁道中」的遊行活動中。這身打扮從頭到腳的總重量約有四十公斤，所以女形若不是具有男人的體格還真是做不來呢。另外還有一個小技巧，就是要「退三步演」，以時時凸顯演出對手戲的角色。在舞台上，儘管身體是男性，心態必須要是女性。而且據說女形呈現對自己來說最痛苦的姿勢時，看起來是最美的。跳舞時轉身向後的瞬間，或是沒在演戲的時候，一旦鬆懈，身體曲線就會變成男人的樣子。由此可知這份工作不單是外表美麗而已，對肉體及精神來說都極為嚴苛。

許久之後，昭和戰前時期號稱「戲劇之神」的名演員・第六代尾上菊五郎（1885～1949）是為近代歌舞伎帶入寫實主義的功臣。他曾談到演出河竹默阿彌所作之《雪夕暮入谷畦道》中情侶於大雪之夜會面時的秘辛。那一幕是遊女・三千歲在入谷的宿舍裡，引頸期盼著菊五郎所演的情郎・片岡直次郎的到來。身為罪犯而被追緝的直次郎設法避開監視，特地來向三千歲道別。演出那一幕時，飾演三千歲的第三代尾上菊次郎在自己上場的前一刻將手浸泡於裝滿冰塊的水盆裡，只為徹底讓自己成為在冬夜中等待情郎的女性。如此的努力令菊五郎印象深刻，於是菊五郎便開始讓他演出自己的妻子的角色。

新作《大老》於昭和45（1970）年在東京・半蔵門的國立劇場上演時，當現在的第九代松本幸四郎的父親・第一代松本白鸚（1910～82）尚為第八代幸四郎時，演出了該戲的主角井伊直弼，而與之演對手戲的角色阿靜，則邀請了劇團前進座創立者之一的第五代河原崎國太郎，兩人初次合演。其中有一幕戲是井伊直弼抱著阿靜，然後舞台就旋轉並且變暗。一般來說，只要觀眾已經看不到，為了準備下一幕的演出，演員就會開始移動，可是在演這一幕時，儘管從觀眾席已看不見他們兩人，幸四郎卻還是一直維持抱著國太郎的姿勢，直到旋轉舞台完全停住為止。事後國太郎便表示「幸四郎這個人對女形來說，實在是很好配合的演員。讓我一整個月都演得很開心呢」一副很懷念當時的樣子。

歌舞伎雖然全都是由男性演出，但立役（男性角色）和女形眼裡所見的風景與感覺可是大不相同呢。

何謂「歌舞伎十八番」？

現在日本人都還會用「十八番！」來稱呼人的拿手絕活、看家本領，同樣的漢字有時唸做「Jyuuhachiban」有時卻唸成「Ohako」，其語源到底來自何方呢？它源自江戶晚期的天保3（1832）年，第七代市川團十郎（1791～1859）在讓兒子襲名為第八代，自己則襲名為第五代市川海老藏的公演中，將所演出的狂言《助六所緣江戶櫻》標榜為「市川海老藏流壽狂言十八番之一」。

這是歌舞伎演員訂定「家藝」（譯註：宗家代代相傳，最擅長的拿手戲碼）的最早案例，更精確來說應稱做「歌舞妓狂言組十八番」。在他所選定的《外郎賣》、《嫐》、《押戻》、《景清》、《鎌髭》、《關羽》、《勸進帳》、《解脫》、《毛拔》、《暫》、《蛇柳》、《助六》、《象引》、《七面》、《鳴神》、《不動》、《不破》、《矢之根》這十八個劇目中，《助六》、《勸進帳》、《暫》、《鳴神》等至今都還很受歡迎，經常上演。其實在這「歌舞伎十八番的」制定之前，已存在有集合了傳統江戶歌舞伎代表性劇目的十八番，不過就做為「演員之家藝」，統整自家祖先的叫座劇目這點來說。這的確是先驅。

那麼「歌舞伎十八番」為何也唸做「Ohako」呢？有一說是指，寫著這些劇目的捲軸是收納在黑色的箱子裡，而在日文裡箱子的發音就是「Ohako」，所以就將「歌舞伎十八番」稱為「Ohako」。

現在的第十一代市川海老藏為展現復興「歌舞伎十八番」之企圖心而演出《蛇柳》一劇雖已是平成25（2013）時的事，但畢竟「歌舞伎十八番」中的戲有大半不是已無腳本留存，就是幾乎不再演出了。那次的《蛇柳》也是靠著僅存的少量資料為線索，以重新撰寫腳本的方式演出，並非原原本本地重現江戶時代的原始戲碼。這是江戶時代的歌舞伎難以避免的宿命，因為在缺乏著作權概念、改編或是摻入其他戲碼的部分內容都很理所當然的當時，即使是「歌舞伎十八番」的劇目，除了指出各特定劇目的專有

列入「歌舞伎十八番」的劇目，從右上起依序為《象引》、《暫》、《外郎賣》、《鎌髭（六部）》、《不動》、《助六》、《景清》、《矢之根（五郎）》（出自歌川豐國的《三都名所圖會》）

名詞外，往往還會包括其設定及橋段、人物名稱等的範圍。

有些與現行的腳本差異不大，像是參考能劇《安宅》，由第七代團十郎所創造出來的《勸進帳》和《助六所緣江戶櫻》，而基本上劇本與演法都很確定的，除了這兩個外，其他大概也只有《毛拔》、《鳴神》、《外郎賣》、《矢之根》、《暫》、《景清》、《鎌髭》這幾個。算起來差不多剛好一半，但其實《景清》和《鎌髭》就某些層面來說很難稱得上是傳自江戶時代的固定劇本。

「歌舞伎十八番」中有個特別值得一提的劇目，那就是最受歡迎的《勸進帳》。江戶時代，能劇在武士的保護之下，導致能劇演員和歌舞伎演員的身份差距非常大，歌舞伎演員別說是跟能劇演員講話了，連要觀賞能劇演出都辦不到。可是第七代團十郎卻將能劇的樣式帶進了歌舞伎的舞台，除故事外，就連在舞台正面畫一棵老松樹的名為「松羽木」的能劇舞台樣式，也都帶進了歌舞伎中。之後，以「能取物」（即「取自能劇之物」）之名，「松羽目物」便形成了歌舞伎劇目的一個枝脈。這與《紅葉狩》、《船弁慶》、《土蜘》等舞蹈作品密切相關。此外其範圍也同樣擴及狂言，因而有《棒縛》、《太刀盜人》、《茶壺》等作品的誕生。

「歌舞伎十八番」的制定還在歌舞伎領域留下了另一功績。那就是承接第七代團十郎的「歌舞伎十八番」，第九代團十郎（1838～1903）在明治時期留下了多達三十二個劇目的「新歌舞伎十八番」。此後，由各家之長從祖先或自己的叫座劇目中選定做為「家藝」之歌舞伎劇目的方式，便確立並且流傳了下來。從第五代尾上菊五郎（1844～1903）的「新古演劇十種」、第十一代片岡仁左衛門（1858～1934）的「片岡十二集」、第一代中村鴈治郎（1860～1935）的「玩辭樓十二曲」等，到近年來第二代市川猿翁（1939～）在第三代猿之助時代所制定的「猿之助四十八撰」，目前這種「家藝」多達十五個。雖說有不少劇目早已不再上演，不過也有很多真的是代代相傳的拿手好戲呢。

歌舞伎演員的「身份」

歌舞伎演員做為日本引以為傲的傳統藝術表演之中堅份子，其成就以人間國寶（即國寶級人物之意）、藝術院會員、文化勳章等榮譽而獲得讚賞。可是歌舞伎演員的「身份」終於變得和一般人一樣，其實是明治中期以後的事了。

受到明治維新的劇烈浪潮影響，身為古典表演藝術的歌舞伎也在尋求新的樣貌。對試圖培植現代化思想的明治政府來說，自江戶時代以來堪稱荒誕無稽的「歌舞伎戲劇」也不是可以放著不管的東西，除了有「演劇改良運動」的產生外，官方亦提出要求說即使是戲劇，也要演得更貼近現實一點。

在這樣的背景下，明治20（1887）年時，明治天皇與皇后陛下在位於東京麻布鳥居坂的外務大臣・井上馨的官邸，欣賞了由第九代市川團十郎等人所演出的歌舞伎。這俗稱「天覽歌舞伎」，而此後歌舞伎演員的地位便大為提升，後來甚至成為如前述之榮譽、榮耀的對象。

那麼在這之前的時代又是如何呢？江戶時代的演員薪資基本上採取年薪制，雖說一兩錢的的價值隨時期不同會有些差異，不過一年演出費高達一千兩（假設一兩相當於十萬日圓，千兩就是一億日圓）的所謂「千兩役者」（譯註：日文的「役者」就是指「演員」）也是大有人在。但就「身份地位」而言，由於無法適用於江戶時代的「士農工商」分類，屬於「體制外者」，故不被視為是「像樣的正經人」。

江戶幕府把劇場視為和吉原等遊廓一樣的「不良場所」，因此這些演員們都被要求「外出時不能露出真實面貌，要戴著草帽走路」、「生活不可過得太奢豪」等，明明很受歡迎，但卻總是被官方盯得緊緊的。第七代市川團十郎（1791～1859）就曾因在舞台上錦衣紈褲，私下生活也十分奢侈，而被逐出江戶。

回溯歷史，不只是歌舞伎，舉凡琵琶法師（譯註：始自平安時代，在街道上彈奏琵琶的盲眼僧侶）及白拍子（譯註：指流行於平安時代末期至鎌倉時代的一種歌舞表演，以及表演該種歌舞的藝人）、傀儡女（譯註：操縱木偶演出的女性）等演藝人員，都被視為是「體制外者」。姑且不論琵琶法師，白拍子和傀儡女這類女性演藝人員往往很快就會跟賣春扯上關係，而主要原因就在於，她們是居無定所的「漂泊之民」。

對江戶幕府來說，沒有固

在明治天皇與皇后陛下面前演出《勸進帳》中的武藏坊弁慶的第九代市川團十郎等人（出自楊洲周延的《高貴演劇遊覽之圖》）

定住處的人就徵不到年貢、稅金。換成現代的說法就是，一群沒盡國民「納稅」義務的人等於壞人這一邏輯成立。正因為不具有定居的經濟能力，所以只好以演藝人員的身份過著四處漂泊的日子。於是無法實現定居生活的演藝人員們，便遭受如乞丐般的待遇。結果幾十年來，不只是歌舞伎，對於所有演員及在演藝世界中生存的人們，都一直有著「河原乞食」這一稱呼。「河原」當然就是指歌舞伎發源地的京都鴨川之河原。這詞彙就是如此真實地、曾經活生生地存在。

而在這樣的身份制度中，唯一有確實獲得身份保障的就是「能劇演員」。室町幕府的三代將軍．足利義滿寵愛堪稱能劇始祖的世阿彌，接著江戶時代於德川政權確立後，能劇更進一步正式成為武士的式樂（即儀式用的音樂），換言之就是確定了其做為一種嗜好、娛樂之地位，為武士所保護。因此直到江戶幕府垮台為止，能劇演員的地位都很高，是歌舞伎演員所無法比

擬的。歷史上，歌舞伎演員們就是在這樣的歧視之中，一路努力提升自己的身份、重新取得其應有的地位。

歌舞伎演員的副業

說到江戶時代的人氣王，非歌舞伎演員和相撲選手莫屬。江戶時代歌舞伎演員的超高人氣，從「千兩役者」這一詞彙與眾多的浮世繪作品便得以緬懷。而說到緬懷，那時若有當紅演員過世，就會印刷被稱做「死繪」的浮世繪，有些人的死繪甚至多達一百種以上，張張都沾滿了粉絲的眼淚。

一旦走紅到這種程度，自然就會帶動流行，看出商機的商人便開始販賣相關商品，甚至出現了自己開店賣雜貨小物的演員。據說自殺的英俊小生——第八代市川團十郎（1823～54）所吐的痰，還有泡過的洗澡水都賣得很好，真的是非常誇張。

曾有位活躍於幕末至明治初期的美貌女形・第三代澤村田之助（1845～78），年紀輕輕在三十三歲時即離世。他因在舞台上受傷而罹患一種現在已很少見的「脫疽」病，會導致身體組織壞死，一開始是左腳，接著是右腳、左手手腕以上部分還有右手，儘管失去了四肢，他還是上台演出，如此的淒美可憐讓他大受歡迎。或許是因為他死於明治初期，因此留下幾張照片可供人們追憶其過往面容，只可惜從老照片實在無法看清全貌。據說任何冠上了這位悲慘女形之名的商品，都很暢銷。「口紅」、「白粉」、「木屐」……什麼都好，只要加上「田之助」三個字，就會大賣。這樣的例子雖然不是那麼多，但演員喜歡穿的圖案及和服花色一度流行而

菊五郎格子

芝翫縞

且還留存至今的例子卻相當多。

除了市川團十郎的「鎌輪奴」圖案、尾上菊五郎的「菊五郎格子」、中村芝翫的「芝翫縞」等主要用於浴衣（夏季和服）的花紋外，在布料的顏色方面也有以「路考」為俳名（即寫俳句時用的筆名）的女形．瀨川菊之丞所喜愛的「路考茶」、市川團十郎的「團十郎茶」、嵐璃寬的「璃寬茶」等，不知為何冠上了演員名字的顏色很多都是「茶色」。這類東西至今仍會用於節慶時期的浴衣或襲名時發送的小禮物上，人氣演員的傳統超越了時代，依舊延續不斷。

忠實觀眾從三樓的觀眾席對歌舞伎演員喊出的所謂「大向」喝采，叫的並不是演員的名字，而是「屋號」。市川團十郎是「成田屋」，松本幸四郎是「高麗屋」，坂東玉三郎是「大和屋」，每一門的演員宗家都有屬於自己的屋號。團十郎的屋號源自於他篤信成田山信仰，幸四郎的屋號則據說是因為期望名號能遠播至高麗（現在的朝鮮半島），另外聽說還有一些演員直接把自己經營的雜貨小物商店店名拿來當屋號。由於很多屋號都比照了士農工商中「商」的身份，因此現在無法確定誰的屋號來自商店店名。

靠人氣賺錢的行業是以善變的大眾為對象，所以趁著能賺的時候就要盡量賺的想法可謂古今皆然。

第五代市川團十郎（1741～1806）的那句「穿著錦織綢緞坐在榻榻米上的乞丐」聽來還

真是辛酸呢。

不止一次的「歌舞伎的危機」

歌舞伎演員地位的提昇，是在超過四百年的歌舞伎歷史中近一百年左右的事。在此之前，儘管有很多受歡迎的演員，但他們的身份地位依舊低落，整個歌舞伎本身就是被打壓的對象。而支撐著歌舞伎的，是那些庶民觀眾。即使數度瀕臨滅絕，仍能頑強地存活至今的這項表演藝術，肯定有其傲人之處。

那麼，歌舞伎為何會成為被打壓的對象呢？雖說依時期不同被打壓的理由不盡相同，但整體來說主要都是因為身為庶民演藝的歌舞伎不受上頭的人青睞。例如在接近幕末的天保年間（1830～44），不僅日本國內有飢荒，近海又常有外國船隻出現，幕府的煩惱可說是相當多。於是擔任老中（譯註：江戶幕府中負責輔佐將軍、統領全國政務的官職）一職的水野忠邦便以身作則，帶頭實行「儉約」，推動從將軍、大奧（即將軍的「後宮」）至庶民皆嚴加約束的「天保改革」。但歌舞伎的舞台卻是服裝豪華絢爛，演出花俏而熱鬧。結果第七代市川團十郎（1791～1859）等便因「竟在舞台上使用真正的盔甲與錦衣，實在很不恰當」的理由而被判「流放」之刑，必須離開江戶一段時間。而且還不止有這種外觀上的問題，由於歌舞伎的精神本身就是「反體制」，總會嘲諷官方的做法，一直不停地開玩笑，因此對當政者而言真是再礙事不過。畢竟其資訊傳播力不亞於今日的電視，因此官方實在無法抱著「不過是戲」的態度予以忽視。正因如此，所以歌舞伎才遭遇了多次危機。

到底江戶幕府為什麼如此痛恨科歌舞伎呢？那是因為自室町時代以來，一直都有做為武士表演藝術的「能劇」存在，歌舞伎被視為相對十分低賤的東西。

而其中最具象徵性的，應該就是所謂的「繪島生島事件」了。時值正德4（1714）年，在七代將軍・德川家繼掌權時，任職於大奧的繪島（亦名江島）與在江戶木挽町（今天的東銀座）山村座演出的歌舞伎演員・生島新五郎關係很好一事被人發現。這在當時是今日所難以想像的一個大醜聞，結果繪島被流放至信州高遠藩（今日的長野縣伊那市），生島新五郎則被流放到三宅島，山村座就此解散。此外，繪島的哥哥還被斬首，共約有一千五百名相關人士都受到處罰。就算她是任職於大奧的女性所以情節較為重大，但這樣的規模也實在是大得嚇人。

以上都是發生在江戶時代的事情，而到了昭和時期歌舞伎也曾發生過危機。昭和20（1945）

年8月15日，日本戰敗，為同盟國所佔領。此時很多歌舞伎都被禁止演出。理由包括「時代劇等的復仇故事會激起人們對戰勝國的報復心」，還有「戀愛故事不是戰敗國的人該看的東西」等。一般或許會覺得既然都打輸了，都「無條件投降」了，人民忙著生活、忙著填飽肚子，應該沒空看戲、做娛樂才對，但正是在這樣的時期，就在戰敗的隔月，9月，便已有人舉行歌舞伎的演出。只不過基於前述理由，可演出的劇目相當有限。這時宛如救世主般現身的，竟不是日本人，而是在當時的駐軍中擔任麥克阿瑟副官的美國人福比恩．鮑爾斯（Faubion Bowers）。這傳言不知是真是假，但據說他誤把劇場當成錢湯（即付費大眾澡堂）而走入後，才看一次就上癮，徹底成為歌舞伎的俘虜。最後還自己主動辭去副官職務，改去做表演藝術的審查官，好讓更多的作品能夠演出。甚至有不少作品是因為他自己想看所以獲得了上演許可呢。

不過另一方面，在昭和30年代，也有如第328頁所述之「上方歌舞伎」的絕跡情形發生。雖說任何領域都難免有榮枯興衰，但拯救了戰後歌舞伎的竟是當時的敵人美國，還真是挺有意思的，對吧？

歌舞伎的「三大名作」

本為人形淨瑠璃的作品，轉移至歌舞伎後被通稱為「三大名作」的是《菅原傳授手習鑑》、《義經千本櫻》和《假名手本忠臣藏》這三部。三者都是由第二代竹田出雲、三好松洛、並木千柳這三人組為中心所共同創作而成，並於延享3（1746）年、4年、5年連續三年造成轟動。能以完全不同的題材和演員帶來連續大賣座的這三人組，真的很厲害。在著作權觀念還不存在、合著或改編他人作品都很理所當然的那個時代，「如何能成功抄襲他人作品的有趣之處」也算是狂言作者（即今日所謂的「劇作家」）的能耐之一。即使不具備像近代的編劇法觀念，至少也要有豐富的中國古籍及古代故事等相關知識才做得到。

但為什麼這三部作品會是「三大名作」呢？《菅原傳授手習鑑》描述的是以學問之神聞名的菅原道真的半生故事，而《義經千本櫻》只看劇名很容易誤以為是以源義經為主的故事，但其實源義經只出現了一點點，它主要講的是源平混戰的故事，有點借用英雄名號的味道。

最後的《假名手本忠臣藏》則是至今仍很受歡迎的赤穗浪士的突襲故事。

這三個作品的共通點在於，都是以「死於非命」的人物為中心。菅原道真為政敵・藤原時平所陷害，被貶至九州的太宰府後抑鬱而終。源義經則被親哥哥・源賴朝到處追殺，最後死在奧州的衣川。淺野內匠頭的部分雖然真相不明，但據說是在宮中的松之廊下砍傷吉良上野介後，當天就被要求切腹謝罪。他們各個都是悲劇英雄。其中菅原道真死後，由於首都發生太多自然災害，於是便立刻被升格為「神明」，除了福岡的太宰府天滿宮外，也在京都的北野天滿宮、東京的湯島天神等處為人們所祭祀。

換個角度來看，全篇演完大概都得花上十二小時的這三部作品，也可說是為了安撫死

《菅原傳授手習鑑》的「寺子屋之場」

者靈魂而演的戲。當然這並非唯一理由，畢竟在漫長戲劇中所發揮的各種巧思，往往也能在上演時成為街頭巷尾的熱門話題。

被稱做「赤穗事件」的「宮中松之廊下」事件發生在元祿14（1701）年。儘管有人立刻就逮住機會創作了類似內容的戲劇，但由於偏向批判官方，因此即使更改了時代與人物，其「最終版本」還是遲遲未能獲得演出許可。直到真實事件發生過後四十五年，可算是最終版本的《假名手本忠臣藏》才終於得以上演，而且還另外加入了與原本復仇主題無關的阿輕與勘平的戀愛情節，大幅提昇了在戲劇上的趣味性。

《菅原傳授手習鑑》上演時，也巧妙地搭上了當時罕見的三胞胎出生於大坂事件，做了菅原道真的家臣中有三人是三胞胎兄弟的角色設計。這類巧思在歌舞伎的世界裡被認知為「橋段」，而且非常受到重視。要替主要故事添加怎樣的橋段才能使原始事件更顯突出，可說是讓狂言作者們費盡了心思的一大目標。

或許是因為日本人喜歡用「三」來總結事物的關係，這些作品都是由三個重要人物在戲劇上發揮重大作用。這也是一種「橋段」。在《菅原傳授手習鑑》中，三胞胎兄弟之一的松王丸讓自己的孩子小太郎去當替死鬼被斬首。而在受道真庇蔭的老人白大夫慶祝七十大壽時，三兄弟中最年輕的櫻丸切腹自殺。然後道真則告別了刻意製造理由讓自己被流放的女兒　屋姬。裡頭描寫了三組親子永別的情節。《義經千本櫻》是從本應已死亡的平知盛、平教經、平維盛這三人還活著的基礎開始發展故事。《假名手本忠臣藏》裡則有鹽治判官（史實為淺野內匠頭）、早野勘平、加古川本藏（史實為梶川賴照）等三人切腹自殺。這可不是巧合，顯然是作者們特別設計的「橋段」。

「下一齣戲要用什麼樣的橋段來讓觀眾驚艷呢？」狂言作者們就這樣在致力於自身工作的同時，以集思廣益的方式統整出一個又一個的作品呢。

《假名手本忠臣藏》算是一種恐攻事件嗎？

在歷史上被稱做「赤穗事件」的淺野內匠頭砍傷吉良上野介之流血事件，距今已超過三百年。

元祿14（1701）年3月14日，在江戶城宮中的松之廊下，於宴請來自京都的敕使（即被天皇派去辦事的人）當天，負責接待的赤穗藩主・淺野內匠頭砍傷了擔任首席高家職務的吉良上野介。而所謂的高家，是在宮中教授禮儀制度的一種官職。雖說是被派來辦事，但畢竟也是從京都代表天皇而來的使者，別說是不能怠慢了，更有許多詳細的規矩必須遵守。但宴請當天，奉命接待的淺野內匠頭竟然在江戶城內造成了流血事件。這就像今日天皇陛下至國會露臉那天，有議員拿手槍亂射般嚴重。結果儀式被緊急改到其他場所舉行，而被砍的吉良只受了輕傷。當時的五代將軍・德川綱吉對此事大為震怒，令淺野即日切腹，吉良則因態度良好而不予處罰。最終赤穗藩還因此被廢除。

關於淺野砍殺吉良的理由雖有多種說法，但真相不明。而對於上頭忽視「喧嘩兩成敗」原則（即不論誰對誰錯，引發事端的

大石內藏助等人攻進吉良家（《假名手本忠臣藏》第十一段。葛飾北齋畫）

雙方都要處罰）的判決心懷不滿的赤穗藩家老．大石內藏助及其手下共四十七人，歷經一年多的艱苦磨難後，於隔年元祿15年12月14日襲擊位於今日ＪＲ兩國車站附近的吉良家，取下了宿敵吉良的首級。這就是俗稱「赤穗事件」的大略經過。

對此行動，江戶的民眾們熱血沸騰。除了對上頭偏頗不公的裁決心懷不滿外，還有大名暗中支援赤穗的浪人們。證據就在於，襲擊前他們都被稱做「赤穗浪士」，亦即家園被廢，從浪人成為浪士，而在襲擊後則立刻成了「赤穗義士」。但這根本就是一種「恐怖攻擊」。自家老闆砍傷了別人，於是整間公司受到當時的法律制裁而倒閉，員工們對此懷恨在心，便花了一年多的時間進行作戰演練，然後一群人一起殺了當初和自家老闆吵架的對手公司老闆。這怎麼想都不像是值得表揚的對象，但江戶時代的庶民們可不是這麼想的。

適逢元祿文化輝煌絢爛之時，如此激動人心的事件立刻就被搬上了人形淨瑠璃的舞台，不過也很快就被禁演。理由是不得演出批判當時政權的內容。雖然此事件之後也曾數度被改編為戲劇，但足足在它發生後四十七年，堪稱最終版本的作品才終於誕生。那就是人稱人形淨瑠璃與歌舞伎三大名作之一的《假名手本忠臣藏》。依據真實事件，將背景設定改為鎌倉時代，地點也改掉，不過角色名稱只稍做變動好讓大家一看就心知肚明，然後再加上一些與史實無關的情節，就成了這全劇共十一段的長篇大作。時至今日，歌舞伎仍經常演出此劇，但若要從頭到尾完整演出一遍，加上休息時間，大概要花上十五小時。

《假名手本忠臣藏》為何會這麼受歡迎呢？會這麼熱門肯定有其道理。該事件是發生在德川家康於江戶建立幕府後的一百年左右。元祿文化興起，世間太平，沒有戰爭的和平日子不斷延續。此時以「忠義」為大義的這一事件的發生，令民眾們極為驚訝、讚賞。而且從事情的演變經過也能清楚看出喜愛「濟弱鋤強」的江戶人特性。

此後，「忠臣藏」便以最經典的《假名手本忠臣藏》為中心，發展出超過五十齣有如所謂「外傳」的戲劇。其中包括現在仍很受歡迎而經常演出的《松浦之太鼓》及《土屋主稅》等作品。此外它對講談（譯註：日本的傳統表演藝術之一，表演者坐在小桌前，一邊以扇子敲桌製造節奏，一邊對觀眾朗讀以歷史內容為主的讀物）和落語、浪曲（譯註：日本的傳統說唱藝術之一，由一人說唱，並以三味線伴奏）、流行歌曲等其他表演藝術也都帶來了很大影響，「忠臣藏」成了日本時代劇中的一大脈絡。儘管一開始就是個恐怖攻擊，但正因為精準地抓住了日本人精神，所以到了四百年後的今天，仍被多次改編，持續存活在各個不同類型的表演之中。

歌舞伎的「家」制度

歌舞伎到現在仍然很「封建」的說法時有所聞。之所以會給人這種印象，想必是因為那是一個具有現代人已喪失的「家制度」及「門閥」、「御曹司」（即名門子弟之意）等觀念的世界。歌舞伎也因此被評為「封閉」，被認為存在著許多一般人所無法得知的部分。不過另一方面，在歌舞伎四百年的歷史中，正因為是在「家」的系統裡代代相傳的「藝」，才得以保留著江戶時代的味道，並做為傳統表演藝術存活至今，所以我們無法簡單地以此定罪。這個「家制度」也包括戰後很快便崩解的日本「父權體制」，而在歌舞伎領域中「家」意識的明顯提升，似乎是明治以後的事。

能劇、狂言、茶道、香道（譯註：鑑賞香氣之道，為日本傳統技藝之一）等各種技藝都很重視只將藝之奧義傳給長男的所謂「一子相傳」做法，這點對歌舞伎也有很大影響。但在江戶時代，繼承稱號的不一定僅限於親生兒子，為了繼承稱號而收養或被收養，或從同一師門的優秀弟子中選出演技最佳者來繼承等例子都很常見。

在目前較活躍的歌舞伎演員中，最古老、繼承了最多代的是前幾年過世的中村勘三郎（1955～2012）的第十八代。其第一代生於與歌舞伎之始約莫同時期的慶長年間（1596～1615），而他同時也是江戶三座之一、為幕府所認可的中村座的老闆。一開始因在江戶城展現技藝有功，而獲贈名為「猿若」的具滑稽元素之舞蹈服裝，於是便自稱「猿若勘三郎」。雖然在寬永19（1642）年的資料中看得到「中村勘三郎」的名字，但其來由仍有很多不確定之處。

才傳三代就斷了的上方名門——河內屋的實川延若家（照片為第二代延若〔1877～1951〕）

次古老的是第十七代過世於平成13（2001）年的市村羽左衛門家，和中村勘三郎一樣也曾是江戶・市村座的老闆，其第一代和中村勘三郎差不多同時代。

現在自稱第十五代的片岡仁左衛門家的第一代生於明曆2（1656）年，比前述的兩人晚了約一個世代。不過這一家除了在京坂的舞台聲名大噪外，後來於江戶也有很好的表現，是代代皆以活躍於當時的大都市——江戶、京都、大坂等所謂三都為目標的名門。

就如第346頁也提過的，各個演員的家都有所謂的「屋號」。基本上同姓的一家一門會使用同樣的屋號，但也有像市川家那樣雖為同姓可是分別使用不同屋號的例子，其本家屋號為「成田屋」，屬於徒弟血統的市川猿之助家則用「澤瀉屋」，而市川左團次家是「高島屋」。

另外還有代代相傳至某一代時卻後繼無人，於是徒留稱號的例子，像是傳了十代的岩井半四郎家，以及在上方赫赫有名但只傳了三代的實川延若家。這種「繼承以保家」的方式與「歌舞伎的技藝傳承」密切相關，一路延續至今，但當然一開始每個人都是「第一代」。在江戶時期，有個第一代即名聲顯赫的最有名例子，那就是也成了落語劇目的「中村仲藏」，其各代之間雖無血緣關係，但稱號延續到了平成4（1992）年逝世的第五代才終止。

而現代則有當代尾上松綠的父親「尾上辰之助」與第一代市川新之助（後來的第十二代市川團十郎）、尾上菊之助（現為第七代尾上菊五郎）並列為「三之助」而廣受喜愛。目前的片岡仁左衛門在襲名前也曾以本名「片岡孝夫」站上舞台，以第一代之姿成為人氣演員。當代中村吉右衛門的祖父吉右衛門也是第一代，還未傳承即與菊五郎等大名家齊名，成為昭和初期歌舞伎界的中流砥柱。

比較特殊點的例子是如市川猿之助一門，從非歌舞伎界的外部收來的弟子，一路晉升至所謂「名題」（譯註：歌舞伎用語，指領銜主演的當紅演員）等級而得以演出重要角色的市川右近，以及非第一代的市川笑也等，也都十分活躍。

在日本社會的「家制度」即將崩解的今日，歌舞伎的家制度此後無疑將益顯珍貴。

歌舞伎裡的「時代劇」與「現代劇」

從現代觀點來看，絕大多數的歌舞伎作品都屬於「時代劇」範疇。即使是創作於現代的歌舞伎新作，也幾乎都將時代背景設定在江戶以前，內容構想雖新，但還是時代劇。對現代觀眾而言，歌舞伎就是「專演時代劇的戲劇表演」。

不過在江戶時代的二六五年間，在有很多作品誕生的那個時期，事情並非如此。那時的內容可分為「時代劇」和「現代劇」，若採取較粗略的分類方式，前者就叫「時代物」，後者叫「世話物」。「時代物」大多為從上方之人形淨瑠璃轉移至歌舞伎的作品，以早於江戶時代的王朝時代起至平安、鎌倉時代等的歷史故事為主軸，其中很多作品都橫跨了武將之忠義精神及親情、主僕情義等主題。

除了諸侯內部的權力鬥爭外，也有以民間傳說為基礎的戲碼，像狐精與人類結為夫婦的《蘆屋道滿大內鑑》，通稱《葛之葉》，就是所謂「異類婚姻譚」之人獸姻緣故事的一個例子。此外還有所謂「貴種流離譚」的高身份地位者被出賣或遇上其他悲慘遭遇的故事，以《安壽和廚子王》為首，包含好幾種模式。像源義經被哥哥源賴朝追殺以致於流亡各地的故事，就是不折不扣的貴種流離譚。而時代物的另一特徵，是主角及重要人物很多都借用了

葛之葉狐告別童子《蘆屋道滿大內鑑》（出自月岡芳年的《新形三十六怪撰》）

廣為人知的歷史人物之名。從最早的蘇我入鹿、聖德太子等開始，接著如菅原道真、源義經及木曾義仲、平清盛、平將門……等等，歷史上的名人們逐一登場。

另一方面，有些作品講的就是演出當時的時代，這些被稱做「世話物」。基於「世間的話題」之意，和今日演出現代內容的連續劇是一樣意思。對上演當時的觀眾來說這是「現代劇」，而許多作品描述的都是老百姓勇敢堅強求生存的模樣，藉此引發民眾共鳴。

不過總數超過三百的歌舞伎作品並不是全都能清楚明確地分成時代物和世話物兩類。在一齣長篇戲劇中，某一幕演的可能是嚴肅莊重的時代物，但為了轉換氣氛便在其中穿插世話物內容，像這樣的作品也不在少數。這類作品被稱做「丸本世話物」。例如能讓人感受到大坂濕黏的夏日空氣且至今依舊人氣不墜的《夏祭浪花鑑》、以阿染與久松的悲劇愛情聞名之《新版歌祭文》（俗稱《野崎村》）、隸屬繼承了歌舞伎最初精神之上方狂言的所謂「傾城買狂言」而內容描述了男女間風流韻事的《吉田屋》等，今日都仍經常上演。

可區別「時代物」和「世話物」的還有一個關鍵，那就是劇中所用的三味線音樂種類。「時代物」以源於上方的義太夫調佔絕大多數，這是因為時代物很多都是從人形淨瑠璃轉移至歌舞伎的關係。至於「世話物」，由於是興盛於江戶發展成文化都市的江戶中期以後，故對義太夫音樂的倚賴度不見得那麼高，反而是在描寫情境時常會使用同屬說唱音樂的「清元」等調子，感覺比時代物輕鬆許多。世話物的「世話」也指粗俗的日常情景或流行語，以前的人一旦被別人目睹難堪情況時，便會說「とんだ世話場をお目にかけまして……」（意思類似：不小心讓您看笑話了）。隨著庶民社會的蓬勃發展，各種事件也不斷發生。像是愛情糾葛、金錢借貸、強盜殺人。而將這些行為寫成戲劇並搬上舞台，就成了所謂的「世話物」。

這樣看來，歌舞伎的時代物與世話物分類，也可說是今日電視劇及電影的原型之一，這應能讓人對歌舞伎產生多一點的親切感。不必因為它是古典表演藝術就有所抗拒。也正因如此，歌舞伎才能夠從江戶時代起就一直是庶民們的娛樂呢。

明治維新與歌舞伎

將年號從「慶應」改為「明治」的明治維新，大大改變了日本的歷史。就算是乍看與時代變化無關的歌舞伎也不例外。隨著「新戲劇」及「寫實主義」等思想從西方傳入文學領域，明治政府所推行的「現代化」浪潮也衝擊到了歌舞伎。

以歷史事件為題材的作品原本在江戶時代因懼怕幕府的監控、管制，故使用假造的人名，而此時期則將任誰都猜得出是指誰的這些假名都改成了真名。用現代的說法就是正確地完成「時代考據」，使裝扮與化妝都貼近史實。正如第313頁也曾提過的，所謂摒棄荒唐無稽又催淚或投機主義的戲劇，創造出尊重史實且強調寫實主義之歌舞伎的改革運動於是興起。而基於「將歷史活生生地呈現出來的戲劇」之意，這就叫「活歷」。

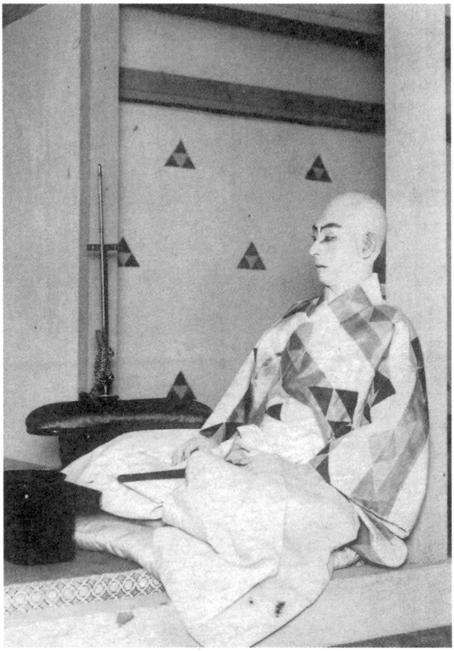

在「活歷」的代表性作品《高時》中飾演北條高時的第十五代市村羽左衛門（1874～1945）

在演員之中，當時為劇壇之首而叱吒風雲的第九代市川團十郎（1838～1903）對此想法很有共鳴，在作者之中則有依田學海（1834～1909）等人提供作品，大約從明治15年之後開始被稱做「演劇改良運動」的此一運動，以歌舞伎界為中心掀起了一陣波瀾。就如「改良」二字所暗示的，其實將長久以來一直為庶民們所喜愛的「勸善懲惡」及「男女情愛」等視為劣質戲劇的明治政府，早在該運動興起前的明治5（1872）年時，便曾把河竹默阿彌（1816～93）等人給找來訓誡了一番。

那麼在當時，什麼才是「正確的」戲劇呢？當時《東京日日新聞》的記者，後來還留下了歌舞伎作品的福地櫻癡（源一郎，1841～1906）撰寫演劇改良論，並於明治19年設立以伊藤博文、末松謙澄（1855～1920）等為中心的「演劇改良會」，其目標就是要提倡並實踐新戲劇。然而在其成績還只有明治20年4月於當時外務大臣．井上馨之官邸演出的明治天皇「天覽歌舞伎」時，基於井上的失勢等原因，此運動便已迅速萎縮。

從江戶時代起就開始看歌舞伎的觀眾們對新戲劇的評價很差，大家都覺得「內容好難看不太懂」、「沒意思」、「看起來好怪」。不過第九代團十郎於此時所提倡、實踐的「演技寫實主義」，在之後經過第六代尾上菊五郎（1885～1949）、第一代中村吉右衛門（1886～1954）等的進一步改進，仍成為一種角色的內心戲演法而傳承至今。即使是被稱做「古典」的歌舞伎作品，也沒能躲掉明治維新的西化潮流，而是因此獲得了歌舞伎的寫實表現手法呢。

遍及各地的民俗演藝——「地芝居」

在福島縣的檜枝岐（南會津郡）、山形縣的黑森（酒田市）、青森縣的奧內（青森市）、埼玉縣的小鹿野（秩父郡）等各地區，至今都還留有被稱做「地芝居」（即「地方戲」）的歌舞伎，做為一種寶貴的民俗演藝，其演出情景於新聞中時有所見。有些地芝居會由小孩擔綱，而終場謝幕時，便有許多以白紙包起的零錢小費紛紛從匆忙搭建的觀眾席被丟往舞台，以回應其熱情演出。此外山形的「黑森歌舞伎」以每年2月於雪中一邊喝酒暖身一邊欣賞演出為慣例，是類似各地農閒期慶典的一種娛樂活動。

追本溯源，在江戶時代曾為經商或其他某些目的而前往盛行歌舞伎的大坂、江戶的愛戲人，回到故鄉後便教導當地居民，或是由巡演各地的劇團演員教會地方民眾等，是其原型。還有一種是巡演的劇團演員基於某些原因留在當地定居，並在當地教戲的模式。雖是所謂「Dosa mawari」（ドサ回り）的巡演人，但也有技藝相當不錯的傢伙，儘管在現在的大劇場只能演配角，但到了地方就能當上劇團團長。想必很多人便是因此待了下來。

這讓各地能以地方戲的形式，留下和大坂及江戶等大都市風格不同的歌舞伎，因此我們沒理由否定這些歷史。雖有一說指稱在江戶中期，於寶曆至天明年間（1751～89）的演出，是其最早的文字記錄，但其實要明確斷定這樣的地芝居最早是在何時，又是在何處、由誰演出等，可說是相當困難。更何況我也不覺得能明確斷定這些有多大意義。

地芝居的一大特色，就是還留有現在的歌舞伎幾乎或根本完全不演的劇目。衍生自《假名手本忠臣藏》而被稱做《忠臣藏外傳》的諸多劇目作品，地芝居都

在山形縣酒田市黑森日枝神社裡的演舞場公開演出的黑森歌舞伎（平成 21〔2009〕年 2 月。照片提供：每日新聞社）

還保留著。像《義士十二刻》的「潮田又之丞住家」、《增補忠臣蔵》的「本蔵下屋敷」和「忠臣二度目清書（寺岡切腹）」等，松竹的歌舞伎幾乎都不演。另外像《 妖術瀧夜叉譚》的「岩屋之段」、《弓張月源家鏑矢》的「八丈島之場」等，從原作多半都能想像得到，但卻都沒有明確的實際上演記錄。

地芝居的魅力就在於它的不成熟。畢竟不是專業演員，不成熟也是理所當然，但與其演得不輸專業，由熱愛這種在地歌舞伎的人們，於所在地區持續傳承並使之逐漸成熟，才是地芝居真正的魅力所在。

「能劇」和「歌舞伎」有何不同？

就歷史而言，「能劇」是在室町時代確立了形式的一種表演藝術，歌舞伎則發源於室町時代末期，但卻是到江戶時代中期才被確立為一種表演藝術。至於參與者的身份方面，能劇是武士用於儀式的「式樂」，歌舞伎則是庶民的娛樂，兩者的地位差距顯而易見，不僅觀眾如此，演出者亦然。接著再讓我們來看看服裝和化妝等外觀部分。

能劇在穿著戲服的同時，多半還會依據角色不同分別戴上被稱做「面」的各種面具。雖然也有不戴面具演出的所謂「直面」，但這基本上算在例外的範圍裡。歌舞伎則是依劇目不同，從長屋（譯註：一種集合住宅，多半為一層樓的長型木造建築，為一般庶民的居所）居民到武士，甚至還有穿著華麗服裝、臉上化了怪異的妝的超級英雄登場。儘管兩者都有女人不得站上舞台的不成文規定，可是並未被徹底遵守。

能劇的《石橋》

歌舞伎的《連獅子》

而上述這些都沒談到能劇和歌舞伎的真正本質。若站在凡事皆有例外的基礎上，採取粗略的劃分方式，那麼能劇的本質就是表演已死的人現身於這個世界，將其想法說完後又再返回冥界這一過程的戲劇。歌舞伎中也有一些作品是有亡靈、幽靈登場的，但其主角包括歷史人物在內，基本上都是活著的人。此外歌舞伎並非突然之間就誕生出戲劇形式，而是之前先有運用人偶演出的「人形淨瑠璃」，後來才轉移至由真人演出的歌舞伎。

以死者為中心的能劇、由人操縱但以人偶演出的人形淨瑠璃，以及由真人演出的歌舞伎。這樣的不同，想必才是就表演藝術的本質而言最大的差異。

當然，若是深究細節，還能看到更多的不同點，甚至也會有共通點。歌舞伎是受到能劇與人形淨瑠璃的大幅影響後才發展成的表演藝術，它包含了其他的表演藝術，既貪婪又巨大。至今在歌舞伎中，我們仍能看見能劇與人形淨瑠璃的痕跡。例如歌舞伎中有個熱門劇目《勸進帳》是以武藏坊弁慶通過關所時朗讀空白捲軸之情節聞名，而其前身其實是能劇的《安宅》，是由第七代市川團十郎（1791～1859）將之轉移至歌舞伎才成了《勸進帳》。不過這種轉移絕非輕而易舉。因為相對於能劇演員受到武士的細心呵護，歌舞伎演員可是以「低賤的身份」遭受到非人的對待。歌舞伎正是克服了這樣的階級差距而一路發展至今。

但歷史是很諷刺的。在明治維新的時代巨浪中，武士政權崩解。於是為武士所保護的能劇也不得不走向同樣的命運。另一方面，庶民則是越來越有力量，不僅在經濟、文化、教育等方面都日漸超越江戶時代的武士，做為庶民表演藝術的歌舞伎亦獲得高度讚揚，甚至得以在明治20（1887）年舉行了由明治天皇親臨觀賞的「天覽歌舞伎」。

在日本的歷史中，它們就像一條一邊捻合一邊延伸的繩子般，隨時代不同，呈現於正面的演藝有時是能劇，有時則是歌舞伎。之後歌舞伎也持續獲得大眾的普遍支持，並在大規模資本的保護之下，佔據了日本表演藝術的一大區塊。然而能劇卻沒能達到同樣地位，僅做為愛好者相當有限的一種表演藝術，至今仍保有命脈。

為武士所喜愛的「能劇」

以其於京都北山建造金閣寺（更精準地說，應是指鹿苑寺的舍利殿）廣為人知的室町幕府三代將軍・足利義滿（1358～1408），若當時他沒有溺愛身分低下的美少年藝人世阿彌（1364？～1443？），能劇想必就無法傳到今日。而此事最令人驚訝的部分在於「身份地位差距」的問題，亦即擁有日本最大權力的「武家棟梁」竟然將感情投注於卑賤的巡遊藝人這點。畢竟當時的身份制度極為嚴格，不同階級的人別說是講話了，甚至連坐的位置高度都不一樣。在這樣的環境裡，著迷於俊美少年世阿彌舞姿的義滿，竟讓世阿彌取用自己的杯子，這對京都的貴族們而言簡直就是難以置信。對世阿彌及其父親・觀阿彌（1333～84）來說，他們獲得了一個千載難逢的靠山，能劇的發展可說就是由此開始。

溺愛世阿彌的足利義滿

世阿彌與其父觀阿彌一同以極其強大的當權者為後盾，穩當地將能劇滲透至武士之中。

在安土桃山時代，名氣響亮的大名們熱衷於能劇，豐臣秀吉（1537～98）不僅自己上台跳舞，且其曲目雖未留下，但他也自行創作能劇。

世阿彌在他這一個世代內，就完成了傳承後世的表演藝術——能劇的骨架。然而政權一旦改變風向也隨之變化，這個道理古今皆然。最大的後盾義滿逝世後，當六代將軍・足利義教（1394～1441）掌權時，世阿彌便開始受到打壓。因為與義教對立的弟弟義嗣喜歡世阿彌，所以義教就很討厭世阿彌。結果當時七十一歲的世阿彌被流放至佐渡島。一般認為他沒能再重回舞台，就這麼結束了一生，但其實包括生歿年份在內，關於其生平一直有許多不明之處。不過從晚年過了約六十歲後，他留下了一些在日本戲劇史上非常值得一提的劃時代成果。

那就是俗稱《花傳書》的藝術論《風姿花傳》，以及整理了演藝心得的《申樂談儀》等寫出藝道奧秘的著作。這些恐怕是日本最早的戲劇理論。它們對至今為止以戲劇為首之日本表演藝術的系統化，造成了難以估計的重大影響。因為寫在這些書裡的並不僅限於能劇，而是包括於世阿彌死後才誕生的歌舞伎在內，為至今許多藝術表演所共通的普遍性理論。但畢竟在世阿彌所生活的室町時代，以印刷為基礎的文化還未產生，因此他的著作是到了江戶時代才廣為人們所閱讀。若沒有堪稱「孤獨的天才」的世阿彌存在，日本今日的戲劇樣貌肯定是難以想像。

世阿彌會被視為天才還有其他因素，例如他留下了好幾齣至今仍持續上演的能劇劇目。當然歌舞伎也有類似的例子。但以佔所有劇目數量的比例來說，世阿彌所留下的作品應該是最多的。自認理想的作品能夠流傳後世，想必是藝術家的莫大幸福。只是這部分的不明處也很多。

據說確實為世阿彌所創作的能劇，包括以《平家物語》為題材的《八島》和《敦盛》等，總數多達五十齣以上。另外還有說法指出，以前能劇的演出時間只有現在的一半左右。就如一般常說的，能劇是「死人的戲」。多數都是由戰敗的武將，或是求仁不成身亡者現身講述其心情感想。能劇的主角人物被稱做「仕手」，而通往仕手登場之能劇舞台的所謂「橋掛」，就相當於歌舞伎的「花道」，是連接死者世界與現今世界，亦即與冥界之間的通路。

基於安撫在諸多戰爭中喪命的不幸武將們的亡魂之意，能劇得以獲得武士們的青睞，並做為武士們用於儀式的「式樂」而受到保護。

「能劇」和「狂言」的差異

正如常與「能劇」搭在一起而被稱做「能狂言」般，穿插在以歌謠和舞蹈為中心的「能劇」之間，做為台詞劇（譯註：日文也作「科白劇」），是指僅由動作和台詞構成的戲劇，不具歌、舞等）演出的，就是「狂言」。狂言這個名稱源自「狂言綺語」（即不合道理的話語和花言巧語）一詞，就如「狂言自殺」（即假自殺）、「狂言強盜」（即假裝被搶）等用法，其本意為「內容虛假的謊言」或「荒唐無稽的行為」，然而表演藝術中的「狂言」顯然就是一種喜劇。說是保留了日本最古老形式的喜劇也不為過。而狂言有好幾種固定模式。

有點糊塗的大名，和奸詐狡猾但卻有點蠢的侍從「太郎冠者」（譯註：狂言的角色之一，為服侍大名等主人之佣人中的第一人）或「次郎冠者」（譯註：狂言的角色之一，為次於太郎冠者的角色）。狂言就是由這些角色所掀起的四十分鐘至一小時左右的喜劇。太郎冠者會犯下大名警告不得犯的行為，一直想盡辦法要做一些像是背著主人偷喝酒之類的小奸小惡。結果還很快就被發現，而整齣戲

狂言《萩大名》（照片提供：每日新聞社）

便在太郎冠者被主人追著跑的情況下落幕——這就是最典型的模式之一。《附子》與《棒縛》等劇目便屬於此模式。另外還有以「入聟」為題材的《二人　》、《寢音曲》，以及以大名為主角的《萩大名》、《武惡》等，有好幾種分類。

在狂言裡，扮演主角的人物叫「Shite」（シテ），配角叫「Ado」（アド）。就像能劇有「觀世流」、「寶生流」、「金剛流」、「金春流」、「喜多流」等五個流派，狂言也有「大藏流」、「和泉流」、「鷺流」等三個流派存在，不過「鷺流」已於大正時期絕跡，現在僅由大藏與和泉這兩個流派構成。雖說狂言和能劇的不同點也有好幾個，不過除去少數例外，能劇要戴著被稱做「面」的面具演出，而狂言則是以真實面貌演出這點可算是最主要的差異。

由於狂言劇目的喜劇性幾乎都很高，因此明治維新後受到歌舞伎改良運動的影響，也出現了不少歌舞伎化的作品。說是歌舞伎化，但其實形式與本質都未改變，只是出現越來越多不用能劇的鼓或謠（譯註：即以人聲唱出的調子或歌曲），而是使用歌舞伎的伴奏音樂長唄或常磐津等，並以「狂言舞踊」之名演出的狂言罷了。《太刀盜人》、《棒縛》、《釣女》、《身替座禪》等，其中有不少至今都仍廣受歡迎且經常上演。想必是因為這樣對剛入門的人來說更簡單易懂，而包含笑鬧的內容就轉換心情這層意義來說也很有幫助。不過或許是因為和歌舞伎等表演不同，並非採取一個月之類的長期公演，再加上主要是在能樂堂（譯註：專門演出能劇的劇場）演出，可容納的觀眾人數相當有限，所以狂言才陷入了想要擴展也無能為力的困境之中。

京阪的「座敷舞」

「座敷舞」也稱做「上方舞」，是在京阪（即京都、大阪一帶）的料亭（即高級的傳統日本料理餐廳）等處，由藝妓或舞妓所跳的一種舞蹈，出現在江戶晚期（1800年以後）至幕末的上方地區。這對看慣了劇場裡華麗舞蹈的人來說或許很難接受，不過它散發著上方特有的「高雅」風韻，並以三味線所演奏出的「地唄」為中心，特色是舞得緩慢又柔媚。

由於座敷舞本是以宮殿中的舞蹈和能劇之舞為基礎，動作比歌舞伎等的舞蹈更單純，因此可由舞者隨興發揮這點可說是其真正的精髓所在。一般不太有機會看到這種舞蹈表演，不過在東京的國立劇場，每年都會以「京阪之座敷舞」為名，集合當時具代表性的上方舞舞者，舉辦僅限一日的公演。舞蹈不像戲劇那樣會連續公演多天，基本上都只演出一天。就廣義的「御座敷藝」之一來說，這可謂理所當然。畢竟是在「御座敷」（即宴會、酒席）上展現舞蹈的一種表演藝術，所以不會有像歌舞伎的《京鹿子娘道成寺》或《積戀雪關扉》那種超過一小時的大規模樂曲。都是以十幾分鐘至三十分鐘左右的曲子，緩慢深切地舞出思念戀人的女兒心或是離別後的寂寞心情。而《雪》和《黑髮》應可算是其中極具代表性的作品。

上方舞也有很多流派，其中山村流、楳茂都流、井上流、吉村流一起被稱做「上方四流」。而楳茂都流現由歌舞伎演員片岡愛之助（1972～）擔任掌門人。另外由京都祇園甲部的藝妓、舞妓所構成的井上流，每年都在祇園甲部歌舞練場所舉行的「Miyakowodori」（都をどり）公演中擔任核心角色，身為人間國寶的

舉辦於京都・祇園甲部歌舞練場的「Miyakowodori」（都をどり）的華麗舞台風光（昭和 39〔1964〕年 4 月。照片提供：每日新聞社）

第四代井上八千代（1905～2004）於九十四歲將名號讓與其孫女前，都一直持續在舞台上表演。其母，第三代井上八千代也享高壽一〇一歲，而且是在一百歲時才退休停止跳舞。以這兩位第三代、第四代的井上八千代母女為中心，劇作家北條秀司留下了名為《京舞》的優秀作品，至今仍偶爾上演。還有出自山村流的武原汎（武原はん，1903～98）以《雪》為畢生之代表作，直至以九十五歲高齡辭世為止，都全心奉獻於上方舞。

中世的「說唱藝術」——說教淨瑠璃、琵琶法師

在表演藝術的領域中，「說唱藝術」一邊分出多條支脈，一邊連綿持續地傳承至今。一聽到說唱藝術，通常會讓人立刻想到「落語」。落語可說是最典型在高座（即落語的表演舞台）上由一個人分別講述多個人物的表演形式。但其實早在落語出現之前很久，就已有多種形式的說唱藝術存在於日本的表演藝術裡。

中世時，眼盲的琵琶法師會站在路口或寺院之類的人群聚集處，伴隨著哀傷的琵琶聲講述

平家滅亡的《平家物語》。此外也同樣出現了說唱「說教節」，亦即表演說教淨瑠璃的的人們。這些人居無定所，是從一個城鎮到另一個城鎮不斷漂泊的所謂「放浪藝人」。「說教節」後來使用三味線伴奏，發展成了屬於日本傳統音樂而被稱做「語物」（即「說唱」）的富本節及新內、義太夫等融合了口述與音樂的表演藝術。日本傳統音樂包含「唄物」（即「歌唱」）與「語物」兩大系統，這種「語物」早在做為人形淨瑠璃或歌舞伎的伴奏音樂之前許久，就已確立了其表演藝術地位。

江戶時代的萬歲表演。拿著扇子跳舞的太夫和打鼓的才藏（出自《繪本滿都鑑》）

後來落語登場，從幕末至明治發展得愈加精緻，並於其「中興之祖」三遊亭圓朝（1839～1900）出現後逐漸穩固地位。而類似的表演由兩人演出的叫「漫才」。漫才的歷史也很久遠，其根源可追溯至正月時挨家挨戶祝賀新年的「三河萬歲」。不過這種萬歲隨時代演變，性質從

「祝賀的表演」轉化成了「讓人發笑的表演」。而其轉換分界應可劃定在明治維新之後。正如大家都感覺到的，「漫才」在關西的人氣遠勝關東。除了因「相互答腔」的會話特性與關西人的性格很合外，另一主要理由應該是先有了本質為即興喜劇的所謂「俄」（也稱「俄狂言」）的關係。就因為有這樣的源流與基礎，在關西，「松竹新喜劇」才能夠擁有傲人的高人氣。

到了昭和初期，更出現由一人獨自講些有趣話語的「漫談」。用現代的話來說就是所謂的「Pin藝人」（譯註：ピン芸人，不與他人搭配，也不屬於團體，一個人單打獨鬥的搞笑藝人）。據說發明「漫談」一詞的，是原本擔任「電影辯士」（譯註：早期為默片或外語片講解劇情的類似旁白的職務）而以朗讀及座談高手之姿紅極一時的德川夢聲（1894～1971）。做為足以與關西的雙人表演「漫才」分庭抗禮的一種藝術，單人表演「漫談」在關東大為發展。這也包括由活躍於淺草輕演劇的古川綠波（1903～61）所命名的「聲帶模寫」，亦即今日的「模仿」。不過隨著時代變遷，「漫談」漸漸沒入至其他表演藝術的影子中。除了一直培養不出接班人、和其他表演相比人數較少等理由外，在名為「寄席」的主要演出場所處於「非主流」地位這點應該也有很大影響。尤其是與聲帶模寫混在一起的漫談，隨時間過去，認識所模仿之明星、名人的觀眾越來越少也是一大問題。

另外在祭典或緣日等的攤位上，伴隨著獨特「說話風格」的「香蕉叫賣」及「藥油叫賣」

等，亦可算是廣義的說唱藝術。

這樣看來，說唱藝術可視為是一種最主要、且轉變成了各種形式而存活至今的表演藝術。雖然「說教節」現在通常已無法聽到，但它已轉變成以漫才及落語為首的「搞笑」形式。

「淨瑠璃」的起源

「人形淨瑠璃」也稱做「文樂」，是獲得聯合國教科文組織認定的無形文化遺產。講白了這其實就是一種人偶戲（日文的「人形」是指人偶、玩偶），但「淨瑠璃」是什麼意思呢？它又是如何誕生的？現在淨瑠璃主要是指三味線音樂中的「義太夫」，不過它一開始並不是三味線音樂，而是指以琵琶演奏或以扇子打拍子的「語物」（即「說唱」）的伴奏音樂。那麼是替什麼樣的故事做伴奏呢？

早在江戶時代出現歌舞伎及人形淨瑠璃等表演藝術之前，就已存在有琵琶法師講述《平家物語》的「語物」表演存在。其中包括古時被稱做《淨瑠璃御前物語》的御伽草子（譯註：包含插圖的短篇故事，是發展於鎌倉末期至江戶時代的一種大眾文學形式）——《十二段草子》。該故事描述源義經跟著買賣金子的商人吉次前往奧州，於途中在三河國矢矧的旅店裡，被富翁之女．淨瑠璃御前所吸引，兩人於是發生關係。不久義經即啟程離開，可是卻半路病倒，而得知此事的淨瑠璃御前經過四處搜尋後找到了義經，並祈求神明讓他徹底痊癒。義經雖然很感謝淨瑠璃御前，但還是表明了身份並繼續前往奧州。

這是堪稱永遠的英雄的源義經，於歌舞伎及人形淨瑠璃誕生前出現在表演藝術中的一個例子，而這個故事也有被畫成「繪卷物」（即畫卷，畫在卷軸上的畫作），據說繪者是「傳：岩佐又兵衛」。

講述此《淨瑠璃御前物語》所用的音樂與詩歌等，後來以獨立的音樂「淨瑠璃」形式，成為歌舞伎及文樂的伴奏音樂。而接著語物的音樂系譜進一步從義太夫開始，逐漸分成常磐津節、清元節、富本節、一中節、宮薗節、河東節、新內節等流派。有如大薩摩節般被成功發展為歌舞伎舞蹈之伴奏音樂的「長唄」給吸收、融合者，也有如富本節般因時代變遷而日益失去人氣，以致於許多代表曲目都被轉移至清元節者。就如同今日的 J-POP 也會隨時代變遷而產生某些類型逐漸消失、某些類型卻大受歡迎的現象，淨瑠璃在重複著身為表演藝術之榮枯興衰的同時，仍持續守著日本傳統音樂的一隅。

「舞」和「踊」的不同

日文中的「舞踊」（即舞蹈）是由「舞」和「踊」所組成的詞彙，而兩者都是配合音樂進行身體表現之意。不過依情況不同，有時是可分別使用的，例如「上方舞」、「座敷舞」、「盆踊」、「手踊」等。由於本質沒什麼不一樣，故似乎從江戶初期起人們便以「舞」＝「踊」的概念來使用這兩個字，但嚴格來說，兩者誕生的形態並不相同。

「舞」的歷史發展源自於古代的「神事」，也就是祭祀、祭神儀式等活動。屬於宮廷雅樂，從中國傳入的「樂舞」及日本自古以來的「隼人舞」、「倭舞」等做為「國振歌舞」（即該國特有的歌舞），今日仍為宮內廳所持續傳承。此外巫女所跳的舞，還有在歌舞伎之前的表演藝術「田樂」、「猿樂」等，也都歸類為「舞」。

進入江戶時代後，於人形淨瑠璃的發展期間，播磨・西宮神社（今日的兵庫縣西宮市）的「夷舞」與淨瑠璃結合，成了「人形淨瑠璃」。至江戶晚期，在大坂、京都的花街有山村友五郎（1781～1845）創立「山村流」、篠塚文三郎（?～1845）創立「篠塚流」，之後更有「楳茂都流」、「井上流」、「吉村流」等，這些做為花街宴客表演的舞蹈，風靡一時，其中大坂的舞為「上方舞」，京都的舞為「京舞」，分別都被指定成了重要無形文化財。

另一方面，「踊」則曾於《萬葉集》中被記載為在喪葬場合扭動身體來表現悲傷的動作，於平安時代將之與念佛結合的是淨土宗・空也（903～972），而鎌倉時代時宗・一遍（1239～89）的「踊念佛」更普及至民眾。由於和宗教的關連甚深，因此比起「舞」，人的情感表現及祈禱動作等身體擺動的幅度也較大。

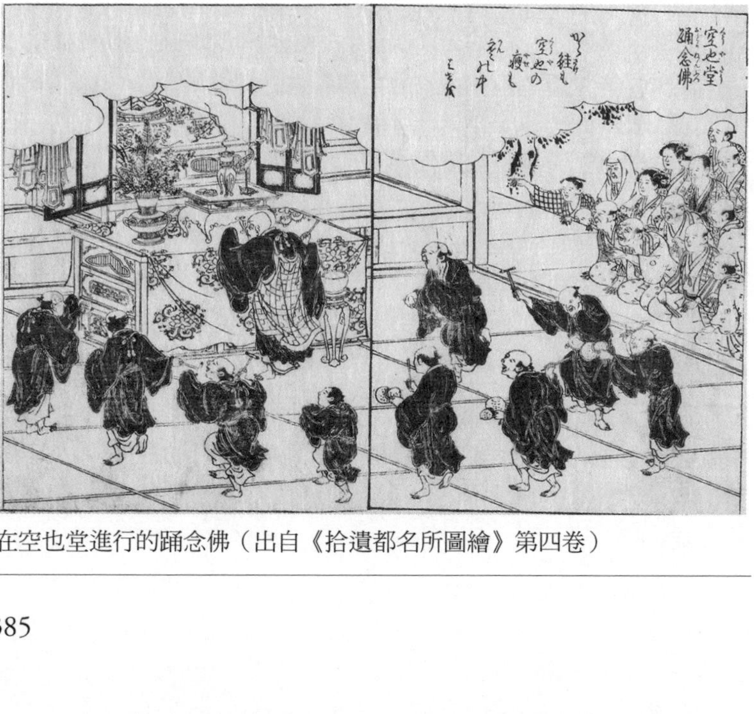

在空也堂進行的踊念佛（出自《拾遺都名所圖繪》第四卷）

到了室町晚期，「Kabuki 踊」誕生，除了裝飾性提升外，在音樂方面，「踊」也發展出了相對於「舞」之地唄的長唄、清元、常磐津等多種傳統的伴奏音樂。儘管今日仍有「歌舞伎舞踊」的通稱存在，但於舞台上演的幾乎都屬於「踊」。

雖說並非絕無例外，不過基本上「舞」以水平向的運動表現為多，而「踊」則再加上垂直跳躍的動作，兩者具有一眼就能看出的明顯差異。想必這主要是因為京坂的「舞」是以花街之「御座敷藝」的形式發展而來，空間不像舞台那麼大，只能在兩張榻榻米的範圍內跳舞，故須追求不至於擾亂宴席的安靜舞蹈的關係。

此外，兩者所需的時間長度也有很大差異。相對於「舞」多半都在十五到三十分鐘之間，「踊」則自從與歌舞伎結合，開始在舞台上展現各種花招後，便有如《京鹿子娘道成寺》、《忍寄戀曲者》等超過一小時的長篇作品陸續登場。當然，和舞的演出時間差不多的「踊」也很多，但「舞」是沒有這麼大的演出規模的。

還有，「踊」的人物通常會穿著符合其個性的服裝，而不穿表演服裝就直接跳舞的演出另有「素踊」之稱。服裝既不能隨便，又不能太華麗，對踊表演者的能耐可是一大考驗。直至昭和中期為止，做為新娘訓練的一環，在東京都還留有準新娘得要學個踊或傳統音樂的觀念，城鎮內也必定會有某種演藝技能的研習場所。「踊」就是這樣一個為庶民支持至今的古典表演藝術之一呢。

盲眼的巡遊藝人——「瞽女」

表演藝術除了隨時代改變樣貌外，同時也面臨著逐漸滅絕的命運。在北陸及新潟等地的盲眼女性們會帶著三味線以步行方式展開旅程，每年於固定時期，以適逢農閒期的農村為主，四處走唱，她們就是被稱做「瞽女」的流浪藝人。電視的普及，還有交通發達導致危險性提高等因素，使瞽女的人數日漸稀少，就在平成17（2005）年被稱做「最後的瞽女」且被指定為無形文化財的小林春（小林ハル），以一〇五歲之高齡辭世的那一刻起，瞽女之藝便徹底滅絕。今日雖仍有人傳承著瞽女所唱的歌或其他說唱內容，但這些人都是定居者，嚴格來說並不是以「瞽女」這種職業為生。

當時在常下大雪的臨近日本海側，因所謂的「雪盲」或因麻疹發高燒而失去視力的女性，除了靠「按摩」或「瞽女」等職業謀生外，別無他法。原本就不是生於富裕家庭的這些女性，在醫學尚未發達的明治時代，其父母只能含淚放棄女兒，將她們送去被稱為「親方」（即「師父」）的瞽女家中。瞽女的人數以新潟縣最多，且大略區分為上越地方的「高田瞽女」和中越地方的「長岡瞽女」。全為女性的瞽女團體生活有嚴格的規定必須遵守，她們嚴禁與男性發生關係，一旦違反該戒律，就會被團體拋棄，最終只能以「離瞽女」的身份一個人繼續流浪。

於新潟縣高田市（今日的上越市）內巡迴走唱的瞽女（昭和12〔1937〕年左右）

瞽女通常是以還稍微有點視力的所謂「手引」（即「領路人」之意）為領頭，採取三到四人的集體行動。而每年的時程大致都固定，包括融雪後的「春之旅」和約莫於稻子收割完畢時的「秋之旅」。沒去巡迴走唱時，就各自在親方家中過著儉樸的生活，不過她們的生活比看得見的人還整齊、有規矩，儘管眼盲仍能把針線活兒做得很好，家中更是一塵不染，所受的教育可說是十分嚴謹。既然是由以親方為中心的制度所保護，那麼不管再怎麼嚴格也必須遵守，否則便無法生活。

此外每年巡迴時的借住場所被稱做「瞽女宿」，多半都由村落中的富有人家提供。瞽女們一旦到達村落，便會挨家挨戶地進行演奏三味線或唱歌的所謂「門付」活動，藉此討得一碗白米或蔬菜，有時甚至還能拿到一點現金。該活動結束後，便安頓於瞽女宿，接著當晚會準備酒菜，邀請附近居民來同樂並一連演奏好幾個小時，這是最基本的程序。在連無線電廣播都沒有的深山村落，聽著每年來訪一到兩次的瞽女歌聲，隨內容不同或笑或淚，可說是當地人主要的娛樂之一。

放眼歷史，瞽女的存在可追溯至中世。那時其名稱寫成「御前」，也包括身份地位較高的女性，但後來隨時代變遷，逐漸轉變成了盲眼的流浪藝人。眼部殘疾女性的集體行動就許多層面而言都帶有危險性。例如在山區步行移動時可能發生意外或受傷、在長途旅行中生病，還有住在瞽女宿期間的性騷擾問題等。其中因此不幸淪落的瞽女也不少。

依照現在的常識來想，這樣的表演工作再加上一整年裡大半時間都四處移動旅居，對身體有殘疾的人來說根本是無法接受的。可是在福利制度不充足、也無法好好接受教育的時代，這是為了生存的不得已選擇。瞽女們雖眼盲，但能演出的劇目可不少，除了以長達一小時的《小栗判官》等民間傳說為中心的所謂「段物」外，也有活潑熱鬧的詼諧歌曲，另外據說還有不少會因應聚集而來的村民要求，持續說唱直至接近天亮呢。

江戶的「大道藝」

大道藝的歷史久遠，而其源流主要有二，一是如室町時代文獻中亦有描述的大道藝人樣貌，包括居無定所、四處表演的「步巫女」或「瞽女」、「琵琶法師」等。另一則是江戶時代越中富山的賣藥人．松井源水，他在江戶中期左右移居江戶．淺草一帶名為奧山的演藝娛樂區，後來便成為寄席藝人（譯註：在以漫才、落語等表演為主的表演廳演出的藝人），至昭和年間為止傳承了足足十七代。其血統之純正，不輸歌舞伎演員。為了販賣「反魂丹」（譯註：即還魂丹，為家庭常備、外出攜帶用藥品，據說對霍亂、腹痛等各種疾病都有效）、「外郎」（譯註：一種去痰除口臭的藥）等藥品，除了要有包含繞口令等能讓客人聽不膩的話術外，還必須表演曲獨樂（即陀螺雜技）之類的技藝。亦即販賣商品的行為本身就是一種「表演藝術」。

而滔滔不絕、口若懸河也是一種「藝」，其實並不是所賣的物品真的很有價值。在節慶祭典等的熱鬧喧囂之中，能以三寸不爛之舌賣出多少商品取決於「香具師」、「的屋」（皆指擺攤賣東西的小販）的能耐，這正是不折不扣的大道藝。而今日已看不到的「藥油叫賣」、「香蕉叫賣」等「藝」，也可算是一種「口頭藝術」。

江戶時代，在兩國橋附近，許多被稱做「見世物小屋」或「掛小屋」等臨時搭建的小屋林立，靠著觀眾投錢施捨來維持生計。被稱做「放下師」的這些人，有的表演轉盤子特技，有的表演使用「鞠」（一種球形道具）的雜技——「手鞠」，還有

江戶的各種大道藝。由右而左依序為「高野行人」、「齒力」、「Choroken」。
「高野行人」是穿著高木屐走路（類似踩高蹺）的人，「齒力」是用牙齒提起或銜著重物的人，「Choroken」（ちょろけん）則是戴著大大的紙糊頭套走路的人。

所謂的「手妻」（日文亦作「手品」，即「魔術」）……等等，表演的種類繁多。在一般認為完成於室町末期的《三十二番職人歌合》、《七十一番職人歌合》中，搭配插圖描繪了數量如其標題所示的各種職業，例如「琵琶法師」、「白拍子」、「曲舞」（譯註：源於中世的一種日本舞蹈表演，流行於南北朝時代至室町時代）等，此外也包含許多被稱為大道藝的表演。

接近幕末時，擅長竹竿類雜技的早竹虎吉（?～1868）於江戶大受歡迎，紅到出現數十種他的錦繪，甚至還前往美國演出，只可惜不幸在當地突然身亡。

另一方面，在節慶祭典中賣東西的「的屋」和「香具師」也開始組織化，逐漸轉變為所謂的「黑道」。到了昭和初期便形成以「的屋」為中心賺錢的「攤位類」，和開設賭場以收取「寺錢」（類似場地費）為主要收入來源的「賭博類」共兩大類黑道。兩者都有很嚴格的規範及信仰，攤位類的黑道篤信中國傳說中的醫藥與農業之神——「神農」，在「床之間」（類似「壁龕」，或稱「凹間」，為日式住宅中位於和室房間角落的內凹空間）一定都會掛上「天照大御神」和寫有神農之名的掛軸。雖然後來在電影的影響下，以及因收入來源變成毒品等違法物品而導致黑道的形象改變，不過部分的大道藝從江戶時代起就為這些不法之徒所掌控，並在幕府的默認之下，得以分棲共存。被稱做「Shima」（シマ）的地盤之爭當然也是會有，但應該不至於像電影裡那樣每天都過著「打打殺殺」的生活。

今日，單純以表演賺取金錢的正統大道藝已不復見，甚至被來自西方的街頭表演（Street performance）奪走了地位。「大道藝」和「街頭表演」兩者看似相同，但其實兩者的本質完全不一樣。儘管以表演換取金錢的結構一致，然而兩者之間卻有個根本性的差異，那就是表演方是屬於社會中的一份子，還是被社會排擠在外的族群。在有身份制度的時代，被排擠於社會之外的那些人不得不靠賣藝來求溫飽。而有時那所謂的藝，也可能就是他們自己的肉體。若不瞭解其歷史與差異，便會有所誤解。在日文中「大道藝」一詞有時會帶著點寂寥感，或許就是因為它所背負的歷史呢。

「三味線音樂」的二三事

嚴格來說，三味線並非日本原創的樂器。它誕生於中國，於琉球變成蒙上蛇皮的所謂「三線」，然後再傳入日本的外來樂器。在室町時代晚期，演奏《平家物語》等的琵琶法師們是以琵琶的「撥」（即撥子、撥片，用來撥弦的工具）來演奏，而琵琶上蒙的不是蛇皮而是貓皮，撥也改成象牙或木製的，在江戶時代掀起爆炸性的流行。以三味線演奏的音樂就是所謂的「日本傳統音樂」。

三味線主要使用花梨木或紫檀、黑檀等木材製作，但由於現在已無法取得日本國產的優質材料，故多半都為進口貨。撥則以象牙及玳瑁等材質為最高等級，不過這兩者也都因華盛頓公約（譯註：全名為「瀕臨絕種野生動植物國際貿易公約」，縮寫CITES，是簽署於1973年，正式執行於1975年的一份國際協約）而無法再進口。

義太夫、長唄、常磐津、清元、新內、小唄、地唄等，三味線是諸多音樂不可或缺的樂器，而其中只有地唄將三味線稱做

對江戶時代的音樂來說，三味線必不可少，是不論武士或庶民都很熟悉的一種樂器（出自《繪本常盤草》）

「三絃」。此外義太夫使用聲音低沈有力的「太棹」三味線，其他音樂則使用「細棹」、「中棹」（譯註：太棹、中棹、細棹是依三味線各部位的形狀粗細、大小、厚薄等來分類，太棹最粗大，細棹最細小）。三味線誠如其名，共有三條弦，由粗而細依序排列為低音的「第一弦」、中音的「第二弦」，以及高音的「第三弦」。弦有尼龍或特多龍材質的，但其實最早是用絲線捻合而成。

三味線的琴桿上不像吉他那樣有標示按壓點的記號，只能用自己的耳朵判斷所謂的「堪所」（即按弦的位置），然後按住該處並以撥彈奏出聲音。其調音以「本調子」為基準，再加上將「第二弦」設為高音的「二上」，以及將「第三弦」設為低音的「三下」，以這三種為基礎。

三味線音樂可大致分為「語物」（即「說唱」）和「唄物」（即「歌唱」）兩大系統。衍生自「淨瑠璃」且專講故事的「義太夫」、「常磐津」、「清元」、「新內」等都屬於「語物」。而「唄物」則有「長唄」、「小唄」、「端唄」等，是做為歌舞伎的一部份逐漸發展後才進一步分出各種流派。因此這類音樂最常用於舞蹈，約末到昭和中期為止，在所謂的「新娘訓練」中，一般都包含「長唄三味線」。甚至時至今日，歌舞伎所使用的三味線音樂也都還是以長唄佔了壓倒性多數。

另一方面，也有如青森縣的「津輕三味線」之類，在有限的區域內歷經獨特發展而成的三味線音樂。這種三味線音樂最早傳自中世流浪藝人．瞽女之據點，亦即從新潟至日本海沿岸以北的地區，而經歷過幕末至明治時期在祭典等活動中的「大道藝」、四處表演以換取財物而被稱做「Hoito」（ホイト）的人們的所謂放浪藝等發展後，便成了像現在的民謠音樂形式。與其說是「演奏」，實際上更像是豪邁地以撥「敲打」般的彈奏形態，搭配著象徵了北部嚴峻天候的形象，讓這津輕三味線在進入昭和時期後掀起熱潮，而在那之前它其實是所謂「內行人才懂的」表演藝術之一。

在南北狹長的日本群島上，有各式各樣的文化汲取了各地方的風土氣候及習慣而展現出不同於核心都市之發展形態，這可說就是其中的一個例子呢。

唱出花街柳巷之男女情愛的「都都逸」

「竹ならば割って見せたい私の心　先へ届かぬ不幸せ（我心如竹，難過的心情傳不到你那裡）」。

現在，像這樣的都都逸詩歌若不加上說明，大概沒什麼人看得懂。搭配著三味線的音色，將男女之間心照不宣的情感、彼此的細微心思等吟唱出來，正是都都逸的雅致之處。開頭那句的「不幸せ」（發音為 fushiawase，即不幸、不開心之意）是將竹子的「節」（發音為 fushi）「合わせる」（發音為 awase，即結合在一起）之意的雙關語。而竹子有節擋住，故無法通往下一段。也就是將自身心思無法傳達給對方的痛苦、煩惱比喻為竹子。

都都逸的基本形式是由七・七・七・五的共二十六個字構成，不過也有在前頭再加五個字的所謂「五字冠」形式存在。剛剛介紹的就是這種「五字冠」，共有三十一個字，與和

為紀念都都逸創始者——都都逸坊扇歌逝世一百週年，於昭和26（1951）年在茨城縣石岡町（現在的石岡市）所舉行的「扇歌百年祭」一景。現場供奉了一支大型的三味線（照片提供：每日新聞社）

歌的字數相同。

若是從歷史的角度來看都都逸，則雖有江戶時代晚期始於藝人・都都逸坊扇歌（1804～52）的說法，但其實在這之前就曾有過以名古屋一帶為中心流行的音樂「Yoshiko之節」（よしこの節）存在，而此音樂被都都逸坊扇歌借用並做成一種表演，這應該才是其正確來由。昭和40年代左右，在電視轉播的寄席表演節目中，由柳家三龜松（1901～68）、都家勝江（都家かつ江。1909～83）等藝人在高座上表演所謂的「三味線漫談」，一邊閒聊時事，一邊以沈穩而韻味十足的歌喉唱個幾曲都都逸，如此光景並不罕見。然而隨世事變幻，遊廓不再，都都逸的吟唱情景與心情變得不再為人們所理解，於是便漸漸衰落、不再流行。

「惚れて通えば 千里も一里 逢えずに帰れば また千里（若是為了戀人，千里不遠，而未能見到一面，回頭又是千里）」（作者不詳）

「この酒を 止めちゃ嫌だよ 酔わせておくれ まさか素面じゃ 言いにくい（這酒不能停，就讓我喝到醉，因為不醉難以吐真言）」（作者不詳）

「夢でなりとも逢いたいものよ夢じゃ浮名は立ちはせぬ（我想見你，就算只是在夢裡，而在夢裡就不算是緋聞了）」（作者不詳）

……等等，很多都都逸作品都是「作者不詳」。認真想想這也是理所當然，畢竟唱的是在花街柳巷或茶屋妓院的男女幽會情事，若還大剌剌地署名「某某人 作」，那也未免太搞不清楚狀況。

「三千世界の 烏を殺し ぬしと朝寝が してみたい（我願殺了世上所有烏鴉，換來與您一夜共眠）」

這首有人說是由幕末志士・桂小五郎所作，也有人說是出自高杉晉作之手，是以遊女的觀點來寫。其中「烏」（烏鴉）是指熊野權現的使者，而在遊女寫給客人以表示「我真正愛的只有你」之意的所謂「起請文」紙張上就印有這種烏鴉。起請文是對神的誓言，傳說若違背寫在起請文中的內容，就會有三隻身為使者的烏鴉死亡。但對遊女來說這不過是讓客人上鉤用的工具，早就不知已寫過幾百張了。而在遊廓裡，遊女真正愛上的男人被稱做「間夫」，若是與間夫濃情蜜意地共度一整晚還悠閒地睡到很晚才起床的話，就等於是違背了至今寫過的所有起請文，那麼還真不知有多少隻烏鴉使者會因此喪命呢。雖然這首都都逸的內容相當離譜，但確實充分傳達出了為錢賣身的遊女對其真愛的戀慕之情。

「日本傳統樂器」的歷史與種類

目前，在演奏以古典音樂為中心的日本傳統音樂時所用的「日本傳統樂器」，種類意外地繁多。其中最受歡迎的應該是「三味線」或名為「箏」的古琴。三味線就如其名，具有三根弦，而箏的弦則以十三根為基本，另外也有十五、十七、二十、二十一等其他不同弦數的種類。此外還有琵琶、竹笛、鼓、太鼓，以及用於雅樂（從古代中國傳至日本的宮廷音樂）的笙、篳篥，就連「Chindon屋」（譯註：ちんどん屋，也稱東西屋、廣目屋或披露目屋，是以精心的裝扮加上樂器聲來吸引眾人，以達成廣告宣傳目的的

一種職業）邊走邊敲的「鉦」也是不折不扣的日本傳統樂器。雖然這些最初都來自大陸，但它們都在日本的氣候風土、美感意識，以及使用該樂器的表演之中，經歷了自己獨特的發展過程。

由於是發展在潮濕的日本土地上，又少有如西洋的管弦樂器般以金屬製成者，因此很多都相當纖細脆弱，需要有良好的環境配合。三味線主要以貓皮製成，但因濕氣的影響而「啪！」地一聲瞬間裂開的情況可不少。鼓和太鼓則主要使用馬的皮。從直徑超過二公尺的大型太鼓到可放在肩上敲的小鼓，尺寸

尺八、琴與三味線的三曲（出自第二代歌川豐國的《風流娘三曲》）

多達數十種。在日本傳統音樂的演奏會上或是欣賞歌舞伎時，偶爾能看到鼓的演奏者特別注意皮革的細微濕度差異，有時甚至會用自己的舌頭來濕潤皮革或確認其狀況。想必就是需要這麼仔細的調整，才能在觀眾不知不覺的狀態下打造微妙的音色變化。

日本傳統樂器還有一點和西洋樂器很不一樣，那就是演奏場所的「空間大小」。在貴族的表演廳之類場所演奏西洋的「弦樂四重奏」時，至少要有二十或三十張榻榻米的空間。但三味線在四張半榻榻米的房間裡直接對著觀眾演奏並不會讓人不舒服。成熟於上方的「三曲」（即三重奏）是以三味線、琴、胡弓這三種樂器來演奏「地唄」，有時還會加上舞蹈，是一種針對室內宴席發展而成的表演。相對較強力耐用的太鼓和笛等雖然也有不少在祭典等戶外場所演奏的機會，但基本上仍以針對室內演奏而設計的居多。

此外，琴及三味線的演奏者就是調音師這點也是一大特徵。調音調的是「音調」，是靠演奏者以經驗培養成的「耳力」來自行校正音調。例如即使是三味線最基本的「本調子」，仍會依演唱該歌曲者的聲音高低來呈現微妙變化。音並不是絕對固定的。有趣的是，儘管時代如此進步，此觀念從江戶時代至今都一直維持不變。近來雖然也有為入門者所設計的調音機器，但演奏者就是調音師的概念並未改變。這也是個很大的特色。另外，誕生於大正時代的「大正琴」，是基於對初學者而言簡單易懂，又可輕鬆彈出現代音樂等考量所設計，可說是最具「日西合璧」味道的一種樂器。但它其實也有超過一百年的歷史了。

時至今日，雖說聽到古典日本傳統音樂的機會越來越少，不過經歷了這麼長時間都沒出現太大變化，就這樣流傳下來，其中肯定是有某些能觸動日本人心的元素存在。正月時的日本電視節目幾乎都一定會播放由宮城道雄（1894～1956）作曲的《春之海》，而會對其琴聲感到不舒服、不自在的日本人，我想應該是少之又少。

屬於庶民的寓教於樂場所——「寄席」

始終以落語為中心舉辦演出而被稱做「定席」的寄席，在東京只有上野的鈴本演藝場、新宿的末廣亭、淺草演藝廳、池袋演藝場等四處，多數的落語都改至會堂或劇場等場所公演。寄席不僅演出落語，也會有稱作「色物」（譯註：指在寄席的表演中，相對於主要的落語而更顯豐富多彩的其他表演，由於不像落語為「主要」的表演，故這「色物」一詞也暗示了「非主流」之意）的漫才及各種傳統音樂、講談、浪曲、魔術等被搬上高座（即舞台），因此每個人能分配到的時間難免變少了。基於這點，在會堂演出落語或獨演會等由於能獲得更充足的時間，故其比例便日漸增加。此外在以落語為中心之寄席表演低迷的時代，過少的觀眾導致經營十分困難，付不出能讓表演者滿意的演出費等經濟層面的問題也曾一度嚴峻。

昭和初期時，東京都內可是有近一百間的寄席，以人形町的末廣

位於上野的寄席—鈴本演藝場（昭和9〔1934〕年。照片提供：每日新聞社）

和上野的鈴本等為一流，在各地被稱做「端席」的二流、三流寄席數量相當多。那時客人們常常是泡完錢湯（即付費大眾澡堂）後順便看個表演再回家，隨性悠閒地享樂的習慣可謂根深蒂固。然而隨著廣播，接著又是電視的普及，可近距離欣賞「現場表演」的價值日漸消逝，寄席於是走向衰退一途。儘管曾經發揮無論收入或人數多寡，都必須在殘酷的觀眾面前修練以提升演藝本領的「道場」作用，而經歷了由觀眾培育藝人的時代，但現在反倒不再允許這麼長期的學習過程。尤其在電視誕生後，當紅的落語家都會和各個商業電視台簽訂獨家演出合約，獲得不輸電影明星的優厚待遇，於是到寄席演出的機會便越來越少。

從歷史的角度來看，寄席以較接近今日的形式首度出現，是在寬政10（1798）年，於江戶・下谷的下谷神社內，由第一代三笑亭可樂（1777～1833）所開設，至今下谷神社中還立有一塊「寄席發祥之石碑」。其名稱應是源自「客を寄せる場」（聚集客人的場所），亦即從「寄せ場」（聚集所）轉化成「寄席」。

而後來隨時代變遷，觀眾席也從榻榻米變成了椅子。據說在榻榻米形式的寄席還存在時，那些根本不想聽暖場表演的難搞觀眾往往會立刻就地躺平。

只要不是節慶或假日就能「沒日沒夜地」看上一整天、只要穿個木屐、涼鞋即可輕鬆前往的那種大眾娛樂設施處處皆有的時代，已然遠離。

單人表演的「落語」世界

據說有位落語家（也稱「噺家」）被自己的小孩問到：「爸爸你的工作就是會講『するってぇと何かい？（什麼？）』（譯註：為早期江戶地區的方言）的那種傢伙對吧？」搞得他不知該如何回答。現在是以新作為中心，與古典同時並存的落語蓬勃時代。除了在時代背景的設定上下功夫外，更巧妙地融入當前社會時事，其引人發笑的功力吸引了許多觀眾。

類似的寄席表演還有「漫才」。不過漫才是由兩人一起表演，單人版的叫「漫談」。那麼「落語」和「漫談」有何不同呢？「落語」是在高座上放坐墊，由表演者穿著和服坐著講話。在關西，落語家的面前有時還會放著一種叫「見台」的小桌，不過在東京就只用扇子和毛巾。而共通規則是要站要舞都隨意，但絕不能離開坐墊。重點就在於如何在這五十公分見方的範圍內以話術取勝。

回溯其歷史根源，有一說認為曾侍奉豐臣秀吉的曾呂利新左衛門可能是落語家的始祖，不過也有另一說認為，同時期站在城鎮路口講些有趣話語引人發笑的「辻講釋」或許才是其起源，兩者到底何者正確至今仍無法得知。自從在江戶晚期的寬政10（1798）年，寄席首度開設於江戶的下谷，落語便生根發展成了比歌舞伎還更令人熟悉的「庶民表演藝術」，儘管和其他表演同樣重複著榮枯興衰，但人氣相對經久不墜，延續著歷史並一路傳承至今。到了明治時代，被稱做「落語界中興之祖」的第一代三遊亭圓朝（1839～1900）登場，他擅長怪談噺（鬼怪恐怖故事）與人情噺（人情義理故事），創作了許多新的落語作品而成為名家。其中《真景累之淵》、《怪談乳房榎》、《人情噺文七元結》等幾個作品還被歌舞伎化，在歌舞伎的舞台上也同樣大放光彩。

寄席之所以能以庶民表演藝術之姿紮根，想必最主要是因為做為一種娛樂其花費比歌舞伎要低，還有寄席的數量很多因此可隨時輕鬆前往這兩

落語界的中興之祖——三遊亭圓朝

點。依時代及地點不同，寄席被心照不宣地分成一流、二流、三流、端席（及以下）等，登場的藝人也各自不同，不過所表演的故事內容基本上相同，想聽名家的精湛表演就去一流的寄席，若只是去澡堂泡澡後想在返家前順道去乘涼看表演，那就去附近的寄席即可，能像這樣依目的分別利用，應該是它令人備感親切的理由。

逝世於平成23（2011）年的立川談志發展出了「所謂落語，是對人類『業障』的肯定」之落語理論。由於出現在落語中的人物很多都不合常理，因此能坐在觀眾席看著、笑著這些內容，就等於是「對業障的肯定」。的確，包括長屋的熊先生與老八（譯註：落語人物熊五郎與八五郎的暱稱）在內，他們乍看像是普通大叔，但卻算不上符合常理。落語的「滑稽味」便是由此產生，進而得以引人發笑。

像是同情住在長屋的房客們而自掏腰包帶大家去賞花的房東雖立意良善，但因預算有限故以焙茶代替酒、以醃黃蘿蔔片代替煎蛋、以蘿蔔醃菜代替魚板的落語作品《長屋之花見》。還有知識貧乏的長屋居民去找以知識淵博聞名的長者詢問一些詭異問題，結果基於絕不想回答「我不知道的」自尊心，導致長者給的答案變得越來越奇怪的《藥罐》、《浮世根問》等作品。就在這種落語人物一來一往的對話過程中，庶民們在因他人的無知而笑翻的同時，也學到了批判精神和正確的知識，還有孝順及人性的微妙之處。

落語裡頭有一類叫「人情噺」，不太重視「Sage」（サゲ，亦作「落ち」，指落語中的笑點、哏），而是以所講述的故事內容和情節發展為賣點。像先前曾提到的《人情噺文七元結》及《唐茄子屋政談》等，便可算是此類代表。雖然其中也有如《子別》般具「Sage」的作品，但它基本上還是重視內容甚於笑點的。據說落語的笑點有好幾十種，像是「地口落」（譯註：以諧音雙關的有趣句子來總結故事的笑點類型）、「考落」（譯註：乍聽不懂，細想後才會笑出來的笑點類型）……等等，不過聽的人並不需要意識到笑點的存在。

自從能讓人們一會兒爆笑一會兒又潸然淚下的「落語」登上廣播、電視後，到寄席看表演的觀眾便大幅減少，然而它還是成功地與新媒體和諧共存並延續至今。在這過程中出現了不少「名家」，儘管有時代及個人喜好的差異，不過許多過去名家的CD和DVD至今都還在持續熱賣。

落語這種東西，就算已經知道結局，只要表演的人技藝高超，就怎麼聽都聽不膩。所謂的「藝人」之所以容易消失，想必就是因為不具備讓人看不膩的技藝吧。只有一人，卻必須分別講述有時甚至超過二十個人物的內容，這種「說話藝術」的精細複雜正是落語的本質。不論古典還是新作，這點都不會改變。

「講談」與「浪曲」

「講談」是「朗讀」，「浪曲」是「說唱」，兩者都屬於寄席表演的一種。不過追本溯源，更精準地說，它們其實誕生於寄席之外，是後來才被納入為「寄席」這種表演場所的節目之一。

講談與浪曲都曾在昭和中期左右風靡一時，「浪曲」部分出了後來成為歌手的村田英雄（1929～2002）、二葉百合子（1931～）等紅人，但真正出類拔萃的是第二代廣澤虎造（1899～1964），當時由他所表演的《清水次郎長傳》可謂無人不知無人不曉，人氣之高非同凡響。以七五調（譯註：一種詩的格律，每句都以七個音節之後接著五個音節的順序構成，不斷反覆）說唱的「浪曲」亦稱「浪花節」，聲調隨各表演者不同，除了能享受到這樣的差異外，搭配著調子說、唱一個故事可謂其基本。在舞台上放置高度及腰的桌子，並鋪上忠實觀眾贈送的布巾，然後穿著正式的和服裙褲進行表演。經過紮實訓練的聲調加上獨特的抑揚頓挫，宛如獨腳戲般，而其前身可追溯至發展於中世的「說教節」，以及邊吹法螺貝邊吟誦獻神祝詞的「Deroren

祭文」（デロレン祭文）等挨家挨戶表演的所謂門付藝。

另一方面，「講談」則是曾流行於江戶時代的「辻講釋」等大道藝之一，採納許多以歷史事件為中心的作品，以寄席表演之姿蓬勃發展。其主要類型包括「軍記物」（即戰爭故事）、「人情噺」、「怪談」等，是具有獨特語調的一種表演藝術。「講談」和浪曲不同，表演者坐在高座上，前面放著叫「釋台」的小桌，每講到高潮處，便會「砰砰」地敲打釋台來炒熱氣氛。這種特色尤以「軍記物」最為明顯。

明治末期，將講談以速記方式做成的讀物「立川文庫」大為流行，一路延

江戶的講釋師・森川馬谷在高座上講解「忠臣藏」（出自《忠臣藏十二段目》）

續至昭和初期的「少年講談倶樂部」。這類故事充滿了「忠君愛國」、「忠義」、「親子之情」等觀念，也包含了許多當時以國民道德的實踐指導為目的之「修身」科目中的元素。

很可惜地，近年來「浪曲」顯得有些無力，不過「講談」則多了不少女性的講談師，致力於嘗試演出新作，試圖讓現在的年輕觀眾能了解講談的魅力。然而同樣不幸的是，由於兩者應做為典範的名家技藝皆已失傳，因此都面臨著不知該如何融合新作與傳統，只能於黑暗中摸索的問題。從較廣的角度來看，這並非僅限於講談及浪曲，而是能劇、狂言、歌舞伎、人形淨瑠璃等所有古典表演藝術也都面臨的一大嚴重問題。

日本的「奇術」

日文的「手品」（即「魔術」）古時稱做「手妻」（源自手的動作如「稻妻」般迅速之意，而日文的「稻妻」就是指「閃電」）或「和妻」（相對於西洋的魔術被稱做「洋妻」）。在今日亦有被稱做「魔幻表演」，於寬廣空間進行的大噱頭魔術，不過使用撲克牌或硬幣等來展現指尖技巧的手品也依舊健在。另外還有故意失手、出錯，將重點放在引人發笑甚於令觀眾驚訝的手品類型。在表演藝術綿長的歷史中，這或許可說是個儘管形式改變但卻意外地從未退流行的領域。

綜觀歷史，此類表演是在奈良時代以一種「大道藝」的形式從中國大陸傳入，雖被稱做「幻術」，且已在戰國時期確立為一種雜耍技藝，但仍因被視為當時傳入之基督教的「切支丹的妖術」（譯註：「切支丹」源自葡萄牙語，就是指基督徒。戰國、江戶時期在日本國內的基督徒原被稱做「吉利支丹」，後因五代將軍德川綱吉的名字中有「吉」，為避其諱，故改稱「切支丹」），而一度經歷不當迫害。想必是被當成了會「蠱惑人心」的東西吧。

「手妻」是到了江戶時代才成為

女奇術師・松旭齋天勝

成熟的表演藝術。元祿時期（1688～1704）有鹽屋長次郎（生歿年不詳），化政期（1804～30）則有第一代柳川一蝶齋（生歿年不詳）等的活躍，與町人文化（即庶民文化）的成熟及時期完全一致。他們以所謂「水藝」及「蝴蝶之舞」的表演節目博得人氣，獲得了庶民們的熱烈支持。

進入明治時代後，以曾巡演歐洲的松旭齋天一（1853～1912）及其門徒為首的眾多奇術師們，因表演「西洋奇術」而大受歡迎，其中絕不能忘記的非松旭齋天勝莫屬。從明治19（1886）年出生至昭和19（1944）年逝世為止，經歷了六十八年波瀾壯闊的人生，創造出日本奇術的一大潮流，是堪稱「中興之祖」的一位女性。與一般日本人相距甚遠的絕佳體型及美貌為她博得極高人氣，多次赴美表演也都十分成功，不僅讓「天勝」之名成了奇術師的代名詞，更被稱做「魔術女王」，在日本紅極一時。甚至還有人假扮、冒充她，其受歡迎程度可見一斑。要說她是今日女性魔術師的鼻祖，可真是一點兒也不為過。天勝充滿波折的一生被多次改編為舞台劇，雖然她紅了很長一段時間，但現在似乎還是被歷史的浪潮給淹沒。

日本「手妻」的特徵不在於「讓大象瞬間消失」之類的動態效果，基於多半都在寄席之類的場所表演等因素，故重點主要放在展現驚人的手指技巧。就拿剛剛提過的「蝴蝶之舞」來說，就是以一般的日本標準白紙做出一到兩隻蝴蝶，然後用扇子讓它們彷彿活生生般地乘風飛舞。

這從江戶時代起便是很受歡迎的表演之一，在三味線熱鬧的伴奏下，以優美的姿態取悅觀眾。這就是「手妻」，由指尖靈巧的日本人進一步發揮巧思所創造而成的技藝。不過最近的觀眾似乎比較偏好大噱頭的魔術，於是很可惜地，看到此類小品的機會就變得越來越少。

在日本表演大型噱頭奇術的，主要有活躍於昭和時代的第一代引田天功（1934～79）。他曾在電視節目上展現「脫逃幻術」而大受歡迎，但卻不幸因病早逝。之後，由女性弟子繼承其名號為第二代，至今仍在持續展現幻術。觀眾的喜好隨著時代改變，所謂「奇術」的範圍也日益擴大。現已不再僅限於單純的手技，就連幻術、透視、超能力等似乎也都被視為魔術的範疇呢。

「見世物小屋」的哀戚風情

「來來來，來看看，看了積陰德，被看也不過是前世因果，看過再付錢喔」。從前在較大的節慶祭典中，總會有像這樣流里流氣的攬客聲，加上以五彩繽紛的顏料畫成的恐怖圖畫看板。而在那裡頭的是「蛇女」或「河童」等怎麼想都「絕不可能存在」的生物。儘管理智上知道不可能，但一聽到「好了，要開始囉」以及不斷催促的老舊鈴聲，望著看板的人們便會莫名其妙地被吸引入內。但最重要的表演卻還是遲遲不開始，要反覆好幾次這樣的過程，直到臨時搭建的帳棚內都擠滿了觀眾，表演才會緩緩展開。

今日，見世物小屋已消逝，各位或許會以為那早就是只存在於落語或電影、電視中的情景，但其實還有一間見世物小屋仍在營業。在東京新宿的花園神社，每年11月舉行「酉之市」時，見世物小屋便會出現。

例如「蛇女」，就是在刻意調暗燈光的舞台上，有一位妝化得像蛇一般的長髮女性

新宿・花園神社的見世物小屋的圖畫看板

近乎半裸地坐著，下半身則是一條盤繞起來的大蛇。上半身是人，下半身是動物，也就是所謂的「半人半獸」，但最關鍵的上半身與下半身連接處卻是模模糊糊地讓人看不清楚。

接著的「河童」，則是在舞台上有個五十公分見方的洞，而洞裡有水。當主持人敲敲地板說「河童、河童，請出來！」時，就會有「某個東西」冒出水面。那玩意兒有著褐色的頭髮，但頭頂中央是禿的。就這樣忽而冒出忽而沈下多次，不久便消失了蹤影。

這種「看不清楚」的狀態，也正是見世物小屋的有趣之處。並沒有人真的相信「蛇女」或「河童」存在，然而一旦滿足了觀眾們對於「到底會秀出什麼樣的東西？」的好奇心，就算得上是一種「藝」。亦即就藝的橋段而言，這是成立的。此外還會有女人在台上當場殺死長度約二十公分的小蛇，並喝下蛇血等，以致於帳棚中不時會傳出女性的尖叫聲。當四十分鐘左右的表演結束，觀眾們便會魚貫地走向出口然後付費離開。不可思議的是，大家步出帳棚時的表情都很有趣。人們臉上都交錯摻雜著「什麼嘛！」和「還好不是真的！」的神情。以這樣令人感受「氣氛」並進入特殊世界的層面來說，見世物小屋確實達成了藝術表演的目的。

漂泊的「放浪藝人」們

一聽到「放浪藝」，有些人或許就會聯想到「的屋」及「香具師」等在節慶祭典上擺攤賣東西的小販，但要明確地定義出日本的放浪藝其實相當困難。一般會將最近被稱做街頭表演的「大道藝」也納入其範疇，甚至還包括平安時代就已存在且伴隨有賣春行為的「步巫女」等，實際上種類相當多。有些後來為貴族及武士所擁抱，成了延續至今之能劇、歌舞伎等古典表演藝術之起源，另外還有「見世物小屋」、以新潟為中心的「瞽女」、以青森津輕地方為中心的「Bosama」（ボサマ）和「Hoito」（ホイト）等彈著三味線四處表演來換取財物的人，範圍真的很廣。

在江戶時代的大道藝中，有類似現在馬戲團的表演，而節慶祭典上更有以厲害話術叫賣「藥油」的攤商。像「藥油叫賣」那樣靠著一張嘴在節慶祭典時吸引人群、讓觀眾越聚越多的表演叫「大締之藝」，算是大道藝中技術需求相當高的一種表演。但明治政府將這類表演視為

「低俗」而予以管制，再加上隨時代進步有越來越多的娛樂出現，就體力及收入而言這都不是輕鬆好賺的工作，於是便日漸沒落。在這方面，反而是近年來盛行於行人徒步區及車站前廣場、公園等處的雜技及默劇等表演，雖是從西方傳入，卻排擠了日本原生的表演，以「時髦的表演藝術」之姿備受好評。

不過有個人看清了日本表演藝術多數源自日漸消失的大道藝及放浪藝這點，以八十三歲之齡歿於平成24（2012）的小澤昭一（1929～2012）儘管身為演員，仍從1970年代開始進行令學者們都汗顏的鄉野調查，走訪各地，從大道藝人到遊廓，親自訪談並錄音。這實在不是以演員的「業餘愛好」一句就能夠了結的，這可是將日本

在小朋友面前表演耍猴戲（昭和初期。照片提供：每日新聞社）

演藝史的內幕以真實人聲為核心整理而成的傚人研究成果。正因為是由站在舞台上的演藝人員來做，而不是由民俗學家來做，所以極具說服力。

話雖如此，隨時代演變，儘管仍有人因為興趣熟背「藥油叫賣」、「南京玉簾」（譯註：一邊唱歌一邊將手上的竹製玉簾變形成多達上百種造型的一種日本傳統街頭表演）、「耍猴戲」、「見世物」、「香蕉叫賣」等話術及「啖呵賣」（譯註：以連珠砲般的順暢口條叫賣商品），但以其為生的人確實已大幅減少。雖說東西賣出去也有利潤，可是光靠這種喧囂熱鬧中的表演而獲得的所謂「投錢」、「放錢」（相當於「施捨」、「小費」）等觀賞費，是很難存活的。更何況相關的法律規定變得很嚴格，已不像過去那樣能夠自由活動。此外，比在像樣的劇場演出的「藝」低一等這種沒根據的論調，也是讓大道藝及放浪藝難以生存的理由之一。

這想必就和在中世紀的歐洲遊歷各地，一邊演奏樂器一邊吟唱詩歌的所謂「吟遊詩人」在當時獲得了人們一定的評價，但卻今非昔比一樣。他們販賣自身所具備的技藝來維生這點，與在電視或舞台上工作的演員及表演者等並無不同。而隨著時代變遷漸漸被逼到角落的結果，便是很多都已滅絕，或是瀕臨滅絕。有如歌舞伎及人形淨瑠璃等受到政府保護的傳統表演藝術存在，但卻也有地點不定而沒人試圖去保護、也不期望能被保護的「放浪藝」。想必這就是無固定場所的表演藝術的本質。正因為注定滅亡，所以才是「放浪藝」啊。

負責炒熱宴席氣氛的「藝妓」與「幫間」

最近開始出現一些「與藝妓一起玩遊戲」之類的觀光旅遊體驗活動，但實際上真正的「御座敷遊」（即在宴席中聽藝妓唱歌跳舞，一起玩小遊戲），還有在遊廓等花大錢享樂的所謂「御大盡遊」等，都可說是已瀕臨絕種。畢竟這時代已不像過去那麼悠哉，再加上花費昂貴及娛樂多元化的影響，於是對象便從藝妓換成了伴遊。

所謂的「藝妓」是指「賣藝的人」，亦即在餐廳或遊廓（花街柳巷）的宴席上以歌曲、三味線、太鼓等傳統音樂來炒熱氣氛的女性們。從江戶中期左右開始，各地以藝妓為業者激增，光是江戶地區就因此風氣而有「新橋藝妓」、「辰巳藝妓」等競相爭妍鬥豔。雖然也曾有所謂的「男藝伎」存在，但這些後來就成了被稱做「幫間」或「太鼓持」的職業。

進入明治時期後，隨著照相技術傳入日本，這時最受庶民歡迎的對象便是「藝妓」。在還沒有電影女星的那個時代，就「專業」的美女而言，藝妓正是第一首選。《幕末維新　明治・

大正美人帖》（新人物往來社）一書刊載了從高官千金到貴族家大小姐等各個領域的「美女」照片，而其中所佔篇幅最大的就屬「藝妓」。正如「名妓」一詞的存在，代表了新橋、赤坂、祇園等各地區的當紅藝妓們都被拍了下來，各個可愛動人，真的十分美麗。這些照片被做成明信片，成了無法輕易與藝妓遊玩的庶民們的偶像。

新橋的小奴

明治時期的大文豪・泉鏡花之名作《婦系圖》描述的是曾為東京柳橋藝妓的阿蔦與書生早瀨主稅的悲劇愛情故事，而其中阿蔦和同為當紅藝妓的前輩小芳去照相一事，可說是該故事發展的一個重要情節。從阿蔦的「姐姐，我不想再照相了」這句台詞可知，在當時這是很常做的事。

「藝妓」基本上只賣藝，賣身的藝妓往往被輕蔑為「枕藝妓」。靠著表演技能自立的女性尊嚴早在距今一百五十年以前便已確立。漂亮的長相與華麗的服裝固然重要，不過做為藝術家的專業態度，或許也是外國人喜歡藝妓的理由之一。

接著來談談「幫間」吧。有句川柳說的是「太鼓持ち上げての末の太鼓持ち（太鼓持，曲終人散後就只剩下太鼓持）」（譯註：意指飲酒作樂一旦玩過頭，最後丟了工作，什麼都不會，就只能當炒熱氣氛的太鼓持了），但其實幫間（太鼓持）可不是坐在那兒喝酒笑鬧就行了，不是嚐盡世間酸甜苦辣而懂得男女間細微情感的人是做不來的。要有最敏感的氣氛觀察力，還要有靈活的頭腦能依狀況設計遊戲內容及玩法等以免「旦那」（即花錢光顧、擔任金主的男性客人）覺得無聊，是一種必須臨機應變、懂得如何在不得罪旦那的情況下讓他玩得開心的人才能夠擔任的職業。甚至有時還會被迫去做一些可能賠上性命的「蠢事」。

例如在寒冬時分，因為今晚服務的是個「好旦那」，所以穿上唯一一套像樣的和服去，但卻被這位旦那要求「跳進庭院的池子裡抓鯉魚」。對於旦那的命令絕對服從是做太鼓持的基本規定。於是只能做好心理準備，一邊在腦子裡計算著和服的價格，一邊跳進池子，假裝與鯉魚搏鬥。結果那唯一一套像樣的和服當然就變得濕答答又沾滿泥濘。這時老闆娘立刻開口說「請到這兒來換衣服」，而依照老闆娘的指示進了房間後才發現，裡頭放了一整套更高級的全新和服，從足袋（譯註：日式的分趾鞋襪）到襦袢（譯註：即中衣或中單，為穿在外衣和內衣之間的衣服）、羽織（譯註：和服用的短外套）等，一應俱全。這就是旦那的玩法。

「不能太笨也不能太聰明，更不能不上不下」是太鼓持常用的說法，而這實在是再正確不過。雖然今日仍有少數幾個人在擔任太鼓持的工作，但有經歷過御座敷的美好時光的，應是以悠玄亭玉介（1907～94）為最後一人。立起屏風，然後自顧自地說「讓我來替你打針」的旦那與拼了命試圖逃跑的太鼓持的互動演出，真的是很棒。

幫間甚至曾在落語《鰻之幫間》裡擔任主角，只不過在該作品中的幫間並非出自嚴格的師徒制，而是個依樣畫葫蘆的外行人，勉勉強強地扒住了金主不放，俗稱「野太鼓」。夏目漱石的《少爺》中也曾出現這個詞彙，但由於不是正式的太鼓持，因此也用來表示鄙視牆頭草之意。

藝妓與幫間，要說是一段已逝去的美好時光也的確如此，然而它毫無疑問是日本特有的一種表演藝術。

日本最早的「音樂劇」

今天的日本，可說是沒有一天無音樂劇作品上演的音樂劇全盛時期。

不過日本最早的音樂劇作品到底是哪一齣？這件事還挺難確定的。因為從明治晚期到大正年間，不僅有國外傳入之Opera（編註：此為英文中的「歌劇」）、改編歌劇並強調其中滑稽部分的輕歌劇（喜歌劇），還有結合了歌舞秀與音樂劇的「歌劇」（編註：此為日文中的「歌劇」）等混雜並存。而從中看來，大正3（1914）年4月以「寶塚少女歌劇養成會第一回公演」之名，在寶塚新溫泉內的天堂劇場演出由北村季晴作曲的歌劇《Donburako》和本居長世作曲的歌劇《浮達磨》應該是最早的。原來日本最早的音樂劇作品為「國產」，而且首演還不是在東京，是在兵庫縣的寶塚。東京則是於同年10月，在帝國劇場上演了標榜為「喜歌劇」的《天堂與地獄》。

現代的「音樂劇」作品要不來自美國的百老匯、英國的倫敦西區，要不就來自奧地利，而一開始是以百老匯的作品佔了絕大多數。昭和26（1951）年以「帝劇音樂劇第一回公演」之名上演，腳本為菊田一夫所寫，且由越路吹雪主演的《Morgan O-Yuki》是最早的百老匯作品，但它實際上是個近乎模仿的作品。而正宗作品的翻譯演出，要一直等到十二年後的昭和38年，才有了在東京寶塚劇場演出的東寶音樂劇《窈窕淑女》。至今仍持續上演的這部名作，其首演陣容包括了江利智惠美（江利チエミ）飾演的伊麗莎、高島忠夫演的希金斯教授、益田喜頓飾演的皮克林上校等。之後，昭和40年有越路吹雪與市川染五郎（現在的第九代松本幸四郎）演出的《國王與我》，昭和42年有森繁久彌演了九百場的《屋頂上的提琴手》，昭和44年則有市川染五郎所演出的《夢幻騎士》等首演，至今仍持續演出的名作一個接著一個地揭開序幕。

這樣寫來，感覺此時音樂劇似乎已在日本紮根，但其實當初並沒有那麼順利。《國王與我》首演時，在不知作品內容的工作人員之間曾傳出與選角有關的趣事，當時他們覺得「劇名有國王，所以找個胖一點的來演應該比較好」，於是便把經驗豐富的大體型歌舞伎演員列為候選。另外昭和末期在日本群島上掀起一大熱潮的《屋頂上的提琴手》，儘管首演時推出了堪稱最強陣容的演出班底，但進場看戲的觀眾卻是寥寥可數，評價也不怎麼樣。畢竟日本人對猶太人被迫害一事無法感同身受，更何況此作的內容與明亮多彩的「音樂劇」形象相距甚遠。它是於再次演出時才紅

寶塚少女歌劇養成會的首次公演《Donburako》（照片提供：每日新聞社）

的。後來在昭和58年，由劇團四季於新宿西口臨時設置的「貓劇場」首演《貓》，日本才爆發了音樂劇的熱潮。

在昭和61年森繁久彌演了九百場的《屋頂上的提琴手》落幕的隔年，昭和62年，同樣在帝國劇場，英國產的音樂劇《悲慘世界》則揭開了序幕。而這一瞬間無疑是日本音樂劇史上的一大分歧點。此後，像之前那樣「歌」與「戲」清楚區隔的作品不再，取而代之的是如《悲慘世界》般，完全由歌曲構成的「搖滾歌劇」形式的音樂劇，以及奧地利產的《伊麗莎白》等，迎向今日堪稱百花齊放的時代。平成27（2015）年，《夢幻騎士》慶祝自首演以來第五十週年，同一演員在五十年內演出主角一千二百次以上的例子舉世無雙。雖然對日本人演出外國音樂劇的做法至今仍存在不少批判的聲音，不過長達半世紀的歷史與眾多作品群都證明了觀眾們的支持。

從神事到運動的「相撲」的歷史

相撲的歷史其實非常久遠，早從日本神話時代開始就有。其起源一般認為是《古事記》所記載的「建御雷」與「建御名方」的兩神之爭，在《日本書紀》等文獻中也曾出現，其實相撲原是基於神道的一種祭神儀式，即所謂「神事」。從小寶寶只要讓相撲力士抱過就能長得健壯的習俗便可看見其殘餘痕跡。隨時代演進，相撲的「表演」性質日益強烈，雖也曾經歷過被視為一種「武道」的時代，不過其「運動」地位的確立是在明治時期以後。

就如江戶時代的川柳「一年を二十日で暮らすよい男（用二十天過完一整年的好男兒）」所述，當時相撲每年會在兩個地點舉辦，每個地點各十天。當然，那時就有到各地巡迴比賽的做法，也有不同於「本場所」（即正式、正規的比賽）的其他「勸進相撲」（譯註：以募款為主要目的而較具表演性質的相撲比賽）等賽事。昭和中期，在冬季冰天雪地少有娛樂活動的深山村落裡，很多人都期待著廣播的相撲賽現場轉播，並針對當天比賽的勝負來下注開賭。若不將此一層面也納入考量，想必是無法看清相撲全貌的。

相撲選手被認同為一種職業並成為時代的明星而歷史留名，是進

入江戶時代之後的事。雷電為右衛門（1767～1825）、小野川喜三郎（1758～1806）等知名力士都是曾出現於歌舞伎及落語的紅人。以相撲選手擔任主要角色的歌舞伎作品有《双蝶蝶曲輪日記》、《關取千兩幟》，另外也有非歌舞伎但為長谷川伸（1884～1963）的作品且上演了不知幾千次的《一本刀土俵入》，而落語部分則有《花筏》、《阿武松》等，影響範圍甚廣。

相撲選手的支持者叫「谷町」，而此詞彙的語源眾說紛紜，其中有一說是指稱相撲愛好者曾聚集於大阪的「谷町筋」（譯註：為大阪市

勸進相撲的比賽情景（出自第二代歌川豐國的《勸進大相撲之圖》）

內的一條南北向主要道路）。剛才引用的川柳，也是在相撲選手成為一種職業，甚至成為庶民們的偶像而現身於錦繪之後才誕生的。

看在外國人眼裡，全身只穿著一條稱為「廻」的丁字褲、僅能以自身肉體堂堂正正一決勝負的樣子，或許可讓人感受到與「武士道」共通的精神。而在格鬥競技中決定勝負的時間最短這點，很可能也是相撲令人覺得特別的理由之一。屏除雙方決勝時如「立合」（譯註：在相撲比賽中，雙方力士從蹲踞姿勢站起並展開攻擊的瞬間）等時機是固定的外，由於是兩名巨漢以肉身相搏，因此就體力來說是無法持續個幾十分鐘的。此外，於雙方呼吸節奏一致並起身對戰的那一刻，喊出「発気揚々、残った（用力用力，勝負未定）」的行司（即相撲比賽的裁判）也有著和其他格鬥競技裁判不太一樣的味道。

儘管相撲的致勝絕招有很多種，不過只要有任一方踏到土俵（譯註：相撲比賽時的圓形擂臺，直徑四・五五公尺，高約六時公分，表面鋪細沙，四周以草袋（俵）圍起）之外勝負即定的獨特規則，以及與擅長於土俵邊界纏鬥的力士之間的攻防等，想必也都是相撲的魅力之一。從昭和30年代、40年代日本孩童們玩的「紙牌」上印的都是那時當紅的相撲力士這點看來，不論橫綱（譯註：相撲力士的最高等級）是日本人還是外國人，相撲顯然都是日本的「國技」。

閒情雅趣之日本「香道」

香不是用「嗅」的，而是用「聞」的。因為必須靜下心，以全身並充分運用五感來享受其芳香。古代的香，是一種做為除臭劑使用的必需品。在洗澡並不那麼簡單、方便的時代，身份地位高的人都會焚香來薰染衣服及頭髮。

雖說香木被帶入日本的最早記錄為《日本書紀》中所寫的推古天皇3（595）年，可是在那之前隨著佛教的傳入，香應該就已做為佛教的必要工具而傳入了才對。但畢竟一開始香並不像現在是用來享受香味的，而是供奉給佛的東西，故會呈現這樣的歷史記錄也是理所當然。後來隨著時代演變，香不僅成為貴族用的東西、發揮了如今日芳香劑的作用，更發展出猜香木種類、與和歌搭配等高層次的知性遊戲。

一聽到香木，會立刻浮現腦海的應該就是「伽羅」、「沈香」、「白檀」了。這些都無法自然產生於日本，它們是在東南亞溫暖潮濕的氣候中與附在樹木上的細菌產生化學反應後的樹脂塊。即使運用現代技術，被視為最高級的「伽羅」的香味仍無法以人工製造，因此香木的價格不斷飆升，遠遠超越白金，每公克要價一萬日圓以上者不在少數。

在日本最有名的香木，應該就是以「正倉院御物」（譯註：「正倉院」是用來保管日本古代寺院財寶的倉庫，而「御物」即指珍藏的寶物）聞名的一塊稱為「黃熟香」的沈香，別名「蘭奢待」。據說至今曾切取過此優質香木的，只有室町幕府的八代將軍・足利義政、織田信長及明治天皇等三人，真令人好奇它所飄散出的到底是怎樣的香氣。而由於在「蘭奢待」的文字中藏著「東大寺」三字，故此香木又有另一別名為「東大寺」。

搭配組合數種不同的香再依香味猜出其種類

源氏香之圖

的「組香」活動，在戰國時代大為流行。如此毫不手軟地焚燒貴重香木的做法，應該多少也帶著點炫耀的心態才是。不用說，這也與當時最流行的「茶道」密切相關。在小小的茶室中，伴隨著淡淡的餘香品味靜謐時光，對名震天下的戰國武將們來說必不可少。

在「聞」香方面，畢生從未猜錯「組香」組合的名人．米川常伯（？～1676）將香木的香味比擬為「甜、酸、辣、苦、鹹」等味覺，替過去依生產國分類為「六國」的香增添「五味」，讓「聞香」有了進一步的發展。

聞香昇華為一種藝道是進入江戶時代之後的事。戰國之世告終，太平之世到來，諸多文化勃興。香道就是於此時，做為一種與茶道及花道並列的室內文化，提升了純度。而以《源氏物語》為靈感來源，借用除去其五十四帖中第一帖「桐壺」和最後一帖「夢浮橋」的五十二帖卷名，建立共五十二種組合，且每個組合都有各自對應的卷名與圖樣的「源氏香」，誕生於寬永年間（1624～44）。如此洗鍊的設計至今仍做為一種日本的代表性圖樣，被廣泛應用於零食包裝、和服花色、家紋等生活周遭的各種物品上。

將非日本原生之素材提升至藝道精神層次的日本人之心，展現在香道及茶道的世界，如今甚至還成了象徵日本的事物之一，這點實在很值得玩味。而在這其中，也有著由先人們長時間所累積成的文化。

以人工方式活用自然花朵的「花道」

在做為一種「道」而興起、發展之前，早從遠古時代開始，日本就已存在有綻放於山野的美麗或芬芳花朵具有特殊魔力的觀念。而它做為一種「道」轉往藝術領域，與室町晚期的「茶道」勃興有很大關係。因為在茶室的有限空間內插花以做為茶會的「點綴」一事，開始受到重視。

戰國之世告終，自從武家社會進入了安定的江戶時代，「花道」（也作「華道」），或稱「插花」）便做為一種藝術展現出大幅度的發展。花道和茶道一樣也誕生了數個流派，以日本最有名的「池坊」為首，還有「草月流」、「小原流」等，很多都發祥於京都。畢竟在擁有無數神社佛閣及茶室的京都，「花道」或「插花」的習慣可是有著比其他地區更根深蒂固的歷史。

而花道一旦發達，插花用的「花器」便也同步發展。為了充分展現四季花卉之美，除了深底的花瓶外，亦有如水盆般淺而寬的容器，此外材質也不僅限於陶瓷類，還發展出以木頭及玻璃、金屬等材質製成的花器，種類繁多。此外，從幕末至明治時期於歐洲興起的「日本主義」（Japonisme，在十九世紀以法國為主掀起對日本感到興趣的風潮）讓花道被傳至海外而大獲好評，但想必也因此反向受到了來自西方的刺激。

花道的醍醐味就在於運用四季不同的各種花卉，享受搭配組合之趣，然後就是「枯萎」。即使是流派掌門人的等級，就算每天拼了命地照顧，最佳觀賞期也撐不過一周。在這段期間，花朵的外觀時刻變幻。所謂的花道正是一種「生命的藝術」。被剪下的花朵終究會耗盡生命、枯萎。包括這過程在內，都是「插花」的精彩之處，亦是價值所在。雖然

對昭和戰前時期的女性來說，插花是必備的教養（昭和 11〔1936〕年。照片提供：每日新聞社）

現在已有「乾燥花」、「保鮮花」等技術，但日本人還是鍾愛會自然枯萎的花朵，這點讓人充分感受到日本人特有的美感。

即使使用同樣的花器插同樣組合的花，也不可能插出一模一樣的作品，這點也很關鍵。儘管今日技術進步，任何季節都能開出各式各樣的花朵，但花道基本上是以自然綻放的花朵為素材來展現其生命力的藝術，就像花田中數千朵的花絕不會有任何一朵長得跟另一朵一模一樣，以同樣方式插同樣的花也絕不會呈現一模一樣的結果。這也是插花的美妙之處。

關於花的插法，自江戶時代傳承至今的各流派在花的種類數量及搭配組合方式等方面都有一些固定規則，例如要用什麼來搭配菊花等，而該如何在這些規則中發揮插花者的個性這點，便是其魅力所在。而且不只有花，有時也會加入單純的葉子。現代的流派似乎更尊重個人的感性甚於這些所謂的「規則慣例」，不過這部分沒有什麼對錯可言。畢竟所要傳達的感覺才是真正的重點所在。

恬靜幽雅的「茶道」世界

將「喝茶」這一單純行為提升至「藝術」或「道」的境界的，應該只有日本茶道了。依流派不同，從茶筅（譯註：即茶刷，用來攪拌茶湯使之起泡的竹製工具）的拿法到起泡的方式都不一樣，要能夠一邊若無其事地依循眾多規則慣例，一邊在狹小的空間裡品茶，其實相當不簡單。

聽到「茶道」二字，很多人第一個想到的就是千利休（1522～91）。就將喝茶的行為昇華至藝術層次而言，利休有很大貢獻。之後，茶道便分成了數個派別，一路延續至今。

茶室是只有兩、三張榻榻米的狹小空間，而且這榻榻米還是所謂的「台目」，大小只有一般榻榻米的四分之三。是個空間非常狹小、氣氛沈靜而放鬆的場所。茶室都有個名為「躙口」的小窗，客人全都必須從這個入口進入。如此一來，不論身份地位有多高，都必須卸下大小刀劍，低下頭，以一個「人」的身份進入茶的世界。人一旦進入茶室，原本於人世間的身份地位便不再有意義，最大的就是主導茶會而被稱做「亭主」的主辦人。因此要擔任亭主，就必須具備從茶碗（茶杯）的品牌、字畫掛軸、插花裝飾到插花工具等，在有限空間內做各種佈置並招待客人的巧思及教養、知識。也就是必須十分細心體貼，要將熱情款待的心意徹底廣佈至小空間的每個角落，不能讓被招待的人感到擁擠侷促。

不過從茶會的座位順序開始到隨茶提供的茶點吃法、茶的喝法、包括茶碗在內的各種茶具鑑賞、對茶室整體陳設的感想等，其實被招待的一方也必須具備相當的教養。在織田信長（1534～82）及豐臣秀吉（1537～98）等人活躍的戰國末期，於京都、大坂、堺等地取得了「富裕」這種力量的有錢商人們在面對以武力為後盾的戰國武將時，試圖以知性主義來對抗的做法，或許也可視為是「茶道」的一個面向。

千利休像（長谷川等伯畫）

而在封閉空間內以有限人數進行的此種活動，根本就是千載難逢的最佳「密談」場所，這點實在不難想像。例如明智光秀（1528？～82）於反叛織田信長前，曾在茶室吟詠連句（譯註：即俳諧連歌，由多人一同創作的一種詩歌）《愛宕百韻》，有人說這就是本能寺之變的行前會議，想想還真的挺有道理。

聽到「茶道」一詞，可能同時想到的還有「侘び」（Wabi）和「寂び」（Sabi）這兩個日文詞彙。即使知道這兩個詞，腦中也很難立刻浮現明確的意象，算是相當艱澀難懂的日文。有個有名的小故事說的是，豐臣秀吉聽聞千利休家的庭院裡開滿了牽牛花，於是決定去看一看，但他去的那天早上，和大家講的完全不同，利休家的庭院裡一朵牽牛花也沒開。而氣呼呼的秀吉一進入茶室，卻看到裡頭插了一朵牽牛花。根據辭典的解釋，「侘び」是「靜靜地品味、享受閒居生活」之意，而「寂び」是指「優雅、淡泊之美」。兩者都是相當感性、非具象的精神性美學。

茶道的厲害之處在於，它是一種狹小空間中的行為，但卻在發展、成長的同時採納、融入了書法、繪畫、和歌、俳句、花道、香道、古董、工藝、建築等藝術與美術。從茶室的構造，到掛在其中的書、畫及其卷軸、插花與花器、所焚燒的薰香……等等，將這些東西不斷累加，於是成為一個集大成的「道」。其中的每個元素、每一種道，都是極具深度的日本文化。能將這些全都集合起來，互不干擾也互不衝突地融合於一個空間的，正是茶道的精神。而處於其中，摒棄奢華且一心只專注於喝茶的「茶就是拿來喝的」利休精神，既是藝道，同時也是修練精神之場域。

不過藝術不是靠高度的精神性就能存活，這點在各領域皆然。當價值可比一國領土的所謂「大名物」茶具出現，在「千利休」之名成為該藝道之品牌時，經由富商之手，茶碗、茶杓、花器、字畫卷軸等「茶具」或「佈置道具」又有了不同的意義。只要有利休的題字，就能讓一支茶杓即使喊出離譜的高價，仍有人爭相搶購。關於利休的死罪，雖說真實原因至今依舊不明，不過他的確是被豐臣秀吉賜死而切腹自殺，就此結束一生。做為茶道的「中興之祖」，其存在感始終過於巨大的利休所喝的最後一口茶，到底是什麼味道呢？

文學

「芥川賞」與「直木賞」

每年1月和7月，「芥川賞」與「直木賞」的得獎作品一旦公佈，就一定會上新聞。有時暢銷書便因此誕生，也有些作者從此飛黃騰達。那麼，這兩個獎是為了什麼目的而創立，又經歷了怎樣的發展過程呢？

以《恩仇之外》和《爸爸回家》等作品聞名的菊池寬（1888～1948）既是作家，也是編輯、企業家。他自費發行了雜誌《文藝春秋》，於大正12（1923）年創立文藝春秋出版社，並成為第一代社長。功成名就的菊池為了培育後進，於昭和10（1935）年針對無名新秀所創作的大眾文學小說提供獎項，並採用當時人氣鼎盛的大眾小說家友人直木三十五（1891～1934）之名，設立了「直木賞」，另外也以友人芥川龍之介（1892～1927）之名，設立了純文學的新人獎——「芥川賞」。儘管曾在第二次世界大戰期間中斷，但兩者都於平成25（2013）年下半年迎接了第一百五十次的頒獎。或許是以純文學為對象的關係，導致「芥川賞」較常有「得獎者從缺」的狀況，不過兩者的得獎作品加起來數量可是相當多。

「大眾文學」和「純文學」的差異何在呢？明治時期以後，文學差不多都已屬於大眾，「純文學」的「純」是指什麼？某個作品到底該歸入那個領域？可說是非常困難的問題。畢竟讀過後的印象完全取決於讀者的主觀，無法輕易切割，不像數學那樣能求得明確的答案。但這也正是文學的有趣之處。

其實以社會派推理小說《點與線》、《零的焦點》等建立起一個時代的松本清張（1909～92）的獲獎作品是《某〈小倉日記〉傳》，奪下的

昭和 32（1957）年芥川賞選考委員會的開會情景。從左側前起依序為川端康成、丹羽文雄、石川達三、舟橋聖一、瀧井孝作。右側前起則依序為佐佐木茂索、井上靖、中村光夫、宇野浩二、佐藤春夫。

是純文學的「芥川賞」。而以劍豪小說（類似武俠小說）聞名的柴田鍊三郎（1917～78）所寫的《死亡面具》，則是同時入選芥川賞與直木賞。

近年來大眾文學與純文學的地位差異不大，然而在這些獎項剛設立時，「大眾文學」普遍被認為比「純文學」低一等。照理來說只要讀者覺得有意思，應該沒有什麼高低之分才對，但這就是一種昭和初期的「文壇權威」。另外補充一下，昭和10年獲得第一屆「直木賞」的是川口松太郎（1899～1985）的《鶴八鶴次郎》、《明治一代女》、《風流深川唄》，這些作品之後都被改編為新派戲劇，都是至今仍持續演出的名作。而同年第一屆「芥川賞」得主是描述巴西移民故事的石川達三（1905～85）的《蒼氓》，以此時期的作品來說，光看作品名便多少能理解「大眾文學」和「純文學」的差異。只不過隨著時代進步，兩者的分界似乎變得越來越模糊。

不變的是，不限於小說，在與文學有關的獎項中，這兩者依舊綻放著璀璨光輝。儘管獲得了如此耀眼榮譽，有些作家卻僅此一作或得獎後再多個零星幾作即於文壇消失，但也有因獲獎而飛黃騰達者。對於以小說為志的人來說，不論今昔，想必對這兩個獎項的服膺與嚮往都是不變的。

觀察歷代的得獎作品，尤其是成了暢銷書的作品，往往就能想像得到當時的社會狀況與讀者樣貌。例如賣了一〇二萬本以致於誕生出「太陽族」一詞的石原慎太郎（1932～）的《太陽的季節》（昭和30年），還有以學生運動為背景而暢銷一八六萬本的柴田翔（1935～）的《然而，我們的生活……》（昭和39年）。而在歷代得獎作品中寫下最高三五四萬本驚人銷售數字的，是村上龍（1952～）的《接近無限透明的藍》（昭和51年）。這些作品都分別象徵了各自的年代，並以當時的年輕人為中心獲得了廣泛的支持。不僅限於這些得獎作品，從所有文學作品的歷史軌跡回想當時的社會情況，都可說是閱讀的樂趣之一。

昭和文學列傳

要一口氣講完持續了六十四年之最長年號「昭和」的文學發展並不容易。光是時期就可分為「戰前」、「戰中」、「戰後」，而以類型區分則包括小說、詩、俳句、短歌、劇本等。此外讀者的年齡層與喜好也很多元。接著就讓我們以上述這些為基礎來瞭解其概況。

考慮到昭和初期文學中時代及國家的進步趨勢，就不能漏掉所謂的「普羅文學」（或稱

小林多喜二

太宰治

林芙美子

坂口安吾

「無產階級文學」）。多年前，年輕人的勞動狀況都同樣不太理想，於是小林多喜二（1903～33）的《蟹工船》（昭和4〔1929〕年）便掀起了熱潮，而這種「工人階級的文學」以德永直（1899～1958）的《沒有太陽的街》（昭和4年）等為代表。但在時代走向戰爭的過程中，普羅文學因其思想性而成了被打壓的對象，有些作家為此喪命，也有些作家選擇「轉向」改變想法。於此時期，有太宰治（1909～48）、堀辰雄（1904～53）、中島敦（1909～42）等人現身文壇，而之後與情婦在玉川上水自殺殉情的太宰治，其名與戰後發表的《斜陽》等作品一同流傳後世，人氣經久不衰。另一方面，志賀直哉（1883～1971）、川端康成（1899～1972）、島崎藤村（1872～1943）等作家雖然名氣響亮，但和現代的讀者似乎較有距離，大概只有《鍵》、《細雪》、《瘋癲老人日記》、《刺青》等谷崎潤一郎（1886～1965）的作品至今仍持續再版。詩人中原中也（1907～37）及高村光太郎（1883～1956）等的作品也越來越少有機會看到。

在戲劇腳本的劇本領域中，則有久保榮（1900～58）的《火山灰地》（昭和13年）至今仍偶爾上演。

以戰敗為契機，日本文學有了大幅度的轉變。在「言論自由」確立，再也不必害怕軍方審查的過程中，以坂口安吾（1906～55）的《墮落論》為首，在埴谷雄高（1909～97）與野間宏（1915～91）等內省型小說獲得支持的同時，包括大岡昇平（1909～88）、三島由紀夫（1925～70）、安部公房（1924～93）、井上靖（1907～91）等人都十分活躍。其中於昭和24年發表《假面的告白》的三島由紀夫，以短短四十五年生涯留下數量龐大的著作，他異常壯烈的臨終方式實在太過有名，而在領導文壇，甚至是引領戰後文化等方面都有很大功績。

接著在所謂戰後派作家中被視為「第三新人」的安岡章太郎（1920～2013）、吉行淳之介（1924～94）、遠藤周作（1923～96）、小島信夫（1915～2006）、庄野潤三（1921～2009）、阿川弘之（1920～）等人登場。之後石原慎太郎（1932～）以《太陽的季節》（昭和30年）於文壇華麗現身，掀起熱潮，甚至引發名為「太陽族」的社會現象，繼續更有大江健三郎（1935～）、開高健（1930～89）、江藤淳（1932～99）、北杜夫（1927～2011）等人。

於此同時也開始有女性作家嶄露頭角，像是野上彌生子（1885～1985）、宇野千代（1897～1996）、林芙美子（1903～51）、幸田文（1904～90）、圓地文子（1905～86）、平林泰子（平林たい子，1905～72）、瀨戶內晴美（現名瀨戶內寂聽，1922～）、田邊聖子（1928～）、有吉佐和子（1931～84）等，她們以女性特有的感受力和觀察力發表了諸多作品。其中有吉佐和子的《恍惚的人》不僅被改編為電影，該作品名更一度成為社會流行語，有段時間她陸續發表了多部作品，包括家庭問題及由女性觀點出發之社會問題等，題材相當廣泛。

談到昭和文學時絕不能忘記的大事之一，就是昭和43年川端康成獲得了諾貝爾文學獎。後來於平成６（1994）年，由大江健三郎成為第二位獲得諾貝爾文學獎的日本人。近年來，據說村上春樹（1949～）的地位最接近日本第一作家，其新作動向總會成為話題，而作家的行為本身也成了一種社會現象。

從１９７０年代中期起，團塊世代（譯註：指在日本生於二次大戰後數年內的嬰兒潮世代）的作家佔據了文壇中心，以四十七歲之齡英年早逝的中上健次（1946～92）便是這類作家中第一個獲得芥川賞者。之後，《接近無限透明的藍》（昭和51年）的村上龍（1952～）與昭和54年以《聽風的歌》出道的村上春樹等成為時代的旗手，廣泛獲得年輕讀者的支持。接著進入１９８０年代，在文學上未曾師從特定前輩的年輕女性作家以不同於以往的方式登場，山田詠美（1959～）、吉本芭娜娜（吉本ばなな，1964～）等開始脫穎而出，讓「文學界」的樣貌有了明顯變化。

另外1970至1980年代，活躍於戲劇界的塚公平（つかこうへい，本名金峰雄，為在日韓國人，1948～2010）以《蒲田進行曲》（昭和56年）獲得直木賞，而同為戲劇界人士的唐十郎（1940～）則以《來自佐川君的信》（昭和）58年獲得芥川賞，出現了文學與戲劇之間界線淡化的現象。其中井上廈（1934～2010）與筒井康隆（1934～）兩人在小說、劇本方面都很活躍，創造出為數眾多的暢銷書。而此時期還誕生了包括松本清張（1909～92）被稱做社會派推理小說的一系列作品、基於大量資料及深度訪談的司馬遼太郎（1923～96）的歷史小說，以及可算是全新類型的星新一（1926～97）的極短篇小說等各式各樣的作品。

大正文學列傳

夾在明治的四十五年、昭和的六十四年兩個較長時期之間的，是不到十五年的短時期——

伊藤左千夫

芥川龍之介

岡本綺堂

萩原朔太郎

「大正」。雖然人們常以「大正現代主義」、「大正浪漫」等形象美好的詞彙來談論它，不過做為從明治到昭和的轉換期，不只在文學亦包含其他領域，大正或許可說是個一直在尋找「新東西」的時代。

針對明治時期的自然主義文學，從明治末期卻也開始出現「反自然主義文學」的運動。文學作品或作家都無法完全以「○○主義」、「○○派」等來歸類，往往一位作家就綜合了多種風格。

當自然主義文學佔據了文壇主流，於二十世紀初（明治末）便有夏目漱石（1867～1916）及森鷗外（1862～1922）等作家發起反自然主義文學運動。期間雖短，但仍可算是個作家們展現了豐富特色的時代。

谷崎潤一郎（1886～1965）追求唯美的世界，久保田萬太郎（1889～1963）則講究日漸消逝的「東京情調」。而武者小路實篤（1885～1976）尋求豁達大器的世界，這後來還導致了自給自足的「新村」運動的產生。另外志賀直哉（1883～1971）、有島武郎（1878～1923）、里見弴（1888～1983）等作家的作品也都發揮了很大作用。

到了大正時代中期，芥川龍之介（1892～1927）及菊池寬（1888～1948）等人登場。自大正2（1913）年起，以劍豪・机龍之助為主角的中里介山（1885～1944）之大作《大菩薩嶺》開始在《都新聞》報紙上連載。儘管此作未完而終，但仍應做為「大眾小說」的先驅而被記上一筆。畢竟它對之後的時代小說及劍豪故事都有極大影響。

在詩歌方面，萩原朔太郎（1886～1942）、室生犀星（1889～1962）、佐藤春夫（1892～1964）、高村光太郎（1883～1956）等確立了口語調的白話詩地位。尤其由高村發表於大正3年的《道程》，及萩原朔太郎的《吠月》（大正6年），將詩從「格式」擴展至「情懷」，提高了其表現的自由度。而生前未獲好評的宮澤賢治（1896～1933）也是這個時代的人。

至於短歌部分，寫實的阿羅羅木派成為主流，伊藤左千夫（1864～1913）、長塚節（1879～1915）、島木赤彥（1876～1926）、齋藤茂吉（1882～1953）等人都十分活躍。俳句有河東碧梧桐（1873～1937）門下的荻原井泉水（1884～1976）確立了不拘泥於「五・七・五」

格律的自由律俳句，進而孕育出尾崎放哉（1885～1926）及種田山頭火（1882～1940）等俳人。

在戲劇方面也有很多優秀的劇本創作，誕生了不少至今仍持續上演的名作。以岡本綺堂（1872～1939）的《修禪寺物語》及菊池寬的《爸爸回家》等為首，包括岸田國士（1890～1954）、小山內薰（1881～1928）等的劇本都留下了很大影響。

經常被人們視為「空包彈」般的這大正時代，或許正因為短暫，因此其實格外密集、濃縮也說不定呢。

明治文學列傳

從日本高中所用的「日本史」教科書中與「明治時期之文學」有關的敘述看來，坪內逍遙（1859～1935）發表於明治18（1885）的評論《小說神髓》被認為是日本近代文學之嚆始。不同於江戶時代的通俗小說及勸善懲惡等文學，它提倡的是內省及客觀、寫實的描述，而以今日日本所用的「言文一致體」的文句（即白話文），二葉亭四迷（1864～1909）完成了小說《浮雲》。

在此介紹幾個教科書所列出的主要文學作品吧。

假名垣魯文（1829～94）的《安愚樂鍋》

樋口一葉（1872～96）的《濁江》、《青梅竹馬》

泉鏡花（1873～1939）的《高野聖》

國木田獨步（1871～1908）的《牛肉與馬鈴薯》、《武藏野》

夏目漱石（1867～1916）的《我是貓》、《少爺》

森鷗外（1862～1922）的《舞姬》、《即興詩人》

長塚節（1879～1915）的《土》

樋口一葉

國木田獨步

德富蘆花

泉鏡花

另外還有提到幸田露伴（1867～1947）、土井晚翠（1871～1952）、正宗白鳥（1879～1962）、田山花袋（1872～1930）、上田敏（1874～1916）、德富蘆花（1868～1927）等人。

經歷明治維新，文學的世界也大量湧入了西方近代思想。正當著重故事抒情性的浪漫主義，以及傾向於直接寫出人類黑暗面的自然主義等成為明治文壇的主流時，如森鷗外、夏目漱石等至歐洲留學者亦日漸增加。這是日本文學史大幅變動的時代。但明治時期的文學作品對現代人來說「難讀」、「難懂」、「不有趣」應是不爭的事實。日本的國語教科書早已不再放入明治時期的文學作品這點，就是最有力的證據。

的確，有些漢字用的是舊假名，文句以「歷史假名遣」（即舊的假名用法）寫成，絕不是輕輕鬆鬆就能順利閱讀的。不過閱讀有時可說是和一本書搏鬥的益智遊戲，因此這其中也有令人期待之處。

代表昭和時期的俳人之一，中村草田男（1901～83）有一句著名的俳句「降る雪や 明治は遠く なりにけり（下落的雪和明治時代都已離我遠去）」。這收錄於昭和6（1931）年的《長子》中，當時明明還只是昭和初期，但卻已將明治視為遙遠的年代。而經過大正、昭和兩個年號後，現在的平成時代也過了四分之一個世紀，明治確實已是超過一個世紀之前的遙遠過去了。

什麼是「言文一致運動」？

一聽到「文言」、「白話」等，有些人可能就會想起國、高中的國文課。而要以文字具體說明文言和白話有何差異其實相當困難。

我們平常說的話被稱做「白話」（口語），也就是日常會話。同樣含意的會話依地區、方言不同，其發音及用詞本身有時也會不一樣。但若將該會話轉換成文章，寫成所謂的「書面語」，就不會有發音不標準的問題，不會有太大差異。這就是所謂的「文言」，亦稱「書面語」。不過原本「文言」的意義並不僅止於此，以基於平安時代語言的所謂「文言體」來寫文章的方式，實際上一直延續到明治時期。

相對於殘留有江戶時代味道的文章，以寫實描繪人類心理層面及社會狀況為目的所創作的評論著作《小說神髓》，是由坪內逍遙（1859～1935）發表於明治18（1885）年。而對此「言文一致」運動有所共鳴而發表的小說則有二葉亭四迷（1864～1909）的《浮雲》（明治20年），

坪內逍遙

二葉亭四迷

之後更有尾崎紅葉（1867～1903）、幸田露伴（1867～1947）、樋口一葉（1872～96）等人氣作家陸續登場，明治時期的文學就此綻放。同時短歌與俳句也展現出連鎖反應，除了有与謝野晶子（1878～1942）的《亂髮》、石川啄木（1886～1912）的《一握之砂》等短歌集的誕生，還有由正岡子規（1867～1902）所主導的俳句雜誌《杜鵑》。

例如松尾芭蕉（1644～94）最具代表性的俳句「古池や 蛙飛び込む 水の音（古池，蛙跳，水花濺起之音）」和正岡子規的「痰一斗 糸瓜の水も 間にあはず（痰已多達一斗，想取絲瓜水來治療也來不及了）」，兩者相隔了約二百五十年。經過了二百五十年的歲月，心與言語的表現形態仍一致的，也可說是一種「言文一致」。

另一方面，日本最早將莎士比亞（1564～1616）的劇本全數翻譯完成的坪內逍遙，在一開始翻譯《哈姆雷特》著名場景中的「To be, or not to be, that is the question.（生還是死，這是個值得考慮的問題）」這句台詞時，是譯成了「世に在ふるか……在へぬか……それが疑問ぢや」（現代日文譯為：生か死か、それが問題だ）讓人充分感受到了時代感。創作與翻譯兩者

乍看類似但實則不同，這不能與先前列舉的各作品相提並論，而且當時西方思想也還不像今日這麼普及。不過現在我們自然而然地閱讀、說出的日本語，也是像這樣經過先人們的努力才形成的產物呢。

幕末的大劇作家——河竹默阿彌

在歌舞伎長達四百年的歷史中，若以近松左衛門（1653～1724）為「中興之祖」，那麼河竹默阿彌（1816～93）就是眼看著江戶時代歌舞伎因明治維新而崩毀的同時，跨時代將歌舞伎留存至後世的見證人。

文化13（1816）年，生為江戶日本橋商家之子，因玩樂過度失去繼承權，於十九歲時拜第五代鶴屋南北（1796～1852，寫了《東海道四谷怪談》等的是第四代鶴屋南北）為師。之後，儘管曾一度因生病及家庭等因素離開戲劇世界，但仍於天保14（1843）年成為立作者（專職狂言作者中的首席），並從勝諺藏改名為第二代河竹新七（為方便起見以下仍以「默阿彌」稱之，但其實默阿彌是他引退後的名字）。在嘉永7（1854）年寫的《都鳥廓白浪》大受歡迎，讓他就此站穩了狂言作者的地位。「白浪」在古代中國有「小偷」之意，而由於他後續以小偷、小惡棍為主角的《白浪五人男》、《三人吉三廓初買》等作品大紅，故也有了「白浪作者」的稱號。

默阿彌的戲劇中最具特色的就是聽起來優雅流暢的七五調台詞，以及借用被稱做「下座音樂」或「余所事淨瑠璃」之清元等音樂的所謂「戲劇性」。與鶴屋南北的時代不同，他以觀眾更熟悉的方式描寫生活在幕末，亦即有如現代所謂世紀末般時代裡的庶民，同時巧妙地融入勸善懲惡、因果報應等根深蒂固於日本人心的情感，在道德訓誡之前，先與觀眾的真實生活有所重疊，編劇技術可謂十分高明。據說其畢生遺作數量超過三百，不過對默阿彌而言最重大的事件，應是在所謂

河竹默阿彌

明治維新的「新時代」中仍必須不停地撰寫歌舞伎劇本。默阿彌遇上明治維新是在他五十二歲時，就當時來說感覺就像是人生已到晚年，差不多該退隱時卻突然有大浪襲來，而歌舞伎也不例外。即使年號換成了「明治」，他仍繼續將昔日的江戶寫成《髮結新三》、《河內山與直侍》等充滿江戶風情的戲劇作品，但身處於試圖配合時代進展的歌舞伎界中，他也不得不寫一些全力呈現「寫實」甚於「戲劇性」的戲碼。

明治14（1881）年他以《島衛月白浪》為告別作引退，而這部戲是描寫當時社會狀況的「現代劇」，在歌舞伎中不僅有警官登場，主要角色更留著所謂的「散切頭」（譯註：流行於明治初期的一種男性短髮髮型），甚至還聽得到POST之類的外來語。此後以古河默阿彌之名，他雖不再公開現身，但仍以所謂「助筆」的輔助、諮商角色，直至死前都持續出勤，在劇場度過一生。不過在更名為「默阿彌」後，他就未再發表出任何足以留名戲劇史的作品了。

描繪出邪惡之美的劇作家——鶴屋南北

直接說他是《東海道四谷怪談》的作者或許是最快、最簡單的介紹方式。就「鶴屋南北（1755～1829）」的身份來說他是第四代，而其實第一到三代都是歌舞伎演員。從第四代起成了歌舞伎的作者，接著便終結於第五代。第三代和第四代之間沒有血緣關係，而一般說的「鶴屋南北」通常都指第四代。

他是活躍於江戶時代晚期，正當文化即將從顛峰轉向衰敗之文化文政期（1804～30）的歌舞伎作者，風格符合當時人們的喜好，賣座劇本一部接著一部，但要能夠達到這境界可是一點兒也不輕鬆。在歌舞伎的世界裡，劇作家被稱做「狂言作者」，而且不只是演員，就連這些作者也有階級分明的身份制度存在。從見習開始，經歷被稱做「狂言方」的四枚目、五枚目階段，然後爬上三枚目、二枚目，最後才成為立作者（專職狂言作者中的首席）。所謂的二枚目、三枚目就是類似「第二把交椅」、「第三把交椅」的意思。成為立作者後，才

第四代鶴屋南北像（出自《阿染久松色讀販》）

能從頭開始設定一齣戲的架構並負責撰寫重要部分，此外名字還會被列在如今日的「節目單」中作者群的最前面。

鶴屋南北以狂言作者見習的身份投身戲劇界是在安永5（1776）年時，而取得立作者地位則是在享和元（1801）年，當時他已四十六歲。之後，文化3（1804）年時為夏季演出所寫的《天竺德兵衛韓噺》大受歡迎，以此站穩了立作者的地位，但這時他已經五十歲。有鑑於江戶時代人的平均壽命較短，因此他不僅是花開得晚而已，更可說是到了晚年才將過去所累積的一口氣全力噴發的所謂大器晚成的作者呢。活動機關、豪華場面、快速換裝等，歌舞伎除了會以所謂的「外連（Keren）」（即噱頭、花招）來讓觀眾驚艷外，也會藉由男女情愛的激情場面及逼真悽慘的殘殺場景來引起觀眾興趣。

《櫻姬東文章》是將著迷於男性魅力而墮落為妓女的公主和輪迴轉生的故事結合在一起，《東海道四谷怪談》則創造了大量運用快速換裝、殘殺場景及機關裝置的鬼怪故事。《阿染久松色讀販》（通稱《阿染的七役》）更想出了由一個演員以快速換裝的方式演出女兒、尼姑、英俊小生、藝妓等七個角色的設計，以新穎的橋段討好觀眾。不過鶴屋南北的作品精髓並不在於這些橋段的堆疊，而是在於其中鮮明地描寫出了人類黑暗的本性。正因如此，才能歷久不衰，一再上演。

雖說在其眾多作品中被歷史的浪潮給淹沒的也不少，但卻有「超級歌舞伎」的創始者，第三代市川猿之助（現在的第二代市川猿翁）重新發掘這些作品，將其內容改編得符合現代觀眾之身心需求且簡單易懂，使之復活為自己的賣座戲劇。例如《獨道中五十三驛》、《菊宴月白波》、《四天王楓江戶粧》、《金幣猿島郡》等都屬於這類作品，至今仍持續演出。

雖然有人說「鶴屋南北的魅力就在於邪惡」，但其實他的魅力不僅在於邪惡，更在於他對「人類」赤裸裸的描繪，在於將外在之美與內在之醜的反差展露於舞台上。他在「光鮮亮麗的戲劇」中，毫不留情地將潛藏的人類真實樣貌給揭露出來。而於鶴屋南北逝世後約四十年，日本便迎來名為「明治維新」的現代化重要里程碑。

瀟灑過一生的戲作者們

所謂「戲作」（即通俗小說），是指江戶晚期流行於江戶地區、以一般庶民大眾為對象的高娛樂性小說。江戶時代中期，江戶地區的人口便已超過一百萬，在經濟上也成為世界第一的都市，而江戶人的讀寫能力亦有所提升。當時在歐洲，「閱讀」仍僅限於特權階級，但在日本就連個酒舖的小伙計也具有閱讀能力。雖不是家家戶戶都如此，不過小孩很多的家庭，孩子到了十歲左右便會被送去「奉公」（譯註：做為一種家庭雇工，替人做家務或協助處理該家族的事業）。在奉公處雖沒有薪水可拿，但有得吃也有地方睡，還能學會「讀書、寫字、打算盤」，以及各種禮儀規範和做生意的方法。所以就算爸媽都不識字，小孩也能去學了再回來。

在這種情況下，文化便逐漸從武家擴及庶民，許多書籍於是流行起來。但由於當時的書屬於高價品，所以一般人並不買書，而是採取付錢給不時背著書前來的「租書人」，向他借用一段時間的系統。這種合理有效的系統在江戶晚期就已穩定運作於庶民階層。

其中像是山東京傳（1761～1816）的《傾城買四十八手》等忠實描寫遊廓狀況及愛情陷阱的所謂「灑落

山東京傳像

式亭三馬像

十返舍一九像

本」、式亭三馬（1776～1822）的《浮世風呂》和十返舍一九（1765～1831）的《東海道中膝栗毛》等以庶民日常生活為題材的「滑稽本」（譯註：流行於江戶晚期，以對話為主、內容幽默搞笑的通俗小說）、上田秋成（1734～1809）的《雨月物語》及曲亭（瀧澤）馬琴（1767～1848）的《南總里見八犬傳》等以日本史實為素材但傳奇性強烈的「讀本」、為永春水（1790～1843）的《春色梅兒譽美》等以男女情愛為主的「人情本」……等等，廣受大眾喜愛的書相當多。另外在被稱做「草双紙」的附有插畫的小說中，則有《源氏物語》之戲謔仿作的柳亭種彥（1783～1842）的《偽紫田舍源氏》博得高人氣。

這些戲作者的出現，代表了江戶文化的徹底成熟，並非絕大多數的作者都以「職業作家」身份營生，他們多半都還擁有其他收入來源。這樣的狀態創造出了精神上的餘裕，讓他們能夠在書中盡情諷刺政治、不斷嘲笑世事而受到大眾歡迎，不過這卻也導致了山東京傳被處以「手鎖五十日」（譯註：以手銬銬住雙手五十天並在家反省）之刑而被軟禁在家等事件。

這位山東京傳也正是廣受少男少女喜愛之冒險小說《南總里見八犬傳》的作者——曲亭馬琴的師父。而這《八犬傳》在撰寫過程中，因馬琴不幸失明故以口述方式請媳婦代筆，直到完成為止可是足足花費了二十八年的歲月。只靠稿費就能生活的，在主要戲作者中，馬琴是第一人。戲作者的樣貌隨時代變遷，從「有教養的浪蕩子」佔多數轉變成「以寫作為生」，但在江戶幕府崩解、近代思想傳入的同時，「戲作」文化便硬生生地被斬斷。

就像暢銷小說會被改編成電視劇或電影般，大受歡迎的戲作也會被改編成歌舞伎。以曲亭馬琴的《八犬傳》、《椿說弓張月》為首，包括十返舍一九的《東海道中膝栗毛》、為永春水的《春色梅兒譽美》等，至今都還能在歌舞伎的演出中欣賞到。

雖說戲作精神仍可於現代文學中瞥見，但畢竟現在是「言論自由」受到保障的年代，和賭上性命寫出自己想寫的那種時代的作品相比，作者的覺悟程度想必是大不相同。就算受罰也要繼續「嘲諷戲謔」這點，可是暗藏著江戶時代人們堅毅剛烈的性格呢。

女人的執著──《東海道四谷怪談》的恐怖之處

《東海道四谷怪談》應該算是日本最有名的怪談（即鬼怪恐怖故事）。長相俊美但個性很差的民谷伊右衛門對自己的太太阿岩下毒，使其面貌變得難以卒睹。該故事主要講的就是阿岩死去，而其鬼魂作祟困擾著伊右衛門。由第四代鶴屋南北（1755～1829）精心編造的這個怪談故事大受歡迎，明治時代之後也被改編為電影，甚至是不同於歌舞伎的舞台劇等，穩坐怪談之王的寶座。

鶴屋南北既以「橋段大師」聞名，這戲當然也充滿了各種橋段。像是突然被吸進佛壇的「佛壇返」、幽靈從燈籠中跑出來等舞台噱頭就不用說了，甚至這齣戲本身更和「忠臣藏」的故事呈現互為表裡的狀態。主角伊右衛門是鹽治（史實為淺野）的浪人（譯註：失去或主動離開主君的武士，即失業武士）。就在他正想重新找個工作時，求職處的高師直（史實為吉良）的家老·伊藤喜兵衛的孫女，阿梅愛上了伊右衛門。伊藤於是提出以工作為交換條件，要伊右衛門和現在的妻子阿岩離婚，改與阿梅結為夫妻。

《東海道四谷怪談》的神谷伊右衛門與阿岩（歌川國芳畫）

由於有這樣的橋段設計，首演時便採取了和「忠臣藏」交替演出的形式。據說因此花了兩天時間才演完。

在戲劇的世界裡至今仍有很多「迷信」存在，例如這齣戲在演出前，主要演員都會一起到四谷的「於岩稻荷」（譯註：祭拜阿岩的神社）去參拜，祈求演出順利平安。不可思議的是，據說一旦省略這個動作，演出時就一定會發生某些意外。還有絕不能直呼「阿岩」的名諱，要尊稱為「阿岩小姐」或「四谷大人」等，必須抱著敬畏之心。看來這世上依舊存在有無法合理解釋的東西呢。

鶴屋南北是在文政8（1825）年，七十歲時寫出此作品，算是大器晚成型的作者，而這部可說是結合了以往在戲劇上他所學到的眾多橋段及花招的集大成之作。四年後，他就劃下了生涯的句點。正因為是在距離明治維新不到五十年的頹廢氣氛中，主要描述庶民的堅毅與「邪惡魅力」的作品，所以才會至今人氣依舊不墜。《東海道四谷怪談》讓我們充分體會到，雖然幽靈和怨靈也很可怕，但最可怕的還是人的「私欲」。日本有句俗話說得好「戲劇是未受教育者的知識來源」，可見以前的人們在劇場裡頭也能學到人生教訓呢。

彌次與喜多的旅途記事——《東海道中膝栗毛》

《東海道中膝栗毛》描述彌次與喜多這組江戶人搭檔到處幹下各種稀奇古怪的蠢事，一路上吵個不停又不斷搞砸事情，一邊吟詠著狂歌，一邊繼續著東海道五十三次（譯註：指日本江戶時代，從江戶至京都之主要道路「東海道」上的五十三個驛站）的旅行。這是由十返舍一九（1765～1831）所創作的滑稽本。屬於長篇小說，不採取讓人從頭到尾一次讀完的形式，而是分成「品川～箱根」、「箱根～蒲原」……等等共八篇，實際上花了十一年的歲月才完全出版完畢。

對「旅行」的憧憬，再加上那是個旅行並不容易的時代，這些因素讓此作一炮而紅，於是十返舍一九應讀者要求，決定繼續撰寫除東海道以外其他地方的「遊記」。據說他本來打算寫完東海道就收手，沒想到後來又繼續寫了《金毘羅參詣　續膝栗毛》、《宮嶋參詣膝栗毛》、《木曾街道膝栗毛》等多篇，甚至連插畫都由他本人親自上陣，投注了極大心力。十返舍一九似乎是走訪了全國各地收集資料，但在交通網不如今日完備的江戶晚期，要了解其他地區的風情、景色、居民性格等應該很不容易。正因如此，所以這全日本走透透的「江戶二人組」趣味之旅，即使說盡了酸言惡語又遭遇失敗、吃盡苦頭，卻仍大受歡迎。

書名中「膝栗毛」的「栗毛」是指馬的種類，因此「膝栗毛」就是兩個身份地位不高而無法騎馬旅行的人，以自己的膝蓋代替栗色的馬匹進行徒步旅行之意。在那個除非有特殊狀況或者特別有錢，否則旅行一定都是用腳走的時代，作者十返舍一九到底走了多長的距離呢？

這樣的作品對後來的文學及表演藝術造成多大的影響，也會成為該作品的評價之

《東海道中膝栗毛》的主角・彌次郎（右）與喜多八

一。就如同下一篇要介紹的《南總里見八犬傳》，十返舍一九所寫的一系列被稱做「膝栗毛物」的作品，對許多領域都造成了影響。

進入明治時期後，除了有假名垣魯文（1829～94）所寫的《西洋道中膝栗毛》一書外，在電影方面也出現許多「彌次喜多物」，並一直延續到平成時代。此外，在屬於日本傳統音樂之一的「新內」中，《東海道中膝栗毛》的「赤坂並木之段」以經典人氣名曲之姿，至今仍持續為人們所演奏。甚至在歌舞伎領域，《東海道中膝栗毛》於昭和初期首演後，也曾多次被搬上舞台。最後是漫畫部分，《海螺小姐》的作者．長谷川町子（1920～92）留下了一本《新彌次喜多道中記》，成功讓這對組合的名字與形象廣泛留存於不論男女老少的各個年齡層之中。就這層意義而言，此作或許真可稱得上是「國民文學」呢。

戰隊英雄的始祖──《南總里見八犬傳》

依年齡層不同，因NHK傍晚所播放的人偶戲《新八犬傳》（於1973～75年播出）而知道此故事的人大概也不少。由影歌雙棲的坂本九（1941～85）擔任旁白，辻村壽三郎以「綴布」為基調創造出的獨特服裝令人印象深刻，每次於傍晚播出十五分鐘，總共播了多達四六四集。

而此人偶戲的原作，就是堪稱江戶時代戲作巨人曲亭（瀧澤）馬琴（1767～1848）所寫的《南總里見八犬傳》。這部作品從開始到完成足足花了二十八年時間，

而且不只是耗時，它更是總數多達九十八冊的超級長篇故事，其規模之大，被稱為江戶戲作的代表。同時它對歌舞伎及後續其他如近代戲劇、電影、電視、錦繪等諸多表演藝術和美術都有所影響這點，也絕不能忽略。在「芳流閣的決鬥」一幕中，利用了大屋頂的華麗打鬥最為精彩。一次又一次地被改編成電影，也被納入至近代戲劇表演之中，以故事的宏大規模為中心，人氣歷久不衰。

受中國《水滸傳》影響的此一作品，以室町晚期的安房國為背景，主角則是因里見家的公主・伏姬和神犬八房之因緣而聚集的八位劍士。犬塚信乃、犬川莊助、犬山道節、犬飼現八、犬田小文吾、犬江親兵衛、犬坂毛野、犬村大角等八人，每個人的名字裡都包含「犬」字，而且雖然長的位置不盡相同，但每個人身上都各有一顆「牡丹痣」。他們還各自持有一塊玉，上頭分別刻著「仁」、「義」、「禮」、「智」、「忠」、「信」、「孝」、「悌」的字樣，這

八人一路克服諸多危難，最終得以迎接與伏姬的大團圓。

原著由岩波文庫出版為多達十冊的套書，另外還有幾家其他出版社出版了摘譯及現代語譯本。

這部「大河小說」（譯註：以一群人的生涯或家族歷史為中心，伴隨著社會、時代背景，以較廣大觀點描寫的長篇小說）從開始寫作到完成為止的二十八年間，也曾發生過很戲劇化的事件。那就是作者曲亭馬琴寫到一半竟失明了。儘管如此，馬琴的創作欲望未滅，於是以「口述筆記」的方式讓故事繼續下去。可是負責口述筆記的媳婦並不會寫字。馬琴一字一字地慢慢教，好讓她

《南總里見八犬傳》的「芳流閣的決鬥」之幕（出自五粽亭廣貞的《大阪錦繪》）

能寫出來的熱情固然了不起，能夠依公公的指示持續作業的這媳婦，毅力也實在是夠驚人。在黑暗之中請不會寫字的人替他口述筆記的馬琴的這種態度，令人充分感受到作家之「業」。而這齣家庭內的戲劇被劇作家吉永仁郎寫成《瀧澤家之內亂》，並由加藤健一事務所演出。

不存在於江戶時代的「著作權」

小說或漫畫等作品「疑似有部分被抄襲」的新聞時有所聞。著作權法對以創作為生的人們來說，是能保護自己的創意及作品的重要法律，今日不僅是「著作權」，就連其他相關權利以及與二次利用有關的問題都有詳盡規範。

不過在日本的著作權發展遠比歐洲要落後許多，大概差了二百年以上。在歐洲，自從堪稱「世界三大發明」之一的十五世紀古騰堡印刷技術被開發出來後，1545年於威尼斯誕生了世界最早的著作權法，而1710年則有對近代著作權法影響甚鉅的安妮法令誕生於英國。但此時的日本仍處於江戶中期（正德7年。六代將軍・德川家宣統治期間），印刷還是用木板刻字再以墨液拓印的「出板」時代，完全沒有著作權的概念。因此「抄襲」別說是如現今般被法律懲罰了，反而是以利用別人作品的有趣之處的「積極想法」來大肆實行。

這在歌舞伎的歷史上展露無遺，一旦有某人的作品大紅，該作品中較優秀的幾幕幾乎都會被其他人完整或局部修改後，納入他們自己的作品中。有時甚至連角色的名字、故事大綱等都直接照單全收。這叫「改編」，是將過去的作品加工調整得更有趣的一種想法。當然，這些並未獲得作者本人或其遺族之同意。但既然沒有著作權的概念，也就沒理由指責他們。然而也正因如此，才會有以過去中國古書為基礎的諸多作品誕生，江戶時代的文學也才得以蓬勃發展。

不過經歷明治維新，隨著日本於明治19（1886）年加入「伯恩公約」（譯註：全名為「伯恩保護文學和藝術作品公約」，是關於著作權保護的一項國際公約），在福澤諭吉等人的主導之下，嘗試讓西洋的著作權也在日本徹底法制化，隔年明治20年便設置了「版權條令」，至此著作人及著作物的權利終於能夠受到保護。之後歷經數次修改，著作權的有效期限在昭和8（1933）年被訂定為「著作人死後五十年」，今日仍依此規定實行。而近年來，許多著作人則開始試圖將著作權期限延長至「七十年」。

以上說的都是基於歷史事實的權利關係，但若像是「俳句」之類僅由十七個字構成一作品的情況，由於排列組合的偶然，或至今為止的作品數量過多以致於創作者無法完全掌握，因此很可能會發生創作者恰巧做出一模一樣句子的狀況，並非刻意抄襲。據說這時的處理方式並非由法律明文規定，而是存在有某種潛規則。亦即若是被指責，或是自己發現在過去的他人作品中有和自己的俳句一模一樣者，就該默默撤下自己的作品。

日本的莎士比亞——近松門左衛門

做為一位對江戶中期人形淨瑠璃及歌舞伎的發展有莫大貢獻的作者，近松門左衛門是在日本史教科書中必定會出現的名字。生於承應2（1653）年，雖然沒有和莎士比亞（1564～

1616）完全同年代，但同樣做為英國及日本的戲劇代表人物，讓他經常被拿來與莎士比亞相提並論。不過日本的教科書並未具體說明近松門左衛門實際上對人形淨瑠璃和歌舞伎等表演藝術，到底有多大功績。

關於其一生，雖仍有一些不確定的部分，但基本上他是越前福井藩藩士之子，直到他十幾歲父親成為浪人之前，受的都是武士的教育。之後，他們舉家遷往京都，而據說在京都所培養的中國古書素養，在他日後成為劇作家時提供了極大幫助。捨棄武士身份投入演藝

近松門左衛門像

世界的近松門左衛門，儘管以「作者」身份磨練了許久，但其正式出道作品不明，可確定為近松作品的，是貞享元（1684）年他三十一歲時為古淨瑠璃名人・宇治加賀掾所寫的《世繼曾我》。接著隔年，又替說唱淨瑠璃的竹本義太夫寫了《出世景清》，然後在貞享3年的《佐佐木先陣》中才首度列名為作者。

此後除了人形淨瑠璃外，他同時也提供作品給歌舞伎的第一代坂田藤十郎（1647～1709），在人形淨瑠璃與歌舞伎之間來來回回的七十二年生涯中，留下了一百篇以上的淨瑠璃作品。近松最擅長的是描繪男女戀愛故事而被稱做「俏事」（譯註：內容以貴族公子為愛落難的情節為主）的作品，或許是正逢上方文化到達顛峰的元祿期（1688～1704）的關係，才讓這樣的作品贏得了群眾喝采。元祿16（1703）年的《曾根崎心中》寫下賣座紀錄，《心中天網島》及《心中宵庚申》等一連串的心中物（譯註：以男女殉情為主題的戲）大受歡迎，而由於其他作者也有樣學樣，接二連三地寫出一大堆類似的心中物，導致嚴重的社會現象，在他過世之前兩年，即享保7（1722）年時，甚至讓幕府下令禁止了心中物的演出。

近松之所以能持續獲得高度評價，理由就在於其巧妙的編劇技術。以中國明朝的英雄・鄭成功（1624～62）為原型，描述以中日混血主角・和唐內為中心之壯闊故事的《國性爺合戰》

連續賣座超過三年，讓當時面臨營運危機的大坂竹本座重新站了起來。此外，從今日仍以《俊寬》之名演出部分內容的《平家女護島》及《關八州繫馬》等時代物，到剛剛所說的心中物及《女殺油地獄》等世話物，作品類型的多元寬廣想必也是他獲得高度評價的原因之一。

還有個特別值得一提的，就是他所留下的《虛實皮膜論》這一著名的演技論。這是在近松死後才出版的《難波土產》中，以聽寫記錄的形式呈現，裡頭一針見血地指出「演技的精髓就是戲劇的虛假與現實之間那層如薄膜般的東西」。這與現代戲劇的寫實主義觀念相通，他看穿了該如何將戲劇之虛假盡可能呈現得接近真實這一演員的永恆煩惱，並將之視為一大課題。

不只是荒唐無稽的戲碼而已，背後更有如此穩固的戲劇理論在支撐，正因為是努力描寫人類樣貌的作品，才能夠到今天都仍維持著不墜人氣。

甚至掀起了殉情風潮的《曾根崎心中》

《曾根崎心中》可說是近松門左衛門作品中備受讚譽的一大名作。第四代坂田藤十郎

（1931～）至平成26（2014）年為止已演出一千三百場以上。被其視為「千載難逢」最佳角色的阿初，在本劇中是曾根崎新地的妓女，而她的對象德兵衛則是醬油店的伙計。

《曾根崎心中》的首次演出，是元祿16（1703）年在大坂．竹本座的人形淨瑠璃。於華麗多彩的元祿文化時代，在不到一個月的時間內，將實際發生的曾根崎森林殉情事件編寫成戲劇並加以演出，這對近松而言是第一次編寫「世話物」，也就是當時的現代劇。此作的爆紅讓近松之後一部接著一部地接連創作出這種「心中物」，結果不久民間也陸續出現憧憬戲劇世界而將殉情付諸實行的男女。最終導致江戶幕府在享保7（1722）年下令「禁止演出心中物」。

以極快的速度將真實事件改編為戲劇、在劇中事件的發展自始至終僅僅一天，以及將男女情愛以「殉情」（即日文的「心中」）的形式戲劇化等，想必都是它廣泛擄獲人心的原因。此外，在兩人手牽手走向殉情的「私奔」場景中的經典名句「依依

《繪入曾根崎心中》之插圖

不捨此世，這是最後一夜。我將死的身軀就如原野路上的冰霜，一步步消逝。啊，彷彿夢中之夢」也提升了效果。這部作品後來更進一步轉移至歌舞伎，大大掀起熱潮。

但這麼有人氣、為「心中物」點起了流行之火的作品，不久即全面停演。直到昭和28（1953）才復活，從其首演算起已是第二百五十年了。由劇作家宇野信夫（1904～91）改編並執導近松之原作，並由第二代中村鴈治郎（1902～83）和第二代中村扇雀（現在的第四代坂田藤十郎）這對親子檔演出，大受歡迎。此後，在它成為歌舞伎重要劇目之一的同時，也讓演阿初的扇雀因此大紅，成了大明星。儘管後來飾演德兵衛的角色從父親鴈治郎換成了兒子・第五代中村翫雀（1959～），但其實這角色他也足足演了六十一年呢。

在人形淨瑠璃和歌舞伎之中，描述當時事件及市井小民生活的內容類型被稱做「世話物」，而近松之筆所編織出的字字句句，想必是十分貼近人心的。

「俳句」是全世界最短的文學

「古池や 蛙飛び込む 水の音（古池，蛙跳，水花濺起之音）」。

這是被稱做「俳聖」的俳人・松尾芭蕉（1644～94）最具代表性的作品之一。以「五・七・五」的共十七個字來傳達情感及風景，並將可知時期的季語也吟詠於其中。另外像接在句子最後的「けり」（Keri）、「かな」（Kana）等所謂的「切字」（譯註：俳句中具斷句作用之字詞），也有一定的運用慣例。俳句就是在這些規範的限制下做發揮，既簡短又困難，可說是全世界最短的定型詩。

由於字數有限，還分成上、中、下三部分，因此的確可能恰巧創作出一模一樣的句子。故意為之者當然就是抄襲，但若是偶然、意外，那麼創作者在發現有別人先做出同樣的俳句時，就該主動撤除自己的作品，這是大家默認的規矩。而將俳句除去季語，更進一步提高了自由度

松尾芭蕉像

小林一茶像

正岡子規

種田山頭火

的，叫做「川柳」（詳見下一主題）。

回溯俳句的歷史，在明治時代之前其實被稱做「俳諧」，「俳句」一詞本身是在正岡子規（1867～1902）使用後才逐漸固定下來。俳諧本與「連歌」同形式，是以「五・七・五」的長句與「七・七」的短句交替連接成一首詩歌。後來其中所謂「前句」的「五・七・五」部分獨立發展出來，就成了俳諧。

登場於江戶時代之元祿期（1688～1704）的松尾芭蕉以俳諧第一人聞名。這位芭蕉出生在伊賀國（今日的三重縣），到了江戶後便隱居於深川。而他有個特別值得一提的作品，就是記錄了在弟子曾良的陪伴下，於元祿2（1689）年3月從江戶出發，探訪陸奥、出羽、越後、加賀等東北與北陸地方之歷史名勝，再前往伊勢神宮，直到在同年9月離開美濃大垣為止這一旅程的遊記《奥之細道》。芭蕉於所到之處都分別留下了俳句。例如在陸奥的平泉留下「夏草や兵どもが夢の跡（夏草與士兵都是夢的痕跡）」，在出羽的山寺（立石寺）留下「閑さや岩にしみ入る 蝉の声（山林閑靜，蟬鳴聲，聲聲入岩）」，而在越後的出雲崎詠歎的則是「荒海や 佐渡に横たふ 天の河（海浪洶湧，高掛的星河橫跨在佐渡島上）」。芭蕉與其門徒的俳句風格被稱做「蕉風」。

到了江戶中期，与謝蕪村（1716～83）登場，憂心當時的俳諧世界漸漸失去原創性的他，

基於「蕉風回歸」，亦即提倡回到芭蕉時代之原點的想法，而進行創作。除了「春の海 終日のたり のたり哉（春天的海，終日緩緩蕩漾）」、「さみだれや 大河を前に 家二軒（五月的梅雨成災，兩間民家前暴雨成河）」等廣為流傳的名句外，還留下許多將俳諧與畫一起創作在一張紙或絹布上的所謂「俳畫」作品。

接著江戶晚期則有吟詠信濃（今日的長野縣）之農村庶民生活的小林一茶（1763～1827）登場。「やせ蛙 まけるな一茶 これにあり（瘦弱的蛙兒別認輸，一茶在這兒聲援你）」、「雀の子 そこのけそこのけ お馬が通る（小麻雀快讓開，馬兒要過小心別被踩）」、「やれ打つな 蠅が手をする 足をする（別打蒼蠅，牠已經搓著手腳求饒了呢）」等對日本人來說都是相當耳熟能詳的句子。對於大自然中的弱小生物和孩子們，一茶也都投注以溫暖目光，創作出了許多甚具親切感的俳句。據說他一輩子留下的俳句作品總數超過二萬。而一茶死後，其著名的俳諧俳文集《我之春》才出版。

昭和21（1946）年，法國文學研究的第一人桑原武夫（1904～88）發表了以「俳句非藝術」為主旨的《第二藝術論》，曾一度於當時的俳句界引起爭議。其內容主要是以俳句「無法表現人生」、「根本無法分辨專業和業餘作品」等理由為論據。

雖說《第二藝術論》的想法較為極端，不過在明治末期，基於固定格式的俳句無法表達心情的理由，還是出現了打破「五・七・五」格律的所謂「自由律」俳句。至今仍有許多忠實粉絲的著名流浪俳人——種田山頭火（1882～1940）及尾崎放哉（1885～1926）等，便是在此領域留名。

儘管迎接明治維新讓許多日本傳統文化受到西方文明的洗禮，但這些文化並未滅絕，而是一邊吸取新時代的觀念一邊繼續存活下去。說到可代表明治時期的俳人，肯定就是以「柿くへば 鐘が鳴るなり 法隆寺（嚐一顆柿，便聽見法隆寺的鐘聲悠揚）」這句聞名的正岡子規了，他偏好吟詠花鳥風月等自然美景，門徒包括了以「去年今年とし 貫く棒の 如きもの（年復一年，我心依舊）」為代表作的高濱虛子（1874～1959），以及探索俳句新趨勢而留下「赤い椿 白い椿と 落ちにけり（紅色的山茶花、白色的山茶花，紛紛落下）」等作品的河東碧梧桐（1873～1937）。這兩位都是代表了大正、昭和時期的俳人，培育了許多弟子。

大正時有主要在其出生地山梨進行創作的飯田蛇笏（1885～1962），以「芋の露 連山影を正しうす（秋天芋頭葉上的露水，映照著雄偉的山脈）」之句聞名，而昭和時則有水原秋櫻子（1892～1981）和山口青邨（1892～1988）、山口誓子（1901～94）、中村草田男（1901～83）等人較為活躍。

就像演出戲劇的團體被稱做「劇團」般，因對俳句有共同理念而集合在一起創作的團體則稱做「結社」。尤其「杜鵑」（創立於明治30年）和「馬醉木」（創立於大正11年）這兩者可說是優秀同好輩出的日本最具代表性結社，至今仍延續著俳句血脈。

也是「五・七・五」但非俳句的「川柳」

時至今日，各大報紙的「川柳」專欄依舊擁有很高的人氣。而由第一生命保險公司所舉辦的「上班族川柳競賽」似乎也已成為固定活動。儘管具有與俳句相同的「五・七・五」形式，也是世上最短的定型詩，但少了如俳句的「季語」及「切字」等規則束縛，可自由表現、輕鬆吟詠想必就是它如此受歡迎的秘訣。

俳句本是做為俳諧的一部份發展而來，俳諧是由短句「七・七」加上長句「五・七・五」構成，例如「切りたくもあり切りたくもなし（砍也不是，不砍也不是）」的短句再加上「盜人を捕へて見ればわが子なり（抓小偷竟然抓到自己兒子）」的長句。其中的長句為「前句」，而它獨立發展出來便成了俳句。以「七・七」為題，再附加「五・七・五」的前句，故稱為「前句付」，人們就是以此方式享受其中的巧妙語意。例如先寫出「馬鹿な事かな馬鹿な事かな（蠢嗎？蠢嗎？）」的短句為題，再加上「金の番とろとろとしてうなされる（守財奴擔心害怕地老做惡夢）」的前句。而單這句前句，便以川柳之姿，和俳句同樣成了獨立的一種文藝形式。

據說從江戶中期至晚期，亦為俳諧評選人的柄井川柳（1718～90）就是川柳之祖。中期以後，隨著庶民文化日益興盛，《誹風柳多留》一書被編成，從初編出版的明和2（1765）年到天保9（1838）年第一六七編出版為止，實際上花了七十年以上的時間才出版完畢。所收錄的川柳作品據說多達二十萬句。其中「役人の 子はにぎにぎを よくおぼへ（官吏之子很早就學會收賄）」、「かみなりを まねて腹がけ やつとさせ（假扮雷公，好不容易才讓孩子願意穿上保暖肚兜）」和「子が出来て 川の字なりに 寝る夫婦（生了孩子就睡成川字形的夫婦）」

川柳之祖・柄井川柳像

等幾句特別有名。從這些諷刺時代與社會狀況的句子，到「くちなしや 鼻から下は すぐに顎（梔子花〔譯註：日文的「梔子花」與「沈默的人」同音〕都是鼻子接下巴）」之類的雙關俏皮話都有，其實內容相當多彩豐富。從柳亭種彥（1783～1842）及大田南畝（蜀山人，1749～1823）等知名文人墨客到市井的無名小卒，都競相展現創作才能。最基本的素養肯定要有，但不須要考試或任何資格，故做為一種庶民可輕鬆享受的知性娛樂，川柳便蓬勃發展，至今仍持續不斷。

這無非是因為「五．七．五」的五七調或七五調的韻律對日本人來說非常順耳愉快的關係。而且不僅限於川柳及俳句、和歌，從今日演歌暢銷曲的副歌歌詞很多都仍具有此種韻律這點亦可看出端倪。就和非洲、南美洲、歐洲也有許多民族擁有獨特的韻律、節奏一樣，俳句及川柳、短歌所具有的韻律，可說就是屬於日本人的韻律呢。

「和歌」與「短歌」、「俳句」的差異

「我ときて遊べや親のない雀（來跟我玩嘛，失去了母親的小麻雀）」。

這是江戶晚期的俳人・小林一茶（1763～1827）的著名俳句作品。俳句是世上最短的定型詩。而且句子結構還分成「七・五・七」的上、中、下三部分，再加上「けり」（Keri）和「かな」（Kana）等所謂的「切字」使用規則，以及必須包含代表季節之季語的規定。以剛剛俳句為例，其季語為「雀」，季節為「春」。而形式不變，但排除了這些俳句規定、也不設定其他詳細規則，內容主要在諷刺時代、吟詠人性細微之處的是「川柳」。

另一方面，採取「五・七・五・七・七」形式的則為「短歌」。由於總字數共三十一字，故短歌也被稱做「三十一文字」。它主要是用來抒發創作者的情感或吟頌自然風光，不像俳句有那麼嚴格的規定，但具有所謂的「枕詞」。「ぬばたまの」（Nubatamano）是表示「夜」、「黑暗」、「髮」等與黑色意象有關的枕詞，而「敷島の」（Shikishimano）則是與「日本」、「大和」等有關的枕詞。

至於「和歌」，也作「倭歌」，是指相對於奈良時代為止之漢詩的日本固有詩歌，「短歌」便是其中一種。而「和歌」中還有相對於「短歌」的「長歌」，主要可見於《萬葉集》等，形式為「五・七」、「五・七」不斷重複，最後再補上「七」為結尾。其中「五・七」的重複次數沒有一定限制。另外《萬葉集》中也收錄有被稱做「旋頭歌」形式的和歌，這種是重複兩次

「五・七・七」，而很多作品的第一遍和第二遍的創作者是不同人。像這樣的長歌或旋頭歌，在進入平安時代，於《古今和歌集》（成書於延喜5〔905〕年左右）編纂之時，幾乎是消失殆盡。結果只有最膾炙人口的短歌存活了下來，於是形成和歌＝短歌的狀態。

與從俳句發展而成的川柳具有類似地位的，是所謂的「狂歌」。它採用短歌的「五・七・五・七・七」形式，但內容非抒情，主要是嘲諷社會狀況及情景，可說是比川柳還辛辣。活躍於江戶晚期的大田南畝（狂名為「四方明良」、「蜀山人」。1749～1823）（譯註：狂名就是指狂歌作者的筆名），在文化4（1804）年發生江戶深川之富岡八幡宮祭禮因人潮過多，導致大川（今日的隅田川）上之永代橋垮落而有多人犧牲的事件時，便吟詠了「永代と 言われし橋が 落ちにけり 今日の祭礼 明日の葬礼（名為永代之橋垮了，今日的祭禮成了明日的喪禮）」之句。如此的叛逆，或說戲謔幽默，正是狂歌的一貫精神。

有名也好，無名也罷，有些人會在離世之際留下類似絕命詩的句或歌。例如赤穗藩主淺野內匠頭（1667～1701）於切腹時吟詠的「風さそふ 花よりもなを 我はまた春の名残を いかにとやせん（櫻花因風散落固然可惜，也比不上我的遺憾不甘）」，以及幕末之尊王思想家吉田松陰（1830～59）留給弟子們的「身はたとひ 武蔵の野辺に 朽ちぬとも 留め置かまし大和魂（儘管我身腐敗於武蔵野，我的大和魂依舊永存不滅）」等，留存於歷史的絕命詩可說

是相當多。連人生即將落幕時都能用來寄託自身情感，短歌真的是非常貼近日本人生活的一種文藝呢。

「連句」是什麼？

「五．七．五」形式的定型詩為「俳句」，再加上「七．七」就成了「短歌」。於此俳句形式之後附加「七．七」，接著又再創作「五．七．五」後，由他人汲取其意，繼續添加「七．七」。這就叫「連句」。基本上連接一百句的稱為「百韻」，以明智光秀發起本能寺之變前吟詠的《愛宕百韻》最為有名。此外有連接多達一千、一萬句者，也有連接三十六句的所謂「三十六歌仙」。而「五．七．五」與「七．七」連續接起的三十六句又被稱做「一卷」。這個「三十六歌仙」的數字三十六，是源自於擅長和歌的三十六名歌人被稱為「歌仙」一事。另外基於「一卷」這個名稱，「吟詠連句」亦可說成「卷連句」。

詩歌之道被稱做「歌道」，即使是連歌，也必須妥善擷取前一人所吟詠的句子之意，再詠

出容易接續的句子。以剛剛提到的明智光秀的《愛宕百韻》來說，一開始是由光秀吟詠了「時は今 あめが下しる 五月かな（現在是陰雨綿綿的五月天）」。接下一句的動作叫「附脇」，而接著由威德院行祐附上的脇句（譯註：即連歌的第二句）為「水上まさる 庭の夏山（水量增多，庭院裡的假山草木繁茂）」。繼續是里村紹巴所吟詠的「花落つる 池の流を せきとめて（落花阻塞了池子的水流）」。由於要這樣一直接下去，故無疑是一種相當複雜的知性遊戲。

而有一說認為，光秀那句「時は今 あめが下しる」的「あめが下」可替換成「天が下」（譯註：日文的「天」和「雨」皆可發音為「あめ」〔ame〕），亦即「天下」，所以是一種暗號，代表了他認為現在正是時候該揭竿起義、反叛信長。若從這個方向思考，脇句的「水上まさる」便可解釋為光秀之勢「上＝勝過信長」，似乎是有鼓勵他採取行動之

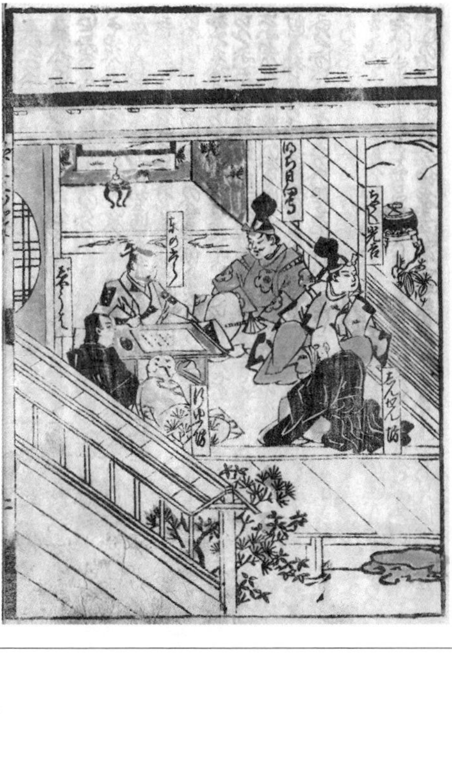

愛宕百韻進行時的情景（出自《繪本太閣記大全　中》）

意。或許這只是穿鑿附會，不過也正因為是巧妙運用著日文特有之「隱含意義」的俳句及連句，所以這樣的解釋才能夠成立。

言詞越是精簡，其含意越是深奧呢。

「民話」中的人生教訓

「從前從前，在某個地方，住了一位老爺爺和一位老奶奶」。

這是自古以來在火爐旁講述「民話」（即民間故事）時最標準的起頭方式。儘管隨地區、時代不同多少有些差別，但內容基本上是大同小異。藉由不指定主角或主要人物之家世血統的方式，故事便能具有適用於任意地區的普遍性。

雖說許多民話的來源都可追溯至佛教故事，不過像是「桃太郎」和「鬼傳說」之類的地方特有民話其實也相當多。尤其有些民話還被多個地區的人們堅稱「我們這裡才是發源地」，由此可見這些故事是多麼地受到民眾們的喜愛。

「桃太郎」、「金太郎」、「浦島太郎」、「白鶴報恩」……等等，有的冒險刺激，也有的充滿了浪漫奇幻氛圍。而重點是，裡頭都穿插了殘酷的人生教訓。依據民俗學家柳田國男（1875～1962）的說法，民話是指在人群之間以口耳相傳方式流傳下來的故事，而柳田本人將岩手縣遠野地區的民話集結為《遠野物語》之舉，可說是讓日本民話的學術研究得以系統化。

像這樣的東西，很難確定是「從何時開始」。但不靠文字，僅以口傳方式就能將內容幾乎原封不動地流傳下來，這是有很大價值的。這叫做「口

在《夕鶴》中演出「通子」的山本安英

傳文學」。包括以口傳方式流傳下來的愛奴神話（譯註：愛奴族為日本北方的一個原住民族群）「Yukar」在內，不論時代、地區，不使用文字也能將同樣的故事持續不斷地傳承下來，這對日本「家族制度」的研究來說也是絕佳材料。

現今我們有能輕易記錄聲音的工具可用，然而在那什麼都沒有的時代，全靠口傳就能流傳數百年，著實令人除了驚嘆還是驚嘆。儘管故事的主要內容不變，但開頭部分不用地區特有的詞彙，又有豐富的方言特色相輔相成等，這些都增強了民話的魅力。甚至結束故事時，使用的往往也是「どんどはれ」（譯註：為日本東北岩手地區的方言，表示「就這樣」、「到此結束」之意）、「とっぴんぱらり」（譯註：為日本東北秋田地區的方言，表示「講完了」、「完畢」之意）等地方色彩豐富的詞彙。

民話也可分為幾個類別，包括所謂的「童話故事」如「浦島太郎」及包含教訓意義的「白鶴報恩」、俵藤太的「百足退治」及源賴政的「鵺退治」等歷史英雄故事，還有描述人與除人類以外之動物或樹木精靈等建立情誼的「葛之葉」等所謂的「異類婚姻譚」……等等。

而以不同角度賦予民話極大意義的，非昭和時期之代表性劇作家木下順二（1914～2006）莫屬。以「白鶴報恩」改編成的戲劇作品《夕鶴》，在昭和24（1949）年至昭和62年間由山本安英（1902～93）持續演出他最擅長的「通子」一角，於日本全國上演了共一〇三七次。

此劇中的人物都具有「近代的寫實感」，獲救的鶴精「通子」對恩人報恩，而救了鶴的農夫「与表」卻只記得以此換來金錢。其中描述了因獲救而「報恩」之行為未能獲得相對應回報的「通子」的辛酸。

在各地持續講述民話的人們叫「語部」。現在的語部多半是指講述戰爭或原爆經歷的人，不過在文盲眾多的時代，傳入耳朵的資訊是多麼地珍貴，從「故事原形未變」這點便可見一斑。這也正是「口傳文學」的寶貴之處呢。

《古今和歌集》和《新古今和歌集》

兩者都是「和歌集」，但成書時間差了約三百年。《古今和歌集》是第一本由天皇下令編纂的和歌集，奉醍醐天皇（在位期間897～930）之命，由紀友則（?～905？）、紀貫之（872？～945？）、凡河內躬恒（生歿年不詳）、壬生忠岑（生歿年不詳）等四人負責編撰（一般認為完成於延喜5〔905〕年）。以四季之歌六卷、戀歌五卷、雜歌二卷為基調，其他還收錄了離別歌、哀傷歌等詠歎各種人生場景的歌。四季之歌依季節順序編排，戀歌則依故事發展編排，其中約有一一〇〇首可追溯至《萬葉集》的時代，另外也包含未收錄於《萬葉集》的許多和歌。這部《古今和歌集》對後世歌集的影響很大，甚至成了歌集製作的典範。

之後經過約三百年，《新古今和歌集》做為第八本由天皇下令編纂的和歌集，被編纂成書。奉後鳥羽上皇（掌權期間為1198～1221）之命，由藤原有家（1155～1216）、藤原家隆（1158～1237）、藤原定家（1162～

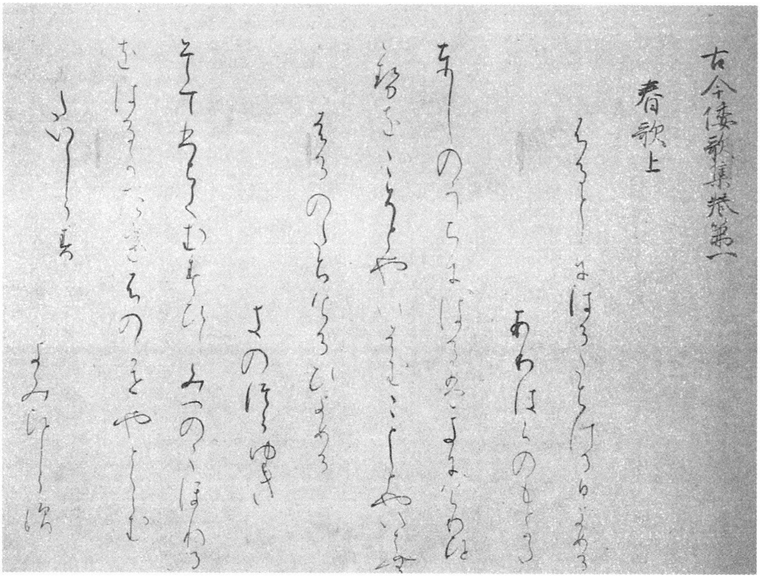

《古今和歌集》中「高野切」之卷第一春歌上的開頭部分（五島美術館館藏）

1241）、藤原（飛鳥井）雅經（1170～1221）、源通具（1170～1221）等五人負責編撰。雖於元久2（1205）年公開發表，不過之後依舊持續不斷地修訂。

後來承久3（1221）年7月，後鳥羽上皇表明以武力討伐鎌倉幕府之意而舉兵（「承久之亂」），但卻失敗，結果被流放至隱岐島。流放中的後鳥羽上皇直至晚年都還持續修訂此和歌集，剔除了約四百首後，主張以約莫一五八〇首的版本為「正式完整版」（稱做「隱岐本」），因此也有說法是以此為《新古今和歌集》最終決定版的誕生。

《新古今和歌集》廣泛收錄了從被稱做上代之飛鳥、奈良時代的和歌，到它本身已開始修訂之鎌倉時代初期的和歌。故其一大特徵便是包含大量如柿本人麻呂（生歿年不詳）、藤原定家、紀貫之、和泉式部（生歿年不詳）、西行（1118～90）等歷史留名之著名歌人的作品。不過另一方面，也有人批評其中用了太多掛詞（譯註：讓一個詞彙同時具有兩種意思的修辭法）等技巧。而這樣的技巧被稱做「新古今風」，和《古今和歌集》一樣影響了後世的和歌。

編纂於距今一千年以上的歌集，對日後日本文學所造成的影響甚鉅，想到它們超越類型與時代，出現在江戶時期之戲作本（即通俗小說）及淨瑠璃、歌舞伎之中，就不由得讓人對文學所具有的力量感到驚訝不已。

故事的題材本——《今昔物語》

此書的正式名稱為《今昔物語集》。其中收錄了許多故事（譯註：日文的「物語」就是指「故事」），奇聞軼事的數量超過千則。雖不知到底是由誰編纂，但一般認為其成書時間大約在保安元（1120）年至保延6（1140）年之間。此書將天竺（印度）、震旦（中國）、日本這三國的傳說故事依主題分卷整理，一到五卷為印度，六到十卷為中國，十一到三十一卷為日本，且除了以此方式劃分國別外，還各自分成「佛法部」、「世俗部」兩部分。而這樣的分法也讓它被視為是一種佛教故事集，另外裡頭也有不少故事是源自如《宇治拾遺物語》、《古本說話集》等其他書籍。由於主要存在於日本印刷技術尚未成熟之時期，漏字缺文的狀況嚴重，無法完整判讀，所以至今仍未全部翻譯成當代語言。

不過聽到《今昔物語》會讓人覺得「雖不知詳細內容，但似乎有聽過」這點，其實要歸功於芥川龍之介（1892～1927）將此故事集裡的《芋粥》、《鼻》等改寫得簡單易懂又易讀。

在不時宣揚因果報應、勸誡人們不得自私自利的佛教故事中，找出即使時代變遷也依舊通用的普遍文學價值，然後將之公諸於世的芥川的文學作品，意外地廣為流傳。

像《今昔物語集》這類佛教故事之所以能經歷漫長時代仍存活下來，一般認為寺院的影響是很大的。老人在寺院聽了佛法後回家，晚上便在火爐或床邊講故事給孫兒們聽，正因為如此代代相傳，才能在多數人都不懂讀寫的時代依然持續留存。當然這並非全部，僅是少數如此，不過在家中講述的故事，也可算得上是「口傳文學」。在這些故事裡，往往都塞進了穿著滑稽或貪欲服裝的訓誡。而曾經在某些時代，人們就這樣在不知不覺中把這些訓誡記住，進而建立為自己的生存之道。

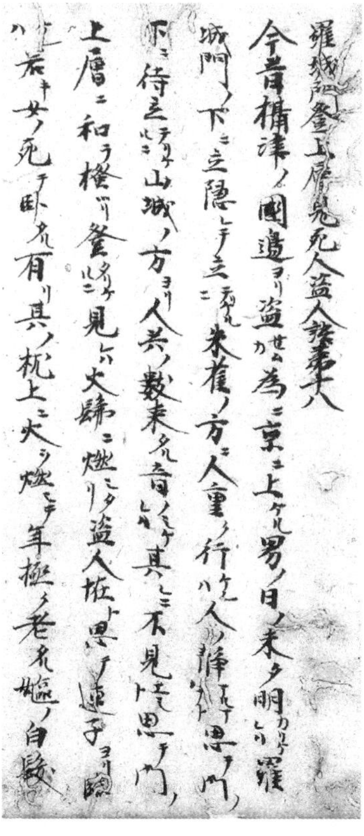

為芥川龍之介《羅生門》之題材來源的《今昔物語集》第二十九卷「羅城門登上層見死人盜人語」的部分內容

對於活在科學萬能的

時代而享有諸多好處，但卻反而喪失了豐富心靈的我們來說，這樣的「物語」或許正是我們最需要的也說不定呢。

《平家物語》到底是文學還是表演藝術？

「祇園精舍的鐘聲，敲響了諸行無常。娑羅雙樹的花色，顯示出盛者必衰的道理。驕奢者難長久，僅如春夜一夢。兇暴者終將敗亡，恰如風前塵土」。

以如此端莊典雅之文句起頭的，正是《平家物語》。同為家族對立衝突的故事，往往讓「源氏」與「平氏」被當成一組，但其實兩者的本質完全不同。就誕生年代來說，《源氏物語》是十一世紀（西元1000年代）早期的紫式部作品，而《平家物語》則據說是承久3（1221）年「承久之亂」之後的作品。其詳情不明，雖有一說認為作者是信濃前司行長（生歿年不詳），但至今仍無法確定。此外就故事內容來說，相對於源氏物語屬於王朝文學（譯註：指王朝時代，尤其是平安時代出自宮廷女性之手的文學作品），平家物語則是所謂的軍記物（即戰爭故事），描述以平清盛為頂點之平氏一族的榮枯興衰，而由其起頭文句也可看出，它反映了濃厚的佛教因果報應思想。

正如典型的軍記物，包括俊寬僧都等人在鹿谷試圖推翻平氏的陰謀失敗，以及一之谷、屋島、壇之浦的戰役，還有平家滅亡等激烈的場景相當多，這對後世的能劇、幸若舞、人形淨瑠璃、歌舞伎、講談等多種表演藝術都造成影響，進而分別於各個領域產生了獨特的發展。歌舞伎的人氣劇目《俊寬》和《熊谷陣屋》、《義經千本櫻》等顯然都是源自於《平家物語》。

《平家物語》之所以會對後來的表演藝術造成很大影響，原因就在於其出發點包含了「表演藝術」之元素。《源氏物語》只是做為閱讀用的「文學」而誕生，但《平家物語》則

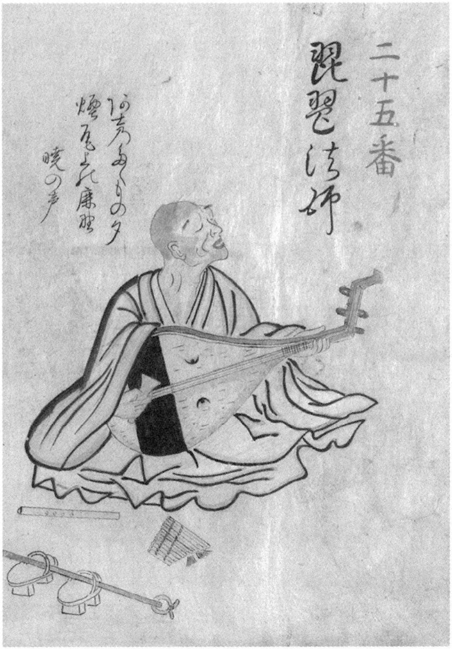

琵琶法師（出自《職人盡歌合》的複製本）

是由眼盲的琵琶法師以琵琶伴奏並加上曲調來講述，讓許多人都能享受到。這是在識字率尚低，閱讀還不普及的時代，做為一種針對民眾的傳播手段，由琵琶法師四處流浪實行。與其以文字形式從眼睛為人們所接收，透過以賤民身份到處漂泊的表演者講述《平家物語》來換取少許食物或金錢的日常行為，做為一種「語物」（即「說唱」）的《平家物語》想必能讓更多的人用耳朵記住。

亦即從起點開始，《平家物語》就已同時具備「文學」和「表演藝術」這兩種特性。能夠依受眾身份提供不同傳播方式的古典文學可說是極為罕見。

打從一開始，所謂的藝人就是居無定所的流浪者。他們生活困苦，宛如乞丐般，每天過著挨家挨戶表演以換取少許食物及金錢的日子。其中的琵琶法師，姑且不論是否真有修行而具備僧侶資格，但就如其名，畢竟他們多半都具有僧侶的外觀，想必會讓不少人抱有只施捨一點點就能求得極樂往生的心態。更何況他們所講的內容是以平清盛為中心之氏族的「因果報應」，帶有佛教故事的味道這點應該也有很大影響。比起描寫溫文儒雅之王朝文化的《源氏物語》，的確不難想像《平家物語》會以更親近熟悉的感覺而為民眾所接受呢。

高雅風流的遊戲——「百人一首」

依其字面意義，分別收錄一百位歌人每人所創作的一首和歌而成的「百人一首」，到底是什麼樣的東西呢？

身為活躍於平安至鎌倉時代之歌人，且為《新古今和歌集》編撰者之一的藤原定家（1162～1241），在其晚年的嘉禎元（1235）年，將天智天皇（在位期間668～671）至順德天皇（在位期間1210～21）這段治世留下的一百位歌人的和歌作品，共計一百首，自行編撰成一部「私撰」和歌集。由於是編纂於京都小倉山的山莊，故此和歌集也以《小倉百人一首》之名為人所熟知。

和歌集可分成遵照天皇的敕命（即敕命、詔令）或上皇（譯註：上皇即太上皇，為退位後的天皇）的院宣（基於上皇之命令而發佈的公文）所編纂的「敕撰和歌集」，以及由歌人自行挑選編撰的「私撰和歌集」兩種，而「百人一首」便屬於後者。「敕撰和歌集」從醍醐天皇下令且於延喜5（905）年完成的《古今和歌集》，到後花園天皇（在位期間1428～64）下令而於永享11（1439）年完成的《新續古今和歌集》為止，共編撰了二十一集。其間已經過五百年以上的歲月。而「私撰和歌集」雖說是依歌人自身的喜好挑選、編撰，但也不是誰都能輕易做出來，還是得由該時代公認的優秀歌人來做才行。

「百人一首」裡的和歌都各有編號，「一番」（即一號）是「天智天皇」的歌，「百番」（即一百號）則是「順德院」（順德

柿本人麻呂「あし曳の 山とりの尾の したりおの なかなかし夜を かもねむ（如山鳥之尾長長垂下的漫長夜晚，是否就這樣一個人寂寞地入睡呢）」、紫式部「めくりあひて みしやそれ共 分ぬまに 雲かくれにし 夜半の月哉（明明是久別重逢，但卻在不確定是否真是妳的瞬間慌張地回去了。就像夜半瞬間躲入雲朵背後的明月）」（菱川師宣畫）

天皇）的歌。小野小町的歌「花の色は 移りにけりないたづらに 我が身世にふる ながめせし間に（櫻花在春日的長雨中褪色，一如我的美貌在煩惱愛情與世間諸事之中消逝）」讓人耳熟能詳，其他還有紫式部、和泉式部等女性歌人，以及柿本人麻呂、紀貫之、西行法師…等等，陣容十分堅強。

「百人一首」一般的玩法是將一百張卡片隨機分散放置，而周圍要有兩名以上的參與者，然後由負責出題的人吟唱出「讀札」（即出題卡）上的和歌，並由參與者搶奪對應的卡片。現在的讀札上、下句都有寫，但直到江戶時代為止，做為一種統一的教育方式，有些讀札只寫上句，取札（即搶奪卡）則只寫下句，即「七・七」的部分。後來這遊戲甚至還發展出一些技巧，像是在一百張取札中，有幾張是起頭文字獨一無二、不重複的，因此將這些起頭文字接成一串「むすめふさほせ」背起來，就能在這幾張被吟唱出來時迅速搶得卡片。

最古老的長篇戀愛小說——《源氏物語》

「從前在某個天皇的時代，在所謂女御、更衣等眾多的後宮之中，有個女子出身並非最高貴，但卻深受寵愛」。

這是《源氏物語》第一章「桐壺」的開頭。作者為紫式部（生於970年左右，歿年不詳），據說她是在丈夫死後，為了排遣寂寞所以著手撰寫此書。自小熟讀漢文的她是公認的才女，在宮廷中以女官身份侍奉一條天皇（在位期間986～1011）的中宮（即皇后）彰子，親身經歷了宮廷文化的洗禮。她在宮中的所見所聞，成了之後創作《源氏物語》的一大主因。

由於整個故事的規模宏大，故往往會依時代及內容被分成好幾部分。而分法也有好幾種，在此讓我們來看看三部構成的分法。

第一部從開頭的「桐壺」到第三十三帖的

由歌川廣重所畫的《源氏物語五十四帖》中的「夕顏」

「藤裏葉」，這部分描述的是身為桐壺帝第二皇子的俊美主角——光源氏輝煌的戀愛經歷，以及他在王朝中聲譽最高的顛峰時期。有「光之君」的美稱，以外貌俊俏著名的源氏，因追尋亡母的影子而與眾多女性發生關係。

第二部則從第三十四帖的「若菜 上」到第四十帖的「幻」，描寫的是環繞在源氏周圍複雜的人際關係與事件，直到源氏感受到愛恨交織之宮廷生活的無常而決定出家為止。接著暗示了源氏之死的第四十一帖「雲隱」雖有留下題名，但至今仍不確定其內容是否真的存在。

最後的第三部是從第四十二帖「匂宮」到第五十四帖「夢浮橋」為止，內容為源氏死後其子孫的故事，這部分又特別被稱做「宇治十帖」。

在《源氏物語》全篇共五十四帖中，以光源氏為中心，也包括為其正房妻子・葵上的哥哥亦是其好友的頭中將在內，空蟬、夕顏、六條御息所等與源氏有關的眾多女性故事於宮廷展開，規模十分浩大。

《源氏物語》對後世的能劇及歌舞伎、日本傳統音樂及電影，甚至是漫畫等各種表演藝術和文學都有莫大影響。在能劇方面留下了《葵上》、《野宮》、《玉鬘》等，在傳統音樂方面則有《明石》、《夕顏》、《空蟬》。《源氏物語》初次登上歌舞伎的舞台，是在昭和26（1951）年第二次世界大戰後。在那之前基於「將宮中話題演成戲劇是一種褻瀆」的理由，一直未能獲得演出許可。

《源氏物語》是世上最古老的長篇小說。在漫長的歷史中，直到江戶時代以木板刻字再用墨液拓印的「出板」技術確立為止，都是靠「手抄本」流傳，故有一些「異本」（即字句、內容結構等略有不同的版本）存在，到現在都還有很多部分未能確認。不過時至今日，依舊有很多作家以所謂「今譯」或「新譯」的形式，配合當代的讀者，用自己的觀點來翻譯此一大部頭小說，使之得以做為日本第一長銷的作品，持續為人們所閱讀。例如明治時代以後，有歌人・与謝晶子（1878～1942）首先挑戰今譯，接著以代表昭和時期的文豪・谷崎潤一郎（1886～1965）為首，包括圓地文子（1905～86）、瀨戶內寂聽（1922～）、田邊聖子（1928～）、橋本治（1948～）等作家，都曾嘗試翻譯《源氏物語》。

而改編為漫畫的作品則有大和和紀（1948～）的《源氏物語》（譯註：日文原文書名為《あさきゆめみし》）（自昭和54年開始連載），另外平成13（2001）年還曾推出以《千年之戀　光源氏物語》為片名的電影版本。儘管表現的形態及方法變了，但《源氏物語》就像這樣跨越千年以上的時空，永垂不朽，是日本最引以為傲的古典文學之一。

從天皇到庶民的《萬葉集》的世界

「あかねさす 紫野行き 標野行き 野守は見ずや 君が袖振る（往來於紫草田和狩獵場，你竟揮舞著衣袖，不怕看守人看到嗎？）」。

這是《萬葉集》第一卷中額田王的詩歌。總數多達二十卷的這部日本最古老歌集，收錄了約莫四千五百首詩歌，從第十六代仁德天皇到第四十七代淳仁天皇為止，期間近乎三百年。由於是規模龐大的歌集，故又分成歌詠春夏秋冬各個季節的詩歌、描述戀愛及親密情感的「相聞歌」、思念亡者的「挽歌」，以及除此之外的其他「雜歌」等不同類型。此外還有直接抒發心情的「精進心緒」、運用詩歌一來一往互動的「問答」、對即將踏上旅途者離情依依的「悲別歌」等，雖然數量不是很多，但確實是收錄了包含各種情感的詩歌。

一般認為《萬葉集》的編纂起於持統天皇之意，而持統天皇9（695）年時第一卷編成。至第二十卷完成時已是八世紀末，據推測此卷應是出自大伴家持（718～785）之手。

出版於慶長年間（1596～1615）的活字版《萬葉集》。第二十卷收錄了許多防人歌。第五到八行寫的是「天平勝宝七　乙未二月　相替遣筑紫諸国防人等歌　可之古伎夜　美許等加我布理　阿須由利也　加曳我牟多禰牟　伊牟奈之爾志弖」，轉換成假名就是「かしこきや みことかがふり あすゆりや かえがむたねむ いむなしにして」。

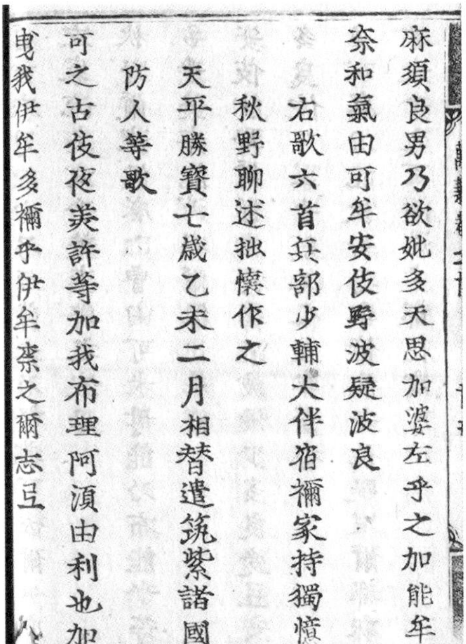

麻須良男乃欲妣多天思加婆左乎之加能牟
奈和氣由可牟安伎野波疑波良
右歌六首兵部少輔大伴宿禰家持獨憶
秋野聊述拙懐作之
天平勝寶七歲乙未二月相替遣筑紫諸國
防人等歌
可之古伎夜美許等加我布理阿須由利也加
曳我伊牟多禰乎伊牟奈之爾志弖

之後，開始有奉天皇之命編纂的「勅撰」的歌集，延喜5（905）年誕生了由紀貫之及紀友則等人負責編撰的第一部勅撰和歌集——《古今和歌集》。不過創作於距離當時超過四百年前的詩歌，早已收錄於《萬葉集》中。

而《萬葉集》和其後之歌集最明顯的不同處就在於歌人們的「身份地位差距」。「勅撰和歌集」是挑選、收集了當時著名歌人所創作之和歌，不可否認地帶有濃厚的公卿貴族等身份地位高者之「宮廷文學」色彩。相對於此，《萬葉集》則是收錄了上至天皇下至所謂「防人」的駐守邊境之無名士兵們的創作。防人是為了守衛筑紫、壹岐、對馬等處，主要從東國派往，且以三年為一任期。儘管這類防人歌的數量不多，但連這些人所創作的詩歌都予以收錄的歌集，全世界別無他例。

在中世紀的歐洲，能把時間花在讀寫文字的只有身份地位高的貴族，耕田或是駐守國境等的庶民們並沒有創作詩歌的文化存在。然而在日本，早在距今超過一千五百年之前就已有此文化，實在是非常驚人。

遙遠諸神的故事——《古事記》與《日本書紀》

除了「日本武尊」、「素盞嗚尊」、「伊奘諾尊」、「伊奘冉尊」、「天照大神」等特別有名外，出現在「日本神話」中許多神的名字，對一般人來說多半都比「希臘神話」或「羅馬神話」裡的神要陌生得多。日本這個國家最初被創造時，不是由佛，而是由「諸神」在留下許多故事的同時，奠定了日本群島之基礎。

《古事記》雖是日本最古老的歷史書，但就「書籍」而言，其成書形態有點不太一樣，因為「寫的人」並不等於「作者」。它是依據稗田阿禮（生歿年不詳）的記憶，由太安萬侶（？～723）編纂而成，並於和銅5（712）年上貢給元明天皇。其文學評價甚高，同時亦具有口傳文學的性質既是古早時代的著作，當然就沒有印刷技術可用，以「手抄本」形態流傳至今的《古事記》雖然目前還未找到「原始正本」，但和稍後將介紹的《日本書紀》一樣，內容講的都是諸神的故事。

記述從神降臨的所謂「天孫降臨」至第一代天皇．神武天皇誕生為止的是上卷，而記述神武天皇至第十五代應神天皇時代的中卷，則描寫了關於日本武尊的活躍及神功皇后之東征。下卷寫的是第十六代仁德天皇至第三十三代推古天皇的時代，全書可說都是在寫歷代天皇的諸多事蹟、成就。

雖然很多人都懷疑出現在上卷中的天皇是否真實存在，不過基本上《古事記》講的本來就不是現實中的事情。它不過是講述諸神事蹟的故事罷了。

而《日本書紀》是成書於奈良

時代的歷史書，被認為是日本最古老的「正史」。完成於養老4（720）年，是以編年體記載從一般認為不真實存在的神治時代，到第四十一代持統天皇為止的各種事件的史書。全書共三十卷，內容包括自「天地開闢」以來，經歷伊奘諾尊和伊奘冉尊的「國誕生」，再到天照大神的「岩戶隱」、素戔嗚尊的「八岐大蛇退治」等故事。不過隨時代延伸，記錄當時政治狀況的色彩便越來越濃厚，記述的風格逐漸變得和神話期不太一樣。而這個《日本書紀》也和《古事記》一樣，並未留下原始正本。

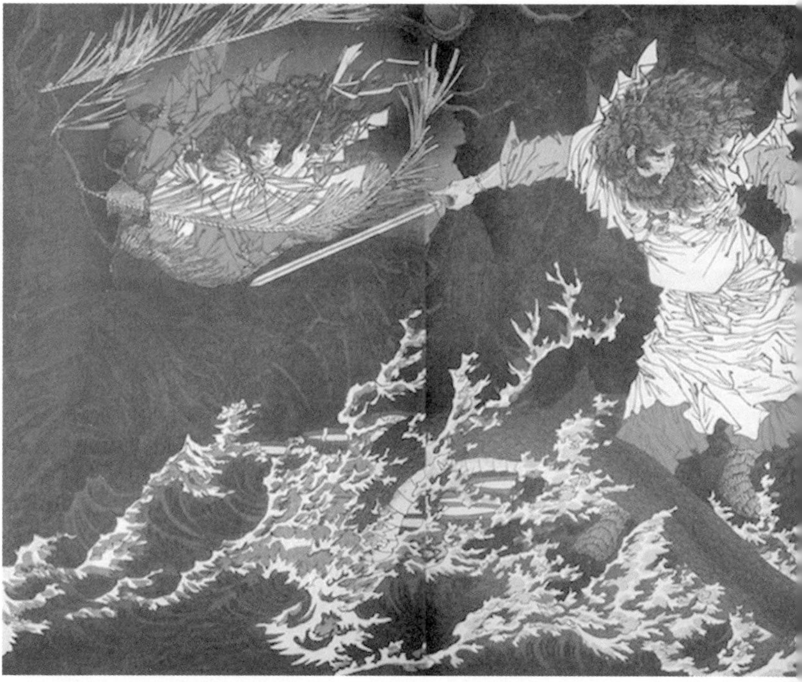

殺死八岐大蛇的素戔嗚尊
（出自月岡芳年的《素戔嗚尊 出雲之簸川上八頭蛇退治圖》）

《古事記》與《日本書紀》中所描述的諸神故事，是由人類所想像的「諸神故事」，與史實無關的浪漫成分較多。這些故事以對任何人來說都簡單易懂的形式一路流傳下來，肯定對日本人的宗教觀造成了很大影響。

即使是「希臘神話」和「羅馬神話」，裡頭所寫的東西也和人類日常生活行為沒什麼太大不同。神會戀愛也會嫉妒。兄弟會吵架，親子也會起爭執。但對於神的這些行為的理解、看待方式，或許對民族性的差異有所影響也說不定呢。

美術

「漫畫」的歷史

日本現在是領先世界的「漫畫大國」，這具有極大的經濟效益。此外在電影及電視劇、劇場等娛樂作品中，以漫畫為原著的作品也大幅增多了。

關於漫畫，有強調漫畫所具有之藝術性而將日本自古以來的「繪卷物」（即畫卷，畫在卷軸上的畫作）也納入其範疇的觀點，也有以江戶時代之葛飾北齋（1760～1849）及河鍋曉齋（1831～89）等優秀畫家為諷刺世事而畫的漫畫為其濫觴之看法存在。

在日本四大繪卷物《源氏物語繪卷》、《信貴山緣起繪卷》、《伴大納言繪卷》、《鳥獸人物戲畫》中，《鳥獸人物戲畫》的諷刺性明顯較為突出。而追溯繪卷物的歷史，奈良時代的《繪因果經》被認為可能是最古老的作品。該卷物的下半部寫著經文，上半部則搭配有圖解用的圖畫，想必是用來針對不識字的庶民，由僧侶一邊利用圖解一邊宣揚宗教觀念。到了平安時代，開始有人製作以王朝文學的故事等為題材的繪卷物，很多都是用了金箔、銀箔等的奢豪、高價品，接近藝術品。

而葛飾北齋在文化11（1814）年所發行的第一版《北齋漫畫》，或許也可視為是內容符合「漫畫」一詞的漫畫之開端。但不論是此作品還是明治14（1882）年由河鍋曉齋所畫的《曉齋漫畫》等，都不具有像現代漫畫般的連續故事性。

就現今形式的漫畫而言，應是以麻生豐（1898～1961）所創作、從大正11（1922）年開始在《報知新聞》的晚報上連載的四格漫畫《樂天爸爸》為最早。之後，1930年代，田河水泡（1899～1989）的《野狗小黑》和島田啟三（1900～73）的《冒險團吉》等，都是

被青蛙過肩摔而倒栽蔥的兔子
（出自《鳥獸人物戲畫》甲卷。國寶，京都高山寺寺藏）

當時青少年們最愛的讀物。至於故事性更明確的漫畫，則以1950年代手塚治虫（1928～89）的作品為代表。《原子小金剛》、《緞帶騎士》、《小獅王》等劃時代的作品登場，大受歡迎，此後便陸續誕生出許多漫畫。昭和43（1968）年創刊，現在還在持續發行的青少年雜誌《少年Jump》於平成7（1995）年寫下六五三萬本的最高發行量紀錄，至今未被打破。從昭和初期開始，漫畫就已是日本的共通國民娛樂之一。

另外補充一下，目前在日本擁有最長連載紀錄的，是從昭和31年10月至平成26年8月為止連載於《週刊朝日藝能》的小島功（1928～）的《仙人部落》。

令日本引以為傲的「浮世繪」

聽到「浮世繪」，多數人想到的很可能是畫風可謂詭異的東洲齋寫樂（生歿年不詳）。要不就是以《東海道五拾三次》聞名的歌川廣重（1797～1858），或是《富嶽三十六景》的葛飾北齋（1760～1849）。

　　過去在美國的拍賣會上，寫樂的作品曾以超過五千萬日圓的價格賣出而成為話題，但到底浮世繪是有哪一點能讓大家如此讚賞？如果是像梵谷、雷諾瓦那種「親筆」描繪的唯一作品也就算了，這些浮世繪可是能一口氣印出數百張的「版畫」呢。今日，再怎麼受歡迎的畫家，版畫作品一張也絕對賣不到一千萬日圓。更何況在最盛行的江戶時代，浮世繪的作用與地位就像現在的海報或附近商店會發送的月曆一般。

　　雖然都稱做浮世繪，但它其實也分成好幾種，例如風景畫、美人畫、役者繪（即歌舞伎演

歌川廣重《名所江戶百景》中的《大橋安宅之夕立》

梵谷臨摹廣重之作而成的畫作《雨中之橋》

員的肖像）、相撲繪（即相撲選手的肖像）、繪曆（有插畫的月曆）、春畫（即春宮圖、色情畫）等。其價格會依繪師（即畫師、職業畫家）的受歡迎程度和用色方式等而有所不同，不過若換算成今日的貨幣價值，約莫是在八百到一千日圓左右。在火災頻仍的江戶市區裡，可被視為「藝術品」的東西相當少。儘管曾有人在鄉下老家發現大量的江戶時代浮世繪，但那想必是因為其他地方的人到江戶觀光時，把這些浮世繪當成紀念品買回去，就價格和體面程度而言都再合適不過的關係。另一方面，《東海道五拾三次》和《富嶽三十六景》也發揮了導覽手冊的作用。

明治維新後，日本傾向於把一切西方文明都視為創新事物予以照單全收，並將江戶時代的東西皆視為陳舊迂腐而試圖遺忘，然而浮世繪看在西方人眼裡卻是十分新鮮有趣。十九世紀以歐洲藝術為中心掀起的「日本主義」（Japonisme）並未僅止於「異國風情」而錯過日本浮世繪纖細巧緻的魅力，梵谷模仿歌川廣重的精細線條，羅特列克（譯註：法國的後印象派畫家）則參考了浮世繪的華麗用色。發現「寫樂」的是名為朱利葉斯・庫爾特（Julius Kurth）的德國藝術研究家，在其明治43（1910）年的著作《SHARAKU》（譯註：SHARAKU就是「寫樂」的日文發音）中，將寫樂與林布蘭、維拉斯奎茲並列，譽為世界三大肖像畫家。像這樣的逆向再輸入，讓當時的日本人重新注意到了浮世繪的魅力。

浮世繪是集結了畫圖的繪師、將畫雕刻於木板上的雕師，以及重複印刷多種顏色的摺師

（即印刷、印染師）這三種職人（即專業師傅）的高度技巧而成。將繪師畫好的圖轉描至木板上，由雕師雕刻時，所謂的「原畫」會被鑿掉，只留下線條。雕師會分別為各個顏色雕刻線條，接著再由摺師將顏色重複印刷於一張和紙上。而不論有幾個顏色，都能分毫不差地完美重疊。原因就在於他們會在版木（譯註：刻有圖、文，用來拓印的木板）的邊角放置一種呈「L型」的工具，在重複印刷多個顏色時對齊該處。這種工具叫「見当」，在日文中至今仍有「見当を付ける」（對準）等大家耳熟能詳的講法存在。而托此「見当」之福，據說直至明治時代為止，都還有專業師傅具有將一公釐的線分別刻成三條的技術。不過同為版畫，使用磨耗程度較木頭低的銅所做成的「銅版畫」，在早於江戶時代約二百年的歐洲便已相當流行，在日本則有繪師兼蘭學者（譯註：江戶時代透過荷蘭文的書籍研究西方學術、技術、國外情勢等的學者）的司馬江漢（1738～1818）於天明3（1783）年成功製作出第一幅銅版畫。但或許是因為單色調的風格不受江戶庶民喜愛，之後銅版畫再次於日本的藝術界現身已是明治維新前後的事了。

史上留名的浮世繪師有菱川師宣（?～1694）、喜多川歌麿（1753?～1806）、北齋、廣重、寫樂等，而日本的版畫可說是技冠全球的職人們的最佳技術集合體，水準極高。這些作品很多被收藏在英國、德國、美國、法國等的知名美術館裡。但它們是怎麼跑到國外去的呢？

誠如前述，江戶時代的浮世繪並非藝術品，它只被視為是一種日用品或紀念品。明治維新前後日本開始與國外有貿易往來，而很多國外貿易商看上的是有田燒及伊萬里燒等色彩鮮豔的陶瓷器。可是在只有海運的時代，「易碎品」的運送可說是相當困難。於是就有人拿印有浮世繪的耐用和紙來包裹陶瓷器。結果東西送到後，那些外國人打開和紙一看，裡頭的陶瓷器就不用說了，其視線更是被包裝紙上的美麗浮世繪給徹底吸引。

日本人的手巧程度世界知名，而浮世繪甚至還對歐洲的代表性畫家梵谷、羅特列克、雷諾瓦等產生了很大影響呢。

華麗而精緻的「日本畫」的世界

到明治維新為止，除了於江戶時代傳入的荷蘭繪畫「蘭畫」，以及以前奈良至平安時代從中國傳入的「唐畫」等部分繪畫外，其他全都屬於「日本畫」。而相對於此，被稱做「大和繪」的則是嚴謹定義的「日本畫」。明治以後，隨著歐洲的油畫傳入，區分「西洋畫」與「日本畫」的需求於是產生。因此「日本畫」一詞本身就是明治以後的產物，在之前的時代並不存在。明治以前的日本的繪畫存在有「狩野派」、「圓山派」、「四條派」、「土佐派」等幾個大流派，分別為天皇家、將軍家、大名、著名茶人（譯註：精通茶道的愛茶人士）、富裕商人等所喜愛並獲得庇護。自古至今，本來藝術、文化的培育靠的都是贊助人，

　而第二次世界大戰後，日本文化之所以在外國文化如滾滾洪流般湧入的過程中衰退的主要原因之一，就是這些培育文化的贊助人因戰後財閥解體以致於幾乎消失殆盡的關係。

　日本畫的技法與西洋畫的技法明顯不同。首先是顏料部分，日本畫主要使用來自礦物的磨碎色料溶於膠（取自動物皮革及骨髓的強力黏糊物）所製成的「礦物顏料」，或是抽取自動植物的染料，有時還會灑上金箔、銀箔等好讓畫作更顯豪華。而可稱得上與此完全相反的，是只以墨色濃淡表現的「水墨畫」。很多都是在白紙上，僅以墨水的濃淡及筆觸來描

由雪舟所描繪的水墨畫《秋冬山水圖》（國寶，東京國立博物館館藏）

繪風景及動植物。其最具代表性的題材是「山水」，植物為「梅」、「竹」，動物則為「鷹」或「烏鴉」等鳥類。

不像西洋畫使用的是以帆布等為材質的畫布，日本畫主要都畫在被稱做「紙本」、「絹本」的和紙或絹布上。小者如方形紙籤或長條詩籤，大者甚至能以雄渾筆觸生動地描繪於長度超過兩公尺的「屏風」上。而最具代表性的此類作品，應該就是由活躍於江戶前期的俵屋宗達（生歿年不詳）所畫的國寶《風神雷神圖屏風》了。今日在京都的名寺、日本各地的美術館等處，都還是能欣賞到許多日本畫傑作。

若是以歷史的角度來看日本畫，繩文時代的畫也可算是一種日本畫。但由於幾乎無法確定創作者是誰，故基於以有系統的技法描繪這點來說，從室町時代看起應該較為恰當。此時代有以水墨畫聞名的雪舟（1420～1506），以及為《北野天神緣起繪卷》之創作者同時也是土佐派始祖的土佐光信（生歿年不詳）等。當戰亂之世逐漸平靜，各大名的落腳處一旦確定，妝點居城的繪畫便於焉誕生，長谷川等伯（1539～1610）的二曲六双（六片相連的屏風稱做「一曲」）《松林圖屏風》，還有為織田信長及豐臣秀吉所重用的狩野永德（1543～90）的《唐獅子圖屏風》等，描繪在大畫面上的屏風繪名作開始出現。

進入江戶時代，社會穩定，狩野派與土佐派，以及被稱做浮世繪開山祖的岩佐又兵衛（1578

～1650）等陸續發表作品，除了在上方富裕商人的財務支援下留下了好幾幅大作外，也與工藝產生密切關連，在俵屋宗達所展現的華麗之中，奢豪的色彩與設計開始登場。

在長達二六五年的江戶時代中，於前期的元祿（1688～1704）年間出了以《見返美人》聞名的浮世繪師菱川師宣（?～1694）、受宗達影響的《紅白梅圖屏風》之創作者尾形光琳（1658～1716），中期則有擅長描繪細節的伊藤若沖（1716～1800）等十分活躍。

到了晚期，不僅有酒井抱一（1761～1828）之類的專業畫家，由俳人及文人墨客、學者等知識份子所畫的所謂「文人畫」也相當受到歡迎。例如寫俳句的与謝蕪村（1716～83）、學者渡邊華山（1793～1841），甚至是劍豪宮本武蔵（1584～1645）等的作品，都很受珍視。而且不只是這些肉筆畫（即畫家親筆繪製的畫作、原作），此時庶民們開始能夠欣賞、享受浮世繪及錦繪等版畫藝術，葛飾北齋（1760～1849）的《富嶽三十六景》和歌川廣重（1797～1858）的《東海道五拾三次》可說是大紅大紫。

幕末，展出於倫敦及巴黎等萬國博覽會的日本藝術品獲得極高評價，導致之後對梵谷和羅特列克等有很大影響的「日本主義」在歐洲掀起流行。

明治維新後，許多畫家在採納西洋新技法的同時，不斷努力嘗試保留傳統日本畫的優點，於是誕生出以狩野芳崖（1828～88）的《悲母觀音》為首的諸多作品。而其背後還有希望將日本畫的獨特魅力系統化的岡倉天心（1862～1913），以及雖身為美國人但對日本文化展現出濃厚興趣的費諾羅薩（Ernest Francisco Fenollosa，1853～1908）等的活動帶來很大影響。接下來更有橫山大觀（1868～1958）、下村觀山（1873～1930）、上村松園（1875～1949）、速水御舟（1894～1935）等許多畫家在日本的近代畫壇留下足跡。

第二次世界大戰後，包括人稱「日本畫三山」的東山魁夷（1908～99）、加山又造（1927～2004）、平山郁夫（1930～2009）在內，還有鏑木清方（1878～1972）、奧村土牛（1889～1990）、伊東深水（1898～1972）、片岡球子（1905～2008）等人，分別透過風景畫或美人畫等，費盡心思地試圖將過去的歷史與現代連結，讓日本畫得以延續至今。

浮世繪師之始祖——岩佐又兵衛

光看名字，大概很多人都不知道他是做什麼的吧。他就是別名「浮世繪始祖」的繪師。戰國時代，其父為織田信長之家臣荒木村重（1535～86），而村重後來反叛信長，導致整個家族幾乎全滅。不過父子兩人皆獲救逃出，年幼的又兵衛被藏在京都的本願寺裡渡過童年。他在那兒遇見了當時極為流行的「大和繪」及「漢畫」，開始接受繪師的訓練。

約莫於元和２（1616）年三十八歲時，為越前（今日的福井縣）的松平忠直所雇用，成為御用繪師是一大轉捩點，之後其名聲便蒸蒸日上，寬永14（1637）年六十歲時甚至成了將軍家的御用繪師。

雖說關於岩佐又兵衛這位畫家的詳細生平有很多都不清楚，不過可以確定的是這時代已採用「工房」系統，繪師不是一個人進行作業，在繪製大型「屏風」之類的作品時，是採取分工合作的突破性方法。

此外，具有繪師特色的系列作品可說是相當出色。收藏於靜岡縣熱海市「ＭＯＡ美術館」的《山中常盤物語繪卷》、《淨瑠璃物語繪卷》、《堀江物語繪卷》等一系列繪卷物，是將名為「古淨瑠璃」之表演藝術所講述的故事畫成繪卷物，精緻、有時甚至到嚇人程度的筆觸具有詭異的震撼力，徹底震懾人心。

更具特色的還有以《洛中洛外圖屏風》為代表的屏風繪。所謂「六曲一双」的六片大屏風成對，並大量使用豪華的金箔於其上描繪出京都市街樣貌。而此《洛中洛外圖屏風》有數個同名異作，其中以「舟木本」和出自狩野永德之手的「上杉本」較為有名，收藏於東京上野之東京國立博物館的「舟木本」是「重要文化財」，為米澤市所擁有的「上杉本」則被指定為國寶。

雖說是市街的樣貌，但從天皇居住的御所及清水寺等大型建築，到街上行人的服裝花紋等都描繪得十分精細，實在不像是一個人能夠完成的工作。將每個人的表情都清楚畫出的屏風繪，其不同於照片的獨特寫實感特別值得一提。

另外，在岩佐又兵衛的屏風繪中還有個很棒的作品叫《豐國祭禮圖屏風》（重要文化財），目前收藏於名古屋市的德川美術館。此作描繪的是德川家康在豐臣秀吉七回忌的慶長9（1604）年8月時，為了悼念其靈、懷柔人心，盛

岩佐又兵衛所畫的《婦女遊樂圖屏風》的右隻（即置於右側者）（國寶，大和文華館館藏）

大舉辦了大祭的情景。其中生動地畫出了熱鬧的祭典和在街道中穿梭往來的人群。這樣的社會樣貌描繪，也正是他被稱做之後傳承至歌川廣重及喜多川歌麿的「浮世繪」之始祖的原因。

可惜的是，此作並未附上代表作者的「落款」。因此在以往的研究中，往往都被標記為「傳：岩佐又兵衛」，亦即「應為岩佐又兵衛的作品」之意。古時候的繪畫作品很難確定其創作者是常有的事，這問題並非岩佐又兵衛所特有。不過就算是無名繪師所作，其所留下的歷史記錄價值也著實大得難以估計呢。

浮世繪師列傳之一　葛飾北齋

葛飾北齋，別名「畫狂」，是繪製了《富嶽三十六景》等許多至今仍深受大眾喜愛之作品的繪師。生於寶曆10（1760）年，直至嘉永2（1849）年八十九歲逝世的前幾年都還十分活躍，據說他一生留下的作品多達三萬件。

北齋是少數名氣享譽全球且廣受喜愛的日本畫家之一。梵谷受到浮世繪的影響而將之融入於自身作品這件事相當有名，但其實後來「日本主義」風潮興起於歐洲時，除梵谷以外的畫家們也都受到了很大影響。正如寫樂與林布蘭、維拉斯奎茲並列為「世界三大肖像畫家」再恰當不過，北齋也可稱得上是「傲視全球的風景畫家」。

與北齋有關的軼事不少，像是一輩子搬了九十次家、畫號（即創作繪畫作品時用的名字）換了三十次以上等都相當有名。其性格似乎就是對錢和生活都不太在意，所以才會使用如「畫狂老人」之類自大傲慢的畫號，這便是北齋的本性。若非如此，就不可能以繪師身份，於其一生留下包含肉筆畫、浮世繪在內共多達三萬件的作品。每天畫一張，全年無休地畫，一年便是三六五張。就算這樣持續二十五年，也不過九千多張。

他之所以不停地搬家，只是因為房間裡到處都是他亂寫亂畫留下的廢紙及亂丟的生活用品，一旦這些東西多到讓人沒地方站，他覺得要整理太麻煩於是就會直接搬家。而更換多次畫號則是因為把金錢看得很淡，過著貧窮的生活，出去寫生或旅行時要是錢不夠用，就會把自己用的畫號賣掉換錢的關係。想必對北齋來說，畫號之類的東西是沒什麼太大意義的。

時至今日都還會發現與「北齋」不同畫號的肉筆畫、浮世繪之贗品。但這些其實是

葛飾北齋代表作《富嶽三十六景》中的《神奈川沖浪裏》

向北齋買了畫號的人所畫的作品，因此儘管不是出自北齋本人之手，不論優劣，都很難說是「贗品」。畢竟就算能明確斷定「非葛飾北齋之作」，它們仍確實是由合法擁有該畫號的他人所畫的「真跡」。

說到北齋，以「赤富士」為中心的「富士山」相關作品可說是相當有名。描繪從各地所見之富士山的《富嶽三十六景》之所以能持續受到最愛富士山的日本人喜歡，不只因為畫的是富士山，也因為他將這些看得見富士山的地區及該地區的生活都一起表現在一張畫裡。

描繪了大浪襲來，在如樹葉般被翻弄的船中瞥見害怕的人們，而遠方的富士山卻悠然聳立的是《神奈川沖浪裏》。至今似乎都還聽得見那些人們坐在岌岌可危的船上求神念佛的聲音呢。這正是北齋的魅力之一。

浮世繪師列傳之二　歌川廣重

依年齡不同，有些人在學校裡學到的可能是「安藤廣重」這個名字。不過「安藤」是本名，身為繪師，他屬於「歌川派」的一員，基於「歌川廣重」（1797～1858）之名才正確的原則，教科書上的寫法因此被修正。

而廣重的代表作非《東海道五拾三次》莫屬。這是以江戶的日本橋為起點，描繪五十三個宿場的風景，最後結束於京都的一系列畫作。描繪駿河國（今日的靜岡縣）之蒲原宿的《蒲原夜之雪》等五幅作品在昭和33（1958）年至昭和37間，被做成國際筆友週的紀念郵票來販賣，後來於昭和40年代掀起集郵熱潮時，價格一度水漲船高。之後在平成12（2000）年至平成19年間又多加了二十一幅作品，由此可見其人氣依舊未減。

歌川廣重活躍於江戶晚期至幕末，從役者繪開始展開繪師生涯的他，經歷了花

歌川廣重代表作《東海道五拾三次》中的《日本橋》

鳥畫，最終成為獨當一面的浮世繪師，並於天保4（1833）年起發表《東海道五拾三次》。為此，他實際往返於東海道，以傑出的素描能力，將透視法等立體描繪技巧應用在浮世繪中。另外他還運用了在國外被稱做「廣重藍」的鮮豔青色或藏青、群青等色彩。這樣的手法也被認為是十九世紀後半在法國興起「日本主義」風潮的原因之一，別說是影響了許許多多的藝術家，梵谷模仿廣重的浮世繪並將之融入自身油畫的小故事更是有名。

後來廣重又再進一步推出反應了庶民喜好的《名所江戶百景》等作品。他將今日已成為世界文化遺產的富士山，在能從江戶各地區眺望得到的時代，分別以各地區的角度將富士山身影納入畫中，是個廣受大眾喜愛的代表性畫家。

廣重的這類風景畫，在旅行不易的江戶時代發揮了照片集的作用，做為一種景點介紹資訊，被許多人當成紀念品從江戶帶回至地方家鄉。廣重的名號就這樣傳遍日本各地。安政5（1858）年，在迎接明治維新前，廣重為他為期六十二年的生涯劃下了句點。他一定沒想到，以江戶繪師之姿活躍了的一生，竟會對後來的西方繪畫造成重大影響。

浮世繪師列傳之三　東洲齋寫樂

在短短十個月內便有一百四十幅以上的作品問世，於擄獲了江戶人心後，卻又突然消失的神秘繪師，就是東洲齋寫樂。依據目前幾乎已成定論的說法，此繪師的真實身份指向一直以來都很強大的阿波德島藩所聘僱之能劇演員‧齋藤十郎兵衛，不過這尚未完全獲得證實。在走到這結論前，除了同業的浮世繪師葛飾北齋（1760～1849）、歌川豐國（1769～1825）、喜多川歌麿（1753？～1806）外，戲作者山東京傳（1761～1816）和十返舍一九（1765～1831）、博物學者（即自然歷史學家）平賀源內（1728～79），甚至是名為夏洛克的荷蘭人等，許多才人智士都曾經成為「或許他就是寫樂？」的想像標的，對此許多研究人員和作家們紛紛提出意見。

發現這位連生歿年都不詳的「夢幻繪師」，並使其價值廣為人知的，其實不是日本人。德國的藝術研究家朱利葉斯‧庫爾特於明治43（1910）年出版了名為《SHARAKU》的研究著作，自從該書將之與維拉斯奎茲、林布蘭並列為世界三大肖像畫家後，寫樂便突然大受關注，人們也才開始「尋找寫樂」。日本最早與寫樂有關的研究書籍出現在晚了庫爾特十五年的大正14（1925）年，從寫樂在日本被公認為偉大的繪師至今，才過了九十年左右而已。

寫樂的人氣至今未衰，其版畫在國外的拍賣會上曾創下一張以五千萬日圓賣出之紀錄。而且還不是肉筆畫，是印刷了數百張中一張的金額。到底是什麼原因讓寫樂如此備受讚賞？以過去未曾有過的豪邁、大膽畫法畫出一張又一張的役者繪想必是主要理由之一。而且這些都是人稱「黑雲母」（譯註：以一種叫黑雲母的礦物的粉末為背景色的浮世繪）的奢侈畫作，採取「大尺寸」，為僅聚焦於上半身的所謂「大首繪」豪華作品。由於所畫的演員外觀變形程度相當大，甚至還曾

由東洲齋寫樂所畫的大首繪（譯註：浮世繪版畫的一種形式，描繪演員、美女等的上半身）「市川蝦蔵」

有過擔任模特兒的女形因此暈倒的傳說出現。而於寛政6（1794）年的5月至隔年1月之間，畫出畫風差異極大的作品（在歷史研究上將其畫風分為四期），以及在短時間內創作大量作品的詭異行為等，也都助長了寫樂的人氣。

寫樂活躍時，正好是江戶幕府的老中．松平定信推行「寬政改革」的時候，禁止奢侈的儉約令也擴及了戲劇和浮世繪領域。寫樂的作品被認為是多色印刷的奢侈品，甚至因此導致其出版商蔦屋重三郎（1750～97）被處以店面規模和財產都縮減一半的所謂「身上半分」之刑。而寫樂之所以突然消失，與此事件是否有密切關係這點至今仍未確定。甚至，東洲齋寫樂這個名字通常被發音為「Toushuusai sharaku」，但也有一說認為正確發音應為「Toujuusai sharaku」，這部分也還沒有明確結論。

平成20（2008）年，收藏於希臘科孚亞洲美術館中、畫在扇面上的歌舞伎畫作，被鑑定為寫樂的真跡，也曾在日本公開展覽。然而曾一度被鑑定為真跡的這幅肉筆浮世繪，是否真是出自於寫樂之手這點，其實也仍無定論呢。

背地裡的專業技藝——「贗品」

日本著名畫家中贗品最多的，一般認為應該是雪舟（1420～1506）。其作品不僅人氣高，評價也高，若是有新的雪舟真跡被發現，恐怕會立刻被指定為重要文化財或國寶。在這世上，被認為是「雪舟作」的藝術品多達數萬件，但其中被斷定「絕對是真跡」者，不到十件。過去，評論家小林秀雄（1902～83）曾留下一句名言，他說：「雪舟的作品，有多少人想要，就有多少件。」

古今東西，與贗品有關的事件很多，而這部分也象徵了人類的佔有慾。日本也曾發生過好幾起令人難以置信的贗品事件，其中最有名的大概就屬昭和35（1960）年的「永仁壺事件」了。而且該贗品的製作者，還是當時的人間國寶（因此事件的關係，之後便被取消了此資格）陶藝家加藤唐九郎（1898～1985）。此事件是從已為知名陶藝家的加藤發現了刻有「永仁二年」（1294）字樣之鎌倉時代的古瀨戶瓶子開始。那個瓶子被評價為傑作，也被指定成了國家的重要文化財，但後來加藤他本人承認「那是他自己創作後埋進山裡的」而以X光檢查的結果，證明了它確實是贗品。到底是基於什麼樣的動機，會讓一位有名又有地位的陶藝家做出這種事呢？真相存在於歷史的黑暗之中。身為藝術家，或許他是想測試世人的眼光也說不定。

再介紹另一個特別的贗品事件好了。昭和37年，為當時日本經濟企劃廳長官，同時也是藤山 Konzern 集團第二代的藤山愛一郎（1897～1985），將他所收藏的雷諾瓦小型作品出借給在川崎的百貨公司所舉辦的美術展中展出，但卻被偷了。或許因為該作品的擁有者是知名政治人物而讓它成了個大事件，不過藤山卻表

獨家報導永仁壺為贗品的《每日新聞》版面
（照片提供：每日新聞社）

示：「只要把作品還來，我就不追究罪責。而且我還會把它捐給合適的美術館，不再私藏，讓大家都能欣賞到。」展現出財團富二代應有的大器寬容。不久，被隨意包裹的該作品在東京都內的某個卡車貨架上被發現，但卻爆出藤山所擁有的這雷諾瓦作品其實是贋品。

繪製此作的是名為瀧川太郎（1903～86）的畫家，具有敢大膽宣稱：「梵谷、雷諾瓦、莫迪里安尼，沒有那個畫家的作品我畫不出來。」的莫名自信，拼命地創作各種贋品。從這些亦稱做「瀧川製」的一系列贋品看來，其作品之拙劣，完全無法與原作相比，但卻能讓當時具有一流教育程度的人一個接著一個地上當，實在是令人百思不得其解。

進入1980年代後，或許是因為泡沫經濟的影響，許多人開始愛上價格較低的所謂「網版」或「平版」版畫，而非肉筆畫。以絲路為中心留下許多作品的平山郁夫（1930～2009），還有以日本寧靜的風景畫博得高人氣的東山魁夷（1908～1999）等的版畫，便是在這時以超過百萬日圓的高價為人們所買賣交易。這兩人都是獲頒堪稱藝術家最高榮譽的文化勳章的高評價畫家。不過平山郁夫的版畫也曾發生過印出規定數量後，並未毀壞原始模版，而是繼續製造贋品的事件，一度引起社會騷動。

正所謂，贋品的歷史是和藝術的歷史同步開始。藝術傑作形形色色，而「世上的贋品永無止盡」。

始於西元前的「陶瓷器」

日本史上最早的陶瓷器，是以「繩文式」、「彌生式」而為大家所熟知的所謂「土器」（即低階的粗陶器）。約莫在一萬三千年前，繩文文化出現，兩千五百年前則有彌生文化登場。這個時期的陶瓷器是將泥土揉捏成形，不塗「釉藥」（塗在陶瓷器表面的釉料）直接燒製而成（稱「素燒」）的簡單生活用品。後來進入五世紀，從朝鮮半島傳入以堅硬質地及灰色為特徵的「須惠器」的製作技術，在古墳的陪葬品中也看得到這類陶瓷器。至此，陶瓷器都還只是「生活用品」，即使做為陪葬品，也是基於方便死者在另一世界使用的想法而來，並未出現於後世可見到的藝術性。

奈良時代，進入第八世紀，從中國傳入名為「唐三彩」的鮮豔陶瓷器一事，成了大幅改變日本陶瓷器日後樣貌的契機。「唐三彩」多半使用綠色、紅褐色、藍色這三種顏色，而這也正是其名稱由來。儘管已是距今一千年以上的東西，保存狀態良好者，依舊是美得令人摒息。接著於平安時代，被稱做「國風文化」的日本特有文化發達，瀨戶燒，亦即可謂「瀨戶物」之原型的陶瓷器，在日本燒製成形。

到了鎌倉時代，由於釉藥的使用普及，以瀨戶為首，包括常滑、信樂、越前、丹波、備前等在內，大家所熟悉的「六古窯」陶瓷器終於誕生。在日本，陶瓷器歷史的一大轉捩點，就是「茶道」的出現。

當茶道被視為一種藝術形式而發展時，以往只做為「生活用品」的陶瓷器便成了「藝

日本的陶瓷器產地

術品」。除茶碗（茶杯）外，香合（譯註：即香盒，呈裝香木等的有蓋容器）、水指（譯註：即水壺、水罐等，在茶道中用來裝水或刷洗茶具的容器）等茶具也受到許多有力大名們的喜愛。甚至還有堪稱「價可敵國」、以相當於一國之高價交易的所謂「大名物」出現，而其中不少在輾轉經歷多位有力大名之手後，就這樣沒入了歷史的溝壑中。此時期有個人物絕不可遺漏，那就是千宗易（1522～91）。由正親町天皇賜予「利休」之居士號，以茶道界的巨人之姿於歷史留名。

雖說利休只是將茶道之美變成了一種形式，但他的眼光著實非凡。一旦被利休稱讚為「好東西」，光是這句就能讓茶碗的價格翻漲數十倍。雖說這不過是一種名人的「認證」，但由於價格的漲幅實在太大，不免令人懷疑有賺取不當利差之嫌。

經歷這樣的時代後，至江戶時代，陶瓷器中硬度最高且吸水性低的「瓷器」開始登場。像是色彩鮮豔的「伊萬里燒」、「有田燒」等。隨著燒出紅色色彩的所謂「赤繪」技術的發展，讓肥前有田（今日的佐賀縣有田町）的酒井田柿右衛門歷史留名，到目前為止已延續了十四代。

而到了江戶中期，因各地農村的農業效率提升，於是誕生出生產各地名產的產業。做為一種可冠上地名的生活用品，如結城紬及野田醬油等，各地方也開始製作陶瓷器。於此階段，陶瓷器在不同於藝術品的道路上，以生活用品之姿取得了大幅度的進步。

繼續進入明治時期，在西化的潮流下，當許多陶瓷器依外國人的審美觀而被輸出至海外，同時也有各式各樣的機械化技術被引進至日本。石灰氮的生產和機械式轆轤的發明，讓生產量大增。像這樣回顧歷史就會發現，陶瓷器本是做為生活用品而生，當文化興盛時便同時具有藝術品的價值，之後兩者就如齊頭並進的雙頭馬車般，持續發展至今。只不過同為茶碗，有的便宜、廉價，但也有的在數百年歷史中經歷了諸多戰爭災禍，而具有高達數千萬日圓的價值呢。

看得見日本人的纖細的「雕刻」

可於豪華壯麗之寺院建築中看到的各式雕刻，以及用木頭刻成的「佛像」等，都算是日本「雕刻」的代表。尤其是佛像，自從六世紀後半佛教傳入日本後，為了具體展現佛教的信仰對象——「佛」的形貌，人們積極地製作佛像，「木雕」的技術於是大有進步。此外像第271頁所介紹的「道祖神」是以石頭刻成，另外還有在金屬上做精細雕刻的所謂「雕金」技術存在。而代表了七世紀前半之飛鳥文化的飛鳥寺佛像「釋迦如來像」（飛鳥大佛），則是以木框及石頭製成模具，再倒入熔融之金銅所製成。這個時期的有名木雕，大概就屬京都廣隆寺中，以所謂「古拙的微笑」（archaic smile。嘴唇兩端稍稍上揚，看起來像在微笑的表情）聞名的「半跏思惟像」了。而將此種技術帶入日本的，一般認為是以飛鳥時代的鞍作止利（生歿年不詳）為首的叫「止利佛師」的專業團體。

以木雕來說，大致可分為兩種做法。有以一整根木頭裁切雕刻而成的「一刀雕」，也有分成多個部分分別雕刻完成後，再組合起來的「寄木造」。江戶前期的僧侶．圓空（1632～95）的作品很多都屬於一刀雕，不過無可避免地，所雕佛像的尺寸往往決定了該用的技法。

進入鎌倉時代後，如運慶（？～1223）及快慶（生歿年不詳）等留名後世的「佛師」這種職業確立，於是開始留下以東大寺南大門之「金剛力士像」（「仁

被拆開修理的奈良．東大寺「吽形像」。光是這一尊像，就包含了四千個零件（平成5〔1993〕年，照片提供：共同通信社）

王像」）為代表的有力作品。

經歷室町時代的北山、東山文化，進入江戶時代的文化極度成熟期，做為茶道普及和武士嗜好的一部份，雕刻的範疇進一步擴展，除了佛像等與信仰有關的東西外，以興趣為目的之精緻「細工物」的技術亦競相發展。例如以裝飾武士刀刀鍔的「腰元雕」來說，便有濱野矩隨等名人、名工登場，而濱野的成功故事還成了落語中的一齣人情噺呢。木雕部分，則有據傳刻了日光東照宮之「眠貓」的左甚五郎（生歿年不詳），其軼事除了落語外，更影響了講談及歌舞伎等其他許多表演藝術。

接著明治維新，西方文化傳入，在如朝倉文夫（1883～1964）等以黏土、油土、蠟等建立雕刻原型的雕塑家登場的同時，也有高村光雲（1852～1934）、光太郎（1883～1956）等為傳統木雕添加寫實性，為雕刻的近代化做出貢獻。而今日，依舊有許多被稱做「現代名工」的人們繼續在努力承襲並發展先人的技術。

呈現日本人講究的一面的「根付」

「根付」（即墜子）是象徵了日本人精巧手藝的工藝品之一。最近，以搭配西式服裝為主而非和服的所謂「現代根付」也越來越多。

做為一種將煙盒或矢立（攜帶式的文具盒）、印籠（藥盒）等夾在腰帶上的工具，從安土桃山時代起便為人們所使用的根付，是在戰國之世告終，進入江戶時代後，才突然提升了趣味性並走向藝術品的方向。以大坂為中心，隨著商業的發達，許多富裕的商人登場，做為一種「嗜好」而精心設計的根付在此時掀起熱潮。由於做得太大會妨礙日常動作，看起來就不「瀟灑」了，故如何在小小的立體範圍中充分發揮巧思，便是職人們展現手藝之處。

而其材質種類眾多，木材包括黃楊、黑柿、櫻、檜、黑檀、紫檀、櫟等，另外也有人用竹籐來做。至於取自動物的材質，除了最常見的象牙外，還有鯨魚的牙齒、犀牛角及鹿角、也被稱做獨角鯨的一角鯨的牙齒等，很多以中藥材來說都十分珍貴。此外像孔雀石與水晶、金、銀

各式各樣以象牙或鹿角精雕細琢而成的根付

等礦物及金屬，琥珀、珊瑚、七寶（譯註：佛教所說的人間最珍貴的七種寶物，包括金、銀、琉璃、硨磲（一種貝殼）、瑪瑙，剩下的二寶有的佛經說是琥珀、珊瑚，有的則說是珍珠、玫瑰）、玻璃……等等各式各樣，根付的材質種類可謂多不勝數。如何在堅硬的材質上做出細緻的雕刻，考驗的是師傅的技術，而柔軟易刻的材質則能直白地展現出職人手藝。

據說根付有三個必備條件。首先，為了讓吊掛煙盒或印籠的繩子穿過，必須鑽出一到兩個洞。其次，為了能穿過腰帶並夾在身體側邊以便行走，尺寸不能太大，也不可過於凹凸不平。最後，由於不是放著不動的「擺飾」，因此四面八方都要刻出花樣。只要能符合這三個條件，任何材質都可使用。

例如有個不到四・五公分的陶瓷材質根付，名為「搖頭吐舌的三眼小鬼」，其中設有活動機關，讓端著茶碗的三眼小鬼可以伸出舌頭來。另外還有做成「女版不倒翁」的樣子，但倒過來就變成「猴子臉」的所謂錯覺藝術風格的根付。如此精細的做工、巧妙的材質選擇，以及優秀的美感，讓它和浮世繪一樣很早就吸引了外國人的注意，獲得了很高的評價。２００１年，美國的波士頓美術館舉辦了根付的特別展，一再延長的展出期間充分說明了其受歡迎的程度。而從江戶時代，同好聚在一起一邊喝酒一邊相互展示、炫耀自身傲人收藏的聚會在富裕商人之間十分盛行這點亦可看出，被這個小巧精妙的世界吸引的人可是相當多。

若是材質高貴、具有前所未有的巧思，而且又出自技藝精湛的職人之手，儘管只是區區數公分見方的立體小物，今日也可能要價數百萬日圓。就某種意義而言，這可算是終極的樂趣。

在任何時代，文化都是由狂熱份子所產生的，根付不就是證據之一嗎？

不可思議的「能劇面具」

能劇用的面具日文寫成「面」，發音為「omote」。雖是由真人演出，但卻要將表演者本身的個性託付、封入面具之中，能劇可說就是在這種限制條件下演出的一種「假面劇」。而且限制不只在角色的精神層面，也包括演員的肉體。一旦實際戴上面具，視線範圍便會明顯受限，甚至連自己的腳步有無站穩都沒辦法確定。精神與肉體都受限，演技不是向外發展，而是深入演員內心，好讓角色的心理層面浮現，這便是能劇的本質，也正是能劇與其他舞台劇的主要差異。如此高度的精神性，或許就是它被當成武士之式樂（用於儀式的音樂或舞蹈）而受到保護的理由之一。

在歌舞伎裡，華麗的服裝亦是賣點之一，是做為一種視覺元素而受到重視，但在能劇裡，「面具」的重要性卻是在不同的地方。能劇面具本身具有藝術品的價值，不像其他戲劇表演的服裝基本上被視為是消耗品。製作於室町至江戶時代，傳承了數百年的面具，當然免不了會隨時間逐漸耗損。由於三不五時就會有面具破損到無法上台使用的地步，所以通常會製作一模一樣的所謂「複製品」，然後在大部分情況下都使用「複製品」。一旦有了「複製品」，原始的面具就被稱做「本面」，除非有特別重要的演出，否則都要小心地收藏、保存起來。

這些面具幾乎都沒表情，雖然在演出時面具無法有變化，不過演員可稍稍改變其角度，藉此表現出仰望天空或是沈浸於悲傷的樣子。這部分也正是演員展現演技之處。

能劇面具光主要的種類就有約莫六十種，若是再細分，據說會多達兩百五十種。這些面具大致可分為，代表老男人而用於慶祝性質之能劇的「翁」、「女面」、「男面」、老人的「尉面」、代表非人類的「畜類面」、代表佛的「佛體面」等。其中「女面」又分為代表年輕女性的「若女」，其他還依年齡及性格分成「小面」、「增女」、「萬眉」、「孫次郎」等，

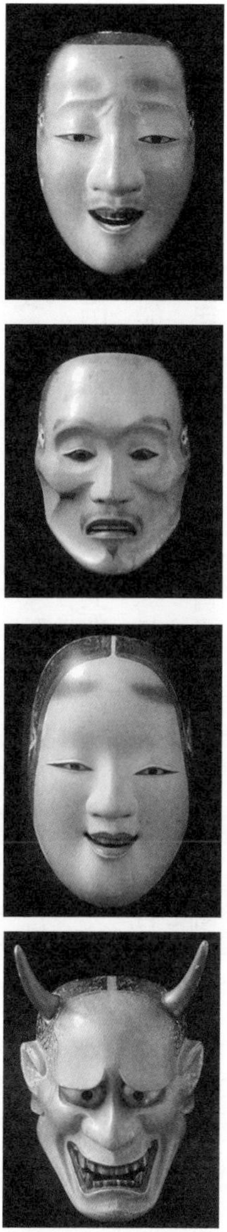

各式各樣的能劇面具。由上而下依序為男面：中將與瘦男、女面：小面與般若

其差異相當細微，都不是一眼看去就能辨別的。能劇就是以這樣的細微差異來表現角色的個性。此外在觀世、金剛、寶生、金春、喜多等五個流派中，有時即使是同一劇目，所戴的面具也可能不同。想必是因為對角色的詮釋差異而導致使用的面具不同。

在劃分得這麼細、能劇劇目及所用面具都有詳細規定的情況下，有個「面」非常特別。它叫「直面」，發音為「hitamen」，代表的是演員不戴面具，直接演出能劇之意。雖然不戴面具，但還是要演得像是戴著面具般，因此集能劇大成之世阿彌（1364？～1443？）便曾留下一句評論，意思就是說「直面是最難演的」。將直接呈現出演員個性的真臉，想成是一張面具，在不表現出情感的狀態下演出能劇，這絕非一般的演技就能做到。而其實這本來就是如歌舞伎及人形淨瑠璃等其他古典表演藝術也一直在討論的議題，和「演員是否該在舞台上哭泣？」的問題亦有共通之處。「演員以個人身份哭泣是因為不夠專業，但若是以角色的身份哭，就可以接受」這類看法似乎佔了多數，不過至今仍無正確答案。

由於能劇的「直面」會讓人更聚焦於表情，所以「不露出面部表情」就成了其表演重點。而臉部個性堪稱人類最具特色的一種個性，故由世阿彌的那句評論也可讓我們充分瞭解到，他追求除去此種個性的「高度演技」這種感性，實在是非比尋常呢。

具有層層塗抹之獨特韻味的「漆器」

雖說最近出現了一些讓人乍看難以判別是否真為漆器的化學樹脂製品，不過在英文字典裡，「japan」可是具有漆器之意的單字，由此可見日本漆器在全世界各地的評價之高。漆器也和其他許多工藝品一樣，被認為最早是由中國大陸傳入日本的技術，但據說在北海道曾經有遠比中國古老的九千年前的漆器從遺跡中出土。

一聽到「漆」字，就會讓人聯想到「皮膚過敏起疹子」，其刺激性可說是相當強烈。長年做漆器的師傅儘管手已經有免疫力，不至於起疹子，但據說臉及身體其他部分一旦沾到漆樹的汁液，就會立刻起疹子。

而「漆」在能夠用於「塗物」（即漆器）之前，必須先經過各式各樣的處理步驟。首先從精煉開始，要熬煮取自漆樹的樹液、濾除雜質，再加入鐵質等。從漆樹採取樹液的動作日文稱為「漆を掻く」或「漆掻き」。採取時要在樹皮上割出好幾道開口，讓開口處流出的乳白色汁液滴進掛在樹幹上的容器中，而6至7月為盛產期，通常可持續採集至10月左右。因此在俳句中，「漆搔き」一詞便成了代表夏季的季語。不過近年來，日本國內的漆的生產量大減，現在多半倚賴進口。

不論碗或盤，在做為漆器基礎的木材上反覆上漆，然後再加上以蒔繪筆畫上花紋或圖案的「蒔繪」、將鮑魚等的殼削成薄片後鑲嵌上去的「螺鈿」、以小刀雕刻圖樣後灌入金箔或銀箔的「沈金」等，可進一步替漆器增添魅力的技法有好幾種。其中有一種從中國傳入的技法叫「堆朱」，必須經過一百遍以上反覆塗

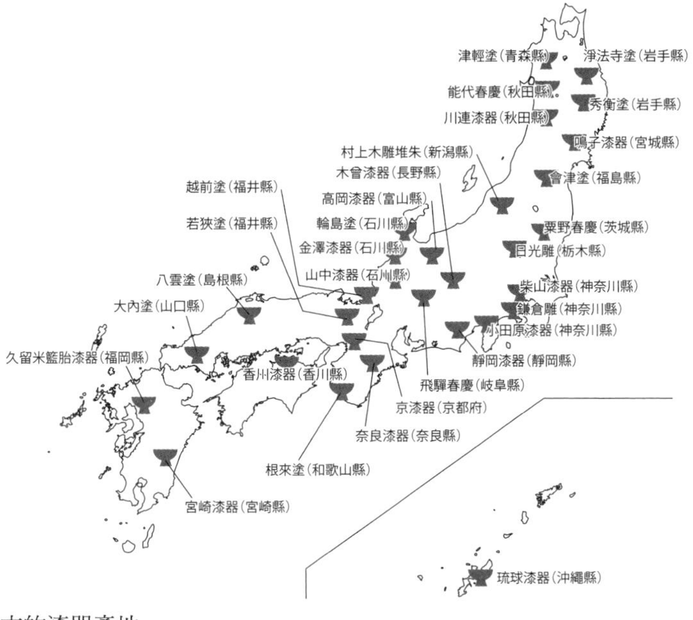

日本的漆器產地

抹朱色（紅色）漆並乾燥的步驟後，再雕出花紋。這些技法都極為費時費工，需要很多的耐心與毅力。

而以如此方式製成的漆器，也成了各地方的名產。日本最有名的漆器應該算是石川縣輪島市的「輪島塗」，不過青森縣弘前市的「輕津塗」、出自岩手縣的平泉且冠上了奧州藤原家族之一・藤原秀衡之名的「秀衡塗」、福島縣的「會津塗」、以堆朱技法為主的神奈川縣鎌倉市的「鎌倉雕」、秋田縣能代市及岐阜縣高山市的「春慶塗」、京都府的「京漆器」、和歌山縣岩出市的「根來塗」等，也都相當有名。此外，除了餐具外，用來收納書信文件等的文書盒及書法用具的「色紙箱」（譯註：放置書寫用紙張的盒子）等紙製容器為了提高強韌度，有時也會塗漆呢。

日本書的「裝幀」

日文的「裝幀」也可寫做「裝丁」，包括書籍的裝訂、封面和封底設計、書衣、書盒等在內的書籍整體設計就稱做「裝幀」，甚至還有以此為職業的專業「裝幀家」存在呢。不論東方還是西方，一旦出版、印刷技術進步，「書」開始在大街小巷廣泛流通，基於除了內容外如何能吸引目光，或是如何做得更堅固耐用等目的，裝幀技術便會發達起來。今日，我們平常所讀書籍的裝幀是源自歐洲，不過日本也有發展出自己的裝幀技術，叫「和綴」。

日文是以直書為基礎的語言，而由左往右翻開的形式亦是與西洋書籍不同之處。最基本的「和綴」是所謂的「四目綴」，就是在要紮起的紙張右側鑽四個洞，再用細繩綁緊的做法。以此「四目綴」為基礎，其他還有始於中國清朝皇帝・康熙（1654～

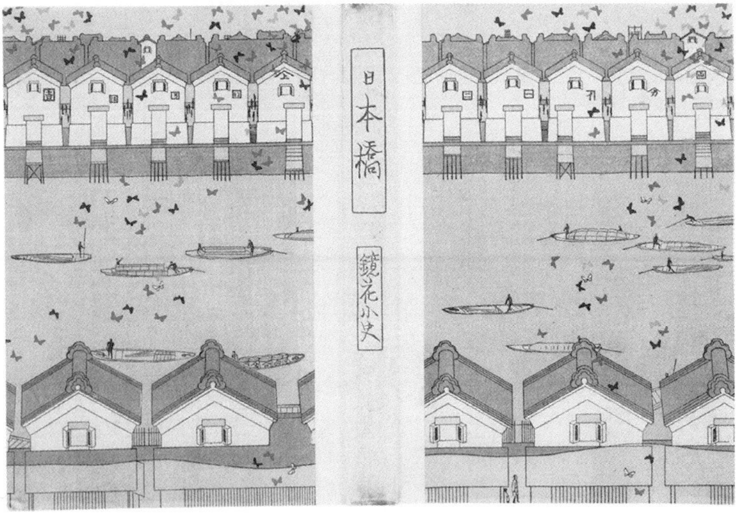

由小村雪岱所裝訂的泉鏡花的《日本橋》

1722）的「康熙綴」、再進一步加工的「麻葉綴」、「四目綴」的變形「龜甲綴」，以及只鑽三個洞的「三目綴」、為了裝訂商家做為帳簿使用之「大福帳」而在紙張的短邊鑽兩個洞的「大福帳綴」等做法。

現在最常看到的「和綴」本，應該就是放置在婚宴接待處供賓客簽名的「芳名帳」。其次是謠及義太夫等日本傳統音樂的練習本，再來則是博物館或圖書館等處所收藏的江戶時代書籍。

即使裝訂方法改為西式，封面及蝴蝶頁的圖畫、書的整體設計等，能夠直接傳達出內容或作品氛圍的裝幀依舊是美麗的，它本身就足以成為一種藝術作品。生於明治20（1887）年，歿於昭和15（1940）年的小村雪岱，以製作明治文豪・泉鏡花的代表作之一《日本橋》的裝幀為契機，與日本畫巨匠・鏑木清方（1878～1972）一同留下了許多泉鏡花著作的裝幀設計，而清方那飄盪著江戶風情的畫風也被稱做「昭和的（鈴木）春信」，足以與代表江戶時代的浮世繪師匹敵。就連岩波書店所出版的最新版本《泉鏡花全集》，也是依照當時小林雪岱所做的裝幀來設計的。

書籍的裝幀除了要配合時代風格外，也有讀者喜好的考量。並非只靠內文就成立的裝幀，其實扮演著必須讓讀者在看到書的瞬間就能想像其內容的重要角色呢。

可保存一千年以上的「和紙」

現在，「和紙」的價值似乎重新獲得重視。基於其獨特質感，除了做成明信片、傳統的書寫用紙外，有不少時尚小物也都會使用和紙。像這樣的用法自古即有，在所謂「用紙和木頭做成的房子」的日式建築中，和紙對拉門、紙窗等來說都必不可少。

日本從江戶晚期開始便是「教育先進國」，很多人都能讀能寫，但由於「紙」需要「漉」的技術（譯註：將紙漿鋪成薄薄一層以製紙的一種技術）以及其他許多複雜步驟，因此花了相當長的時間才得以普及並為庶民們所使用。畢竟過去俗稱「文房四寶」的紙、硯、筆、墨都屬於高價品，是擁有知識與財力的特權階級才買得起的東西。

造紙技術是在七世紀初從朝鮮半島傳入日本，雖然也有人認為在那之前一百多年就已傳入，但不管怎樣，傳入的原因都與佛經進入日本時所產生的抄寫需求密切相關。將楮及三椏、雁皮等的樹皮撕碎，浸泡在水裡，經過煮爛、磨碎等軟化步驟後，將纖維鋪薄所製成的和紙，據說因為有比西式紙張更長的纖維交織於其中，故可長時間保存，讓我們至今得以看到超過一千年前的古代文獻。

而平常最容易接觸到的和紙製品非「紙幣」莫屬。雖說為了防止人們偽造紙鈔，其成分細節並未公開，不過直到壽終正寢而被溶解處置前，紙幣可是經過了相當多人之手、被反覆折疊了無數次。看似會破但其實不易破損，正是由和紙纖維所交織而成的堅韌力量。利用此特性製成的不僅有拉門、紙窗等，還有茶會用的「懷紙」（譯註：即古代的日式紙巾，折疊後可放在和服前襟內隨身攜帶），以及保存和服用的「疊紙」、被稱做「紙衣」的「紙和服」等。此外，藉由在紙上塗油來增加耐久性、防水性的「油紙」，應用範圍亦廣及雨傘及合羽（譯註：一種同時具防寒效果的披肩、斗蓬）等雨具。從這裡可讓人充分感受到日本人的豐富創意。

而除了這些日常生活用品外，還有日文稱做

江戶時代的紙漉職人（出自《職人盡歌合》的複製本）

色紙或料紙的方形紙籤，塗有金箔、銀箔等裝飾，被廣泛應用於美術工藝領域。西洋繪畫多半是畫在以帆布等為材質的畫布上，但「日本畫」則通常是畫在被稱做「絹本」的絹布或被稱做「紙本」的和紙上，而這些的壽命都長達數百年之久。

和紙文化的最成熟時期應該就是江戶時代。「出板」技術的確立讓書籍得以大量發行、使浮世繪大大流行。要能呈現出鮮豔色彩，紙張材質的影響也很大，而各地方建立起利用農閒期大量生產之技術，福井縣的越前和紙、三重縣的伊勢和紙、島根縣的石州和紙等都以當地特產之姿，至今仍持續生產著高品質的和紙。

能夠在漫長歷史中，將外國傳入的紙張發展得如此多樣並融入日常生活的國家，大概也只有日本了，儘管氣候高溫多濕，這仍是今後值得日本珍惜的文化之一。

卓越非凡的「日本的意匠」

日本人的美感十分出色這點在各個領域都已獲得證實，而在「圖樣」或「設計」方面，「源氏香」或許可算是最具代表性的產物之一。誠如其名，它結合了《源氏物語》和「香」，是個融合文學與香道，在完全不同的領域創造出了美麗圖樣的例子。時至今日，從和服的花紋到日式餐廳的門簾、一筆箋（譯註：寫上簡短文句以送人的一種小型便箋）、和菓子的名稱和包裝紙等，依舊處處可見其蹤跡。

誕生於超過一千年前的世界最古老長篇小說《源氏物語》共分成「五十四帖」，各帖分別有自己的標題如「桐壺」、「帚木」等。除去這54帖中最開頭的「桐壺」和最後的「夢浮橋」兩個，其餘的52個卷名各自對應至一種香的配方，而依據香味猜出對應卷名的遊戲就叫做「源氏香」。這種遊戲據說是在寬永年間（1622～44）的後水尾天皇時期始於宮廷，真是十分優雅的娛樂呢

將源氏香融入設計而成的香屏風

（關於「香道」，請參考第431頁）。

其設計是以五條垂直線為基礎，有些於上端以橫線連接，有的則是長度不同，共組合成五十二種不同的圖案。乍看之下或許會覺得和中國「易經」裡的圖樣有點像，但其實兩者的理念完全不同。將這些圖案精心製作成塗有金漆的屏風，並巧妙地搭配上四季的花鳥風月等，先人們可不只是品味香氣而已，同時更享受了從中衍生出的設計之美。接著大約四百年後，它又進一步在日本人的生活中發展出各種變化。這不僅是對「美的事物」的感性，也是將傳統的好東西活用於今日生活的一種智慧呢。

自古以來，從奢豪細緻的蒔繪，到「源氏香」般以簡單的排列組合呈現出多種變化的玩意兒，日本人創造出了各式各樣的設計。有的是將日本豐富的四季變幻圖像化之結果，有些則是從和歌或小說等文學中獲得靈感，其基礎教養其實是相當深厚、細緻的。這是在社會、經濟、學識上都較為優秀的上流階層所喜愛的東西，變形並普及至庶民的一個例子。徹底看完整本《源氏物語》原著的機會越來越少這點固然可惜，但藉由感受這種圖像化的設計之美，我們便能對它有所接觸。

不可思議的「機關人偶」

日本人的手巧舉世聞名，而最能夠代表這點的事物之一，就是「機關人偶」（日文作「絡繰人形」或「機關人形」）。高六十公分左右的人偶，能用茶托端著裝了茶的茶碗移動，一旦將茶碗拿起，便會自動改變方向並回到原處的「奉茶童子」可說是其中的經典傑作。

而較大型的則有在岐阜縣高山市的高山祭、美濃市的美濃祭、愛知縣犬山市的犬山祭等祭典中，坐在繞行市街之「山車」（譯註：日本傳統的祭典花車）車頂的機關人偶，會變換表情、服裝，或是突然變身為野獸等。另外有時還會用於人形淨瑠璃的人偶上，應用範圍相當廣。

日本的「機關」歷史久遠，在《日本書紀》上便有齊明天皇4（658）年有人製作出「指南車」（坐在車上，會一直指向固定方向的人偶）的記錄，由此可知日本在7世紀就已能夠設計出機械機關這類東西。之後，室町晚期從南蠻（葡萄牙或西班牙）傳入之齒輪時鐘帶來了很大影響，以致於在江戶時期便有人應用該技術製作出所謂的「大名時計」或「和時計」（譯註：

日文的「時計」即「時鐘」之意）。這些時鐘用鯨魚的鬍鬚做成發條，並在木頭上刻出細密的齒形做成齒輪後，以相當複雜的結構組裝而成。想必機關後來就是從這類實用品，擴展到了機關人偶等興趣與娛樂的領域。

土佐藩的細川半藏（通稱「機關半藏」。1741～96）在寬政8（1796）出版的《機巧圖彙》（全書共三卷）中，搭配著詳細的圖解，說明了四種和時計和九種機關人偶的結構與製作方法。

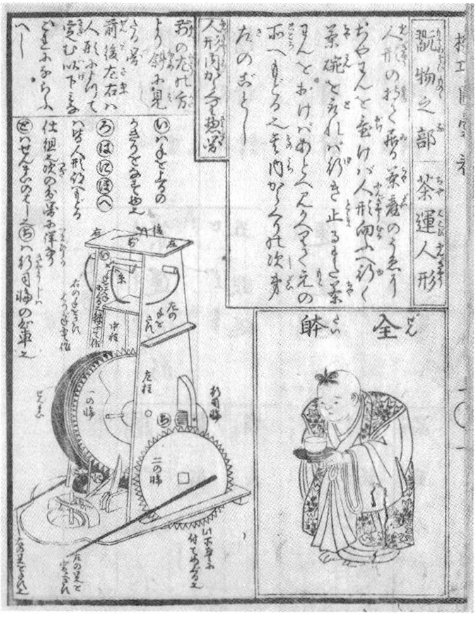

奉茶童子的製作方法（出自細川半藏的《機巧圖彙》）

而在《機巧圖彙》出版後數年出生於福岡久留米的田中久重（1799～1881）則發明了「萬年自鳴鐘」（通稱「萬年時計」，為重要文化財）及「蒸氣機關車」的模型等許多機械機關，後來更於明治8（1875）年在東京創立了電報機的製造公司——田中製造所。而由其養子所繼承的這番事業，就是今日東芝的前身。此外田中久重對機關機制的極度投入，甚至讓他有了「機關儀右衛門」之稱。

另外在名古屋，也有現已傳至第九代的機關人偶師·玉屋庄兵衛，持續致力於京都名物·祇園祭的山車及名古屋當地機關技藝的普及與恢復。過去以名古屋為中心的「尾張」地區，亦曾以「藝之寶地」聞名，在京都、大坂與江戶之間，發展出獨樹一格的藝能風氣。這與享保15（1730）年當上尾張藩主的德川御三家之一·德川宗春（1696～1764）反對當時在江戶的八代將軍·德川宗吉所發佈之儉約令，為了「與民眾一同享受世界」而獎勵「藝事」有很大關係。這「藝事」不單指戲劇或音樂等，也包括祭禮及機關人偶等領域。因宗春的這一治世，從江戶移居名古屋的第一代玉屋庄兵衛（生歿年不詳），可說是在以名古屋為首且包括鄰近之岐阜等地奠定了機關人偶之獨特發展的始祖。

而日本的機關人偶亦被收藏於倫敦的大英博物館，由此可見其精湛的工藝價值獲得了極高評價。

建築

建造得非常合理的「江戶長屋」

俗稱「九尺二間之棟割長屋」，是江戶時代長屋的基本尺寸。「九尺＝約二・七公尺」為正面寬度，「二間＝約三・六公尺」則是縱深。這差不多相當於六張榻榻米的大小，可做為四張半榻榻米的房間使用，剩餘的一張半榻榻米空間用於被稱做「竈」（日文發音「kamado」）的「廚房」等部分。當然，房間裡沒有廁所和浴室，也沒有供水系統和收納空間。被子是睡醒了就折起來放在房間角落，租金大約從「三百文」左右起跳。雖說在江戶時代一文錢的價值隨時期不同會有些差異，不過若以價格變動較小的蕎麥麵價格為基準來看，一文錢約莫相當於二十日圓，因此房租最少是從六千日圓起跳。

在塵土飛揚的江戶城鎮中，有很多被稱做「湯屋」的付費大眾澡堂。工作一整天後回到長屋，有共用的井可汲水洗衣、煮飯。家中則有水缸可儲水備用。而每年會動員所有長屋住戶，進行一次稱做「井戶替」的水井大掃除。至於廁所部分，依長屋的規模大小不同，通常會有三到五間可共用。但當然不是沖水式的。

吃的部分，會有挑著扁擔的小販來賣每天早上剛捕到的沙丁魚或蛤蜊，還有豆腐和納豆等。一般都只買必要的份量，當天就吃完，所以也不需要冰箱之類的保存設備。若是單身，嫌做飯麻煩，只要去街上就有包括蕎麥麵店、立食壽司、天婦羅、稻荷壽司（即豆皮壽司）、鰻魚料理店、居酒屋、賣燉菜等熟食的煮賣屋等許多飲食店可選。這外食產業如此發達是有原因的。儘管在漫長的江戶時代中每個時期的狀況不盡相同，不過依據中期寬保3（1743）年時幕府的調查，男性居民人口約有三十一萬六千人，女性則約有十八萬五千人，亦即男性佔了壓倒性多數。所以外食產業才變得這麼流行。而

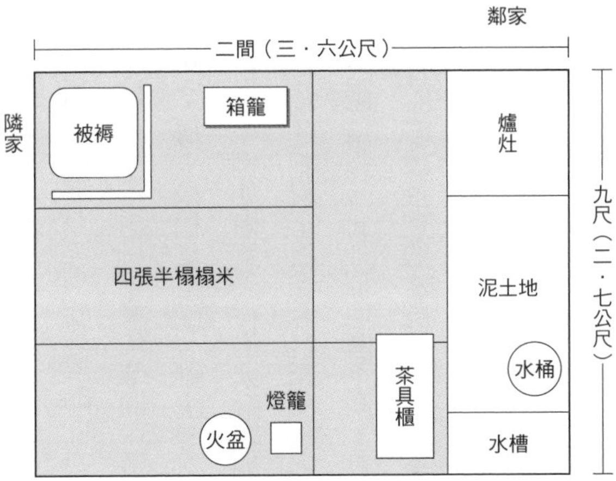

一般江戶巷弄內長屋的平面圖

同時，吉原等遊廓興盛的理由應該也很明白了。

在落語中，常會有「長屋的房東」登場。正所謂「房東就如大家長」，雖然對房客而言這房東往往有點囉唆煩人，但其實嚴格來說他並非長屋的持有人（擁有土地和房屋的「屋主」）。把他想成是住在長屋裡的「管理員」應該比較貼切。好好盯著大家以免發生醜聞、負責收房租，偶爾還要勸告一下喝太多的酒鬼和懶惰的傢伙什麼的，似乎是相當忙碌。雖說屋主會針對這些日常工作支付薪水，不過通常還會有一些「外快」可賺。例如附近農村的人會定期來「抽水肥」，亦即取走堆積在廁所的排泄物，這些可做為農作物的肥料，故和今日相反，它們是可以賣的「商品」。而賣得的錢，就進了房東口袋成為他的零用錢。此外依地區不同，有比較有錢的人住的長屋，也有窮人住的長屋，他們吃得不太一樣，所以抽到的水肥養分便會不同。既然就肥料而言有等級高低之分，故賣價據說也有差異。

從這樣的江戶長屋生活看來，沒有什麼浪費之處，可知是相當合理的居住方式。家裡只要有少量的夏季與冬季服裝、棉被、一套餐具，若是專業師傅就再加一套工作用的工具即可，其他什麼都不需要。雖然空間不大，但一間四張半榻榻米的房間絕對沒有住不下的道理。過著這樣的生活，連垃圾都不會有。江戶人可是過著很環保的生活呢。

從平安時代到現代的「寺院」的歷史

全日本到底存在有多少間寺院呢？若是包含新興宗教在內，數量大概多到無法想像。寺院本是做為敬拜對象而建造之建築物，自從佛教於六世紀傳入日本後，便有許多寺院被建造出來。近來開始出現以鋼筋水泥建造的寺院、用電腦管理的寺院納骨堂（即靈骨塔）等，看來高科技的浪潮亦擴及到了寺院。

經由中國大陸及朝鮮半島，在日本呈現出獨特發展的佛教建築，巧妙地融入該時代之藝術及繪畫等，創造出屬於日本寺院的原創之美，既為信仰的場所，又能在之後發揮觀光資源的作用。隨著佛教的傳入，從六世紀末起，大和（今日的奈良縣）的飛鳥地方便陸續建造了法隆寺及四天王寺等大型寺院，而這些也成了名門望族的權威象徵。

對以往都信仰著自然界中看不見的諸神的日本人來說，可親眼看見姿態優雅的佛像本尊的那種驚喜感受，想必帶來了很大的思想變化。這時，決定了「講堂」及「金堂」、「步廊」、

「五重塔」、「中門」等建築物要以什麼形式配置在何處的所謂「伽藍」樣式亦同時傳入，並成為之後寺院建築的基礎。

接著進入八世紀，「白鳳文化」盛行，藥師寺等被建造於大和地方。做為十日圓硬幣上之圖案而為大家所熟悉的京都・宇治的平等院鳳凰堂建造於永承7（1052）年，是藤原賴道（992～1074）將其別墅蓋成寺院的結果，而它也被稱做是此世可見的極樂（天堂）樣貌。大約七十年後，奧州的藤原氏建造了位於岩手縣平泉且在平成23（2011）年被登錄為聯合國教科文組織世界文化遺產的中尊寺金色堂。

到了鎌倉時代，在傳統日式建築的所謂「和樣」中融入中國「唐樣」的「折衷樣」建築開始大行其道。室町時代則有以三代將軍・足利義滿

京都宇治的平等院鳳凰堂（平成26〔2014〕年4月。照片提供：每日新聞社）

為代表的「北山文化」創造出金閣寺，還有以八代將軍・足利義政為代表的「東山文化」創造出與金閣寺呈對比的銀閣寺。就像這樣，寺院建築隨著時代演變，融入該時期的特徵與流行，包括佛教雕刻等藝術、曼荼羅等佛教繪畫、「山水」及「枯山水」等庭園美學，結合眾多周邊藝術，為信仰場所的同時，亦發揮了藝術場域之作用。

在科學技術尚未發達的時代，不用釘子，只靠嵌合木材的方式便能建造出具「避震結構」的三十公尺高塔狀建築，這實在是非常驚人。由此可見，專業師傅的高度技術也隨著佛教的典籍與文化一起從大陸及半島傳入這點，對日本文化的貢獻有多麼地巨大。然而如此美妙的建築，在明治維新的「廢佛毀釋」（詳見第257頁）之下，仍有很多不幸遭到破壞。依據各時代的政治狀況不同，不僅是建築與藝術，甚至許多寶貴的古物或人命都可能受到傷害。而歷史，正是建立在這樣的犧牲之上。

「數寄屋造」的巧思

每當去到京都之類的古都觀光，往往就會在寺院的庭院等處看見所謂的「數寄屋造」。平安時代的貴族住宅樣式「寢殿造」，以及室町時代的武家住宅樣式「書院造」等，日本的教科書上都有寫，很多人可能都有聽過。而接著，大約在織田信長及豐臣秀吉所活躍的安土桃山時代登場的，便是「數寄屋造」。這與「茶道」的發達密切相關，源於喜愛茶道及和歌等嗜好的人被稱做「數寄者」一事。將這類人的美感應用於建築的結果，便是所謂的「數寄屋造」，常見於茶室設計。

由於是以茶室為基礎，多半都比「書院造」要小，但也因此更講究細節與擺設。數寄屋造大量使用竹子或杉木原木，

數寄屋造的房間

且採取刻意「展現」而非隱藏木紋的建造方式。此外以拉門來說，有在拉門下部設計了上下開窗功能以便察看外頭狀況的「雪見障子」（譯註：「障子」即日式拉門、紙門）等，可說是相當重視設計性的建築。畢竟這本來就不是日常生活的空間，而是用來招待客人、聊天喝茶的場所，所以這樣的「講究」正是數寄者的堅持。到了江戶時代的元祿期（1688～1704）以後，當富裕的城鎮居民開始出現在大坂及江戶等地，這種風格就被應用在住宅或附屬建築等，甚至擴及餐廳等的裝潢設計。

不過留下最多這類建築的，應該還是非京都莫屬。「桂離宮」和「修學院離宮」等雖然都是江戶時代的建築，但至今仍可從中看見數寄屋造的影子。而明治時期以後，在政治家或企業家、金融界人士等公開於各地的別莊居所中，也有留下一些講究數寄的建築設計。

狹窄卻又寬闊的空間——「茶室」

建造在寺院庭園等處的茶室的確很有風情，但絕對都不寬敞。茶室的基本規格為「四張半榻榻米」，比這大的叫「廣間」，比這小的叫「小間」。供受邀前來的客人進入的入口僅有六十幾公分見方，這稱做「躙口」。由於十分狹小，故必須以挪動膝蓋的方式（譯註：日文作「躙る」）進入，而武士要保持腰間插著刀的狀態直接進入幾乎是不可能。因此茶室的外牆都會有「刀掛」（即刀架，放刀的架子），再怎麼高貴的武士都得要手無寸鐵地進入茶室。故即使是動蕩不安的戰國時代，也不可能會有人在茶室裡被砍傷。另外，藉由跪著低頭通過躙口的方式，捨棄一切世俗感覺，好專心於茶道這點，亦是此難以進入之入口尺寸的設計目的。

在這四張半榻榻米的空間裡，坐著

總理大臣官邸的茶室。也確實設置了躙口（照片提供：共同通信社）

擔任接待角色而主導茶會一切事宜的所謂「亭主」、最上座的「正客」、「次客」、「三客」等共四人。整個空間包括有「床之間」、掛有字畫掛軸，花瓶裡還插著亭主精挑細選的鮮花。而綜合所使用的茶碗、茶葉罐及端出的茶點等，去感受茶會的氣氛與色彩、感覺，則是正客的任務。因此一般不會選擇剛入門的人，而會選擇懂茶道的人。

這個狹小的空間有時會成為高精神層次的「小宇宙」，展現出無限的寬廣感。且由於能進入的人數很有限，故在戰國時代也曾有人藉由茶室，假裝舉辦茶會，實際上卻是利用其密閉空間的性質來密謀某些行動。這種使用方法可說是違反了茶道的「茶就是拿來喝的」基本精神。

以集茶道大成者聞名的千利休（1522～91）隨著年紀越來越大，更進一步將四張半榻榻米的茶室再縮小，建造出兩張及一張半榻榻米大小的茶室。雖說可進入的人數更少了，但他或許是希望能以一對一的方式在靜謐的空間中享受茶道吧。亦即將一切華麗的裝飾排除於茶室空間之外，只有一碗茶在面前，兩個人面對面，藉此貫徹單純喝茶的理念。濃縮了利休之茶道精神的，正是這種兩張榻榻米大小的茶室。而位於京都之禪宗寺院．妙喜庵裡名為「待庵」的茶室，便是在出自利休之手的茶室中，唯一留存下來的。

住的世界文化遺產——「合掌造」

以岐阜縣白川鄉為中心分布的「合掌造」，是於平成8（1995）年亦被登錄為聯合國教科文組織世界文化遺產的日本特有建築。和有著輝煌歷史來由的神社佛閣等不同，這裡有許多一般百姓從很久以前就生活在此，且至今仍持續住著，而這點應該也是其主要意義之一。由於地處多雪地帶，為了方便清除積雪，其屋頂的斜度很大，很多都超過四十五度以上。這是先人的生活智慧，同時也是住在嚴寒地區故冬季生活重心都在與雪「搏鬥」的人們的巧思。

覆蓋著厚厚的茅草屋頂的合掌造建築，是被稱為「紙與木的建築」的日式住宅代表之一。雖然從外面看起來像是兩層樓建築，但其實裡面是三層樓的結構，巧妙地利用閣樓空間來養蠶等，藉由將整個房子內部做為一個大空間使用的方式來提升熱效率。

而另一方面，正因為每隔三十至四十年必須替厚厚的茅草屋頂替換茅草之艱鉅任務一直有在持續進行，這「合掌造」才得以存在，但我們仍不能不考慮到日本全國的茅草、稻草屋頂急遽減少這一事實。茅草及稻草等材料的減少，以及將之鋪成屋頂的專業師傅的減少，並不只是「合掌造」會有的問題。幸運的是，以合掌造來說，由同一地區居民一起進行修補作業的所謂「結」系統依舊健在，所以我們才能欣賞到其美麗的建築群。但這能持續多久呢？在這個時代，比起創造新東西，有時維護老舊的事物還必須花費更多的時間和力氣、資金呢。

岐阜縣白川鄉的合掌造（出自《民家圖集》）

自然與人工的精彩融合——「庭園」

種植著各種不同季節的花卉、樹木，有池塘，有假山，還鋪設了許多庭石（譯註：用來裝飾庭園的各種天然石）等，這應該是多數人共通的庭園印象。更講究的還會在池塘裡設計個小島，甚至是做個小瀑布什麼的。面積大的庭園會設置「東屋」（即涼亭）做為休息處，可讓人在那兒稍事休息，另外有些庭園還建有茶室。而除了這類模仿山水景色的庭園外，也有不用水和樹木，只以石頭與砂來表現水流的所謂「枯山水」庭園。京都便留存有許多著名的庭園。

日本庭園的形式及創意，因佛教的傳入而產生了很大變化。甚至有許多人試圖將佛教的天堂──「極樂淨土」重現於庭園之中。以藤原賴道（992～1074）建立於宇治的平等院為首，包括源賴朝（1147～99）及西園寺公經（1171～1244）等在內的武將與公卿貴族們，分別在各地留下了不少精心設計的庭園。

而進入室町時代後，茶道開始流行，對數寄（詳見第573頁）的講究擴及庭園茶室的富裕庶民階層（城鎮居民）隨之登場，讓造園有了更進一步的發展。著名的禪僧．夢想疎石（1275～1351）等史上留名的造園師逐一現身，如京都的西芳寺（苔寺）和鎌倉的瑞泉寺等，將禪宗思想反映於庭園的名園陸續登場。

試圖將其思想表現在庭園中的以禪宗為最，京都龍安寺的「石庭」便是其中甚具代表性的一個。而依欣賞者不同可有各種不同的解釋這點，與禪宗裡被稱做「公案」的佛教課題是一樣的觀念。

江戶時代，有越來越多大名在其豪宅的土地範圍內建造庭園，留存至

京都龍安寺的石庭。在寬二十二公尺、縱深十公尺左右的範圍內鋪上白砂，做出「帚目」紋路（譯註：如掃帚掃過般的細密線條紋路）後，配置了十五塊石頭。

今的包括有東京文京區的「小石川後樂園」及駒込的「六義園」，還有以日本三大名園聞名的石川縣金澤市的「兼六園」、岡山縣岡山市的「後樂園」、茨城縣水戶市的「偕樂園」等，許多名園都開放給一般公眾參觀。

日本庭園的最大特徵，就是會隨時代綜合融入宗教及藝術等元素。另外還有一點，就如在京都等盆地可見到的，會將自然的群山背景做為「借景」來融入庭園設計，好讓人能同時享受近景和遠景。如何在有限的國土、狹小的平地上發揮巧思，在小小的庭園中可也濃縮了先人們的智慧與品味呢。

主要参考文献一覧

【事辞典】

角川書店編『合本 俳句歳時記』（角川書店、1974年）
木村山治郎編『道歌教訓和歌辞典』（東京堂出版、1998年）
久保田淳編『岩波日本古典文学辞典』（岩波書店、2007年）
時田昌瑞『岩波ことわざ辞典』（岩波書店、2000年）
日本色彩研究所編・福田邦夫著『日本の伝統色』（読売新聞社、1987年）
富澤慶秀・藤田洋監修『最新 歌舞伎大事典』（柏書房、2012年）
本田總一郎監修『新集家紋大全』（梧桐書院、1986年）
松村昭『江戸ことば・東京ことば辞典』（講談社学術文庫、1993年）

【史資料】

井原西鶴著・横山重ほか校訂『本朝二十不孝』（岩波文庫、1963年）
柄井川柳撰・浜田義一郎監修『誹風柳多留』（現代教養文庫、1985～1987年）
河原崎権之助著・守随憲治校訂『舞曲扇林・戯財録 附 芝居秘伝集』（岩波文庫、1943年）
曲亭馬琴作・小池藤五郎校訂『南総里見八犬伝』1～10（岩波文庫、1990年）
佐竹昭広ほか校注『万葉集』1～4（岩波文庫、2013年～）
世阿弥著・野上豊一郎校注『申楽談義』（岩波文庫、1949年）
世阿弥著・竹本幹夫訳注『風姿花伝・三道 現代語訳付き』（角川ソフィア文庫、2009年）
近松門左衛門著・守随憲治訳注『近松世話物集』（旺文社、1988年）
坪内逍遙訳『シェークスピヤ全集』第10ハムレット（新樹社、1958年）
山本常朝述・田代陣基筆録・和辻哲郎ほか校訂『葉隠』（岩波文庫、1940年）

【全集など】

倉田喜弘・清水康行ほか校注『圓朝全集』第1巻～第8巻所収の「月報」（岩波書店、2012年～）
戸板康二ほか監修『名作歌舞伎全集』第2巻 丸本時代物 第1（東京創元新社、1968年）
北條秀司『北條秀司自選戯曲集』（青蛙房、1979年）

【単行本】

青木美智男『日本文化の原型――近世庶民文化史』（小学館、2009年）
浅香光代『女剣劇』（学風書院、1958年）
石川雅章『松旭斎天勝』（桃源社、1968年）
市川翠扇『九代目團十郎と私』（六藝書房、1966年）
NHK「美の壺」制作班編『根付（NHK美の壺）』（日本放送出版協会、2006年）
大笹吉雄『日本現代演劇史』（白水社、1985～2001年）
大笹吉雄『新日本現代演劇史』（中央公論新社、2009～2010年）
沖浦和光編『日本文化の源流を探る』（解放出版社、1997年）
沖浦和光『旅芸人のいた風景――遍歴・流浪・渡世』（文春新書、2007年）
小澤弘・川嶋将生『図説上杉本洛中洛外図屏風を見る』（河出書房新社、1994年）
小沢昭一『私のための芸能野史』（ちくま文庫、2004年）
片岡仁左衛門『芝居譚』（河出書房新社、1992年）
河原崎国太郎『女形の道ひとすじ』（読売新聞社、1979年）
川上桂司・川上千尋編『平成てぬぐいあわせ――ふじや染』（明治書院、1992年）
木下順二『夕鶴・おんにょろ盛衰記ほか七編』（講談社文庫、1972年）
木下順二『平家物語』（岩波現代文庫、2003年）
グラフ前進座編集員会編『グラフ前進座――1931年（昭和6年）～2000年（平成12年）』（劇団前進座、2001年）
黒田勝弘・畑好秀編『昭和天皇語録』（講談社学術文庫、2004年）
『源氏物語絵巻五十四帖』（別冊太陽 日本のこころ3、平凡社、1973年）
小林保治・李銘敬『日本仏教説話集の源流』資料篇（勉誠出版、2007年）
塩見鮮一郎『弾左衛門とその時代』（河出文庫、2008年）
篠田正浩『河原者ノススメ』（幻戯書房、2009年）
下重暁子『鋼の女』（講談社、1991年）
菅井幸雄『築地小劇場』（未来社、1974年）
清家清監修『すまいの歳時記――伝承の暮らしとしつらい』（講談社、1985年）
添田知道『てきや（香具師）の生活』（雄山閣出版、1981年）
谷崎潤一郎訳『潤一郎訳源氏物語』（中公文庫、1991年）
中野長四郎『刺青の真実――浅草彫長「刺青芸術」のすべて』（彩流社、2002年）
中道風迅洞『どどいつ入門――二十六字詩 古典都々逸から現代どどいつまで』（徳間書店、1986年）
中村保雄『能と能面の世界』（淡交新社、1961年）
新渡戸稲造著・山本博文訳・解説『武士道 現代語訳』（ちくま新書、2010年）
根津昌平『きもの語り』（河出書房新社、2002年）
畑正高監修『香千載』（光村推古書院、2001年）
波木井皓三『新派の芸』（東京書籍、1984年）
長谷川公之『贋作 汚れた美の記録』（アートダイジェスト、2000年）
林えり子『東京っ子ことば抄』（講談社、2000年）
樋口十一『風雲児 沢田正二郎』（青英舎、1984年）
藤田洋『演劇年表』（桜楓社、1992年）
藤田洋『日本舞踊ハンドブック』（三省堂、2001年）
ベネディクト著・角田安正訳『菊と刀』（光文社古典新訳文庫、2008年）
ポーラ文化研究所編『幕末維新・明治・大正美人帖 愛蔵版』（新人物往来社、2004年）
松本清張『小説日本芸譚』（新潮文庫、1961年）
三國連太郎・沖浦和光『「芸能と差別」の深層――三國連太郎・沖浦和光対談』（ちくま文庫、2005年）
村山修一『修験の世界』（人文書院、1992年）
盛田嘉徳『中世賤民と雑芸能の研究』（雄山閣出版、1994年）
安田徳子「地芝居の演目――美濃・三河地域の場合」（『岐阜聖徳学園大学国語国文学』第23号、2004年）
脇田晴子『日本中世被差別民の研究』（岩波書店、2002年）

國家圖書館出版品預行編目(CIP)資料

日本傳統文化事典 / 中村義裕 著；陳亦苓 譯・──
初版・──新北市：遠足文化，2017.12
譯自：日本の伝統文化しきたり事典
ISBN 978-986-95565-7-6（平裝）
1. 文化 2. 風俗 3. 日本

731.3 106020056

浮世繪 42

日本傳統文化事典
日本の伝統文化しきたり事典

編者──中村義裕
譯者──陳亦苓
總編輯──郭昕詠
行銷經理─張元慧
編輯──徐昉驊、陳柔君
封面設計─霧室
排版──簡單瑛設

社長──郭重興
發行人兼
出版總監─曾大福
出版者──遠足文化事業股份有限公司
地址──231新北市新店區民權路108-2號9樓
電話──(02)2218-1417
傳真──(02)2218-8057
電郵──service@bookrep.com.tw
郵撥帳號─19504465
客服專線─0800-221-029
部落格──http://777walkers.blogspot.com/
網址──http://www.bookrep.com.tw
法律顧問─華洋法律事務所 蘇文生律師
印製──呈靖彩藝有限公司

初版一刷 西元2017年12月

Printed in Taiwan 有著作權 侵害必究
NIHON NO DENTOU BUNKA SHIKITARI JITEN © 2014 YOSHIHIRO NAKAMURA
Traditional Chinese translation copyright ©2017 by Walkers Cultural Enterprise Ltd.
Originally published in Japan in 2014 by KASHIWASHOBO Publishing Co., Ltd., Tokyo.
Traditional Chinese translation rights arranged through AMANN CO., LTD., Taipei.

特別聲明：有關本書中的言論內容，不代表本公司／出版集團之立場與意見，文責由作者自行承擔